Les théâtres francophones et créolophones de la Caraïbe

Collection Univers Théâtral
dirigée par Anne-Marie GREEN

On parle souvent de « crise de théâtre », pourtant le théâtre est un secteur culturel contemporain vivant qui provoque interrogation et réflexion. La collection *Univers Théâtral* est créée pour donner la parole à tous ceux qui produisent des études tant d'analyse que de synthèse concernant le domaine théâtral.

Ainsi la collection *Univers Théâtral* entend proposer un panorama de la recherche actuelle et promouvoir la diversité des approches et des méthodes. Les lecteurs pourront cerner au plus près les différents aspects qui construisent l'ensemble des faits théâtraux contemporains ou historiquement marqués.

Déjà parus

Sous la direction de
ALVINA RUPRECHT

LES THÉÂTRES FRANCOPHONES ET CRÉOLOPHONES DE LA CARAÏBE

Haïti
Guadeloupe
Guyane
Martinique
Sainte-Lucie

L'Harmattan
5-7, rue de l'École-Polytechnique
75005 Paris
FRANCE

L'Harmattan Hongrie
Hargita u. 3
1026 Budapest
HONGRIE

L'Harmattan Italia
Via Bava, 37
10214 Torino
ITALIE

ISBN : 2-7475-3803-6

Remerciements

Nous voulons exprimer notre gratitude envers le Conseil de recherches en sciences humaines du Canada, le Service culturel de l'Ambassade de France au Canada, le conseiller artistique (Jean-Claude Marcus) du Théâtre français du Centre national des Arts du Canada et la Direction régionale des affaires culturelles de la Guadeloupe (DRAC) dont l'aide financière nous a permis de mener à terme le projet initial et d'entreprendre l'édition du présent ouvrage.

Nous sommes aussi très reconnaissant de l'appui du Vice-Président des Études supérieures et de la recherche de l'Université Carleton, John Apsimon, du Doyen de la Faculté des lettres feu William Jones et du Département de Théâtre de l'Université d'Ottawa. Nous tenons également à remercier le Centre dramatique régional (CDR-Martinique) ainsi qu'Alain Yacou, directeur du Centre d'études et de recherches caribéennes (CERC-Guadeloupe), l'Université des Antilles et de la Guyane.

Je voudrais remercier très vivement des collègues et membres de CALIFA qui ont bien voulu relire certains chapitres : Pierre Laurette, Lucie Pradel, Robert Fournier, Charles Doutrelepont, William Weiss. Je tiens à remercier en particulier tous ceux qui ont bien voulu partager leurs expériences avec moi et collaborer à ce volume qui, sans eux, n'aurait pas été possible. Je pense à Lydie Betis, Marie-Pierre Bousquet, Daniel Bookman, Syto Cavé, Michèle Césaire, Maryse Condé, Aurélie Dalmat, Marius Gottin (du SERMAC), Greg Germain, Max Jeanne, José Jernidier, Annick Justin-Joseph, Yvan Labéjof, Harry Kancel, Arthur Lérus, Michèle Montantin, Odile Pedro Leal, Élie Pennont, Marcelle Pennont (du Théâtre de la Soif nouvelle), Lucette Salibur. Enfin ma reconnaissance la plus vive à Georges Riser qui a relu l'ensemble du manuscrit.

Finalement, j'aimerais dédier ce livre à Bridget Jones, emportée par la maladie en avril 2000. Elle était une personne estimée de tous, dont la gentillesse, l'ouverture et le dévouement à la recherche sur la région caribéenne ont été une source d'inspiration inestimable.

ALVINA RUPRECHT

À Bridget Jones

I

INTRODUCTION

Les pratiques scéniques et textuelles de la région caribéenne francophone et créolophone: mise au point

ALVINA RUPRECHT

Le théâtre est, par définition, un art de l'éphémère, un processus dans le temps et l'espace dont le moment discret de la représentation s'anéantit dès que l'événement prend fin. Impossible à re-présenter, il laisse derrière lui des fragments imparfaits: textes publiés, dialogues modifiés en cours de répétitions, souvenirs soutirés de la mémoire imparfaite des artistes, documents photographiques et sonores qui déforment les rapports spatiaux, impressions sélectives des critiques et des spectateurs. Les livres sur le théâtre existent pour fixer les traces oubliées, pour combler les lacunes d'un art né d'une interaction directe et immédiate entre observateurs et participants.

La nature éphémère de la représentation est intensifiée par les conditions de production et de réception que connaissent les théâtres des régions francophones et créolophones du bassin caribéen où la pratique de la scène est marquée par l'absence d'une tradition de critique théâtrale[1], par la précarité financière et, dans le cas des Départements Français d'Amérique, par l'incohérence des rapports avec les institutions culturelles de la France[2]. Les artistes des D.F.A. en particulier font partie d'une structure administrative d'outre-mer qui assure une confrontation des cultures dans une relation de pouvoir extrêmement problématique. Exclus de la création hexagonale, sauf exception, les praticiens de la scène martiniquaise, guadeloupéenne et guyanaise, partagés entre la métropole et le département, créent leurs propres réseaux d'activités où de multiples formes de théâtre s'épanouissent dans le sillage du syncrétisme qui marque toutes les manifestations

11

transculturelles dans cette région du monde. Ces cultures postesclavagistes, et «créolisées», qui ont dû «réinventer des formes symboliques ou culturelles» pour survivre en cet état de déculturation
selon Jacky Dahomey[3], ont produit des pratiques textuelles et scéniques qui ne peuvent se soustraire, malgré tout, au spectre colonial, présence insidieuse qui impose une vision hiérarchisée de la
culture et qui, inévitablement, oriente le goût du public autant que
les choix des créateurs. Le public «cultivé», tout en se délectant
d'un théâtre populaire en créole, hésite à lui accorder la légitimité
qu'il accorderait à un spectacle en français venu de la métropole,
et il condamne ainsi ces théâtres à une lutte perpétuelle pour leur
légitimité, voire leur survie.

Il est vrai que le théâtre anticolonial d'Aimé Césaire se mue en
référence légendaire, mais il faudrait désormais tenir compte de
Daniel Boukman, de Syto Cavé, d'Ina Césaire, de Maryse Condé,
de Gerty Dambury, d'Hervé Denis, de Frankétienne, de Julius
Amédée Laou, de Vincent Placoly, d'Élie Stephenson, de José
Exélis, d'Arthur Lérus, et de bien d'autres. Quelques textes pris en
charge par les metteurs en scène européens ont déjà attiré l'attention des critiques à l'extérieur de la région[4] et il existe dorénavant
des Festivals qui fournissent aux équipes de production et aux
écrivains de la scène les moyens de réaliser un travail important.
Nous pensons au Festival International des Francophonies en
Limousin, au Festival d'été de Fort-de-France, aux rencontres
théâtrales du *CMAC-scène nationale* (Centre martiniquais d'action
culturelle) à Fort-de-France, à la programmation du *Ubu Repertory
Theater* à New York sous la direction de Françoise Kourilsky[5].

Depuis 1998, il faut surveiller les productions du Théâtre de
l'Air nouveau, les productions «off» du Festival d'Avignon présentées par les *T.O.M.A.* (*Théâtres d'outre-mer en Avignon*) à la
Chapelle du Verbe incarné sous la direction de Greg Germain,
président de CinéDom+, et de Marie-Pierre Bousquet, responsable
de la compagnie Axe sud, le Festival du Théâtre des Abymes en
Guadeloupe, les Nuits culturelles de Rivière Pilote, le Festival du
Marin en Martinique, et la semaine de théâtre organisée annuelle-
ment en Guyane par Odile Pedro Leal. Nous pouvons dire, cependant, que la majorité de la production scénique et textuelle est
pratiquement inconnue de ceux qui vivent en dehors de la région.

À l'origine de notre livre, un colloque animé par le *Centre
d'analyse des littératures et langues françaises des Amériques*

(*CALIFA*) de l'Université Carleton, sur les théâtres francophones et créolophones de la région caribéenne. L'événement, qui a eu lieu dans les locaux du Département de théâtre de l'Université d'Ottawa avec la collaboration des collègues de ce département, a réuni comédiens, metteurs en scène, dramaturges et chercheurs pour amorcer un dialogue sur le théâtre et ses conditions de production en Guadeloupe, en Guyane, en Haïti et en Martinique. Pour les besoins de la publication, certaines communications ont été remaniées et nous avons sollicité d'autres textes portant sur les sujets importants qui n'avaient pas été abordés lors du colloque : le théâtre populaire en créole basilectal français à Ste-Lucie (de Gary Warner), la réception critique de *La tragédie du roi Christophe* mise en scène par Jacques Nichet au Festival d'Avignon (de Clare Tufts), l'étude thématique d'une dramaturgie traversée par un « espace-écoute thérapeutique » (de Suzanne Crosta). Nos échanges ont vite révélé la nécessité, du point de vue de la critique universitaire, d'orienter nos perspectives d'analyse autant vers la Francophonie que vers l'ensemble de l'archipel, comme Bridget Jones nous le fait si bien comprendre dans sa contribution à ce volume.

En ce qui concerne la recherche actuelle, notons d'abord les publications du milieu théâtral lui même : les trois volumes du *Livre blanc*[6], publiés par le Centre Martiniquais dAction Culturelle (*CMAC-scène nationale*), un numéro spécial de la revue *C.A.R.É.* consacré au théâtre[7], d'autres revues telles qu'*Echo Jeunesse* n° 27 (Guadeloupe), *CACG, Magazine d'informations du Centre d'Action Culturelle de la Guadeloupe* (1988), *Tranchées, revue politique et culturelle du Groupe révolutionnaire socialiste* (Martinique) et surtout son numéro spécial dédié à Vincent Placoly (1993).

Il faut reconnaître le peu d'intérêt que porte à ces théâtres le milieu de la recherche théâtrale internationale, car les chercheurs qui en parlent sont surtout les spécialistes en littératures francophones, non pas en théâtre. Il existe, cependant, le livre de Robert Cornevin sur l'histoire du théâtre haïtien et les nombreuses études sur Frankétienne[8]. Nous pouvons dire que le numéro thématique sur les Théâtres francophones de l'*International Journal of Francophone Studies* (vol. 2, n° 1, 1999), sous le direction de Kamal Sahli, spécialiste du théâtre algérien et maghrébin à l'Université de Leeds, est un des premiers documents de recherche sur les théâtres de la région. Depuis, la Société Québécoise d'Études Théâtrales (S.Q.E.T.) a publié le numéro 28 de *L'Annuaire théâtral* (2000), sous ma direction, le numéro XXVI d'*Œuvres & Critiques* dirigé par Louise Jefferson (2001) et qui comporte des études sur les théâtres de la Caraïbe dans un numéro thématique consacré au théâtre noir francophone; la revue *Africultures,* mensuel des cultures africaines publié par Sylvie Chalaye et créé en 1997, propose «l'agenda complet des événements culturels du mois et tout ce qu'il faut savoir sur les cultures africaines de par le monde» et comprend les articles sur les artistes de la scène antillaise œuvrant surtout en Métropole. Finalement, François Paré (Université de Guelph, Canada), prépare un numéro spécial d'*Études théâtrales / Studies in Theatre* sur les théâtres de la Caraïbe (anglophone, francophone et hispanophone)[9]. Bridget Jones, dont les articles sur les théâtres des D.F.A. avaient déjà constitué un véritable travail de défrichage, a établi, en collaboration avec Sita E. Dickson Littlewood, un répertoire des pièces martiniquaises, guadeloupéennes et guyanaises, jouées, publiées ou à l'état de manuscrit. Paru en Grande Bretagne en 1997, ce livre est un instrument indispensable pour qui voudrait connaître les dramaturges, les metteurs en scène, les compagnies, les lieux de création et le statut des textes conçus à l'intention de la scène[10].

Une de nos premières préoccupations a été le choix d'une désignation : devrait-on parler des théâtres francophones, des théâtres de la Caraïbe, des théâtres des Amériques ou des théâtres d'outremer? L'étiquette est importante, car chaque groupe situe ces théâtres au point de convergence de catégories géographiques et idéologiques dont la signification change selon la perspective de celui qui nomme le groupe étudié. En effet, certaines désignations reconfigurent une appartenance spatiale et culturelle en remettant en question les dichotomies habituelles du centre et de la périphérie. Déjà, dans l'introduction à son livre *La Francophonie littéraire. Essai pour une théorie,* Michel Beniamino constate la difficulté de définir la francophonie[11], tandis que Pierre Laurette, qui analyse les poétiques de la francophonie américaine, met en relief la nature de ces difficultés, voire «les innombrables différences linguistiques, culturelles et littéraires» qui caractérisent ce groupe si difficile à cerner. Selon lui, la Francophonie serait «l'entrecroisement des mémoires collectives, hétérogènes et personnelles» qui produit de multiples concepts identitaires dans cet univers qui dépasse l'espace caribéen et dont les définitions marquent «symboliquement la nature différentielle de telle ou telle aire». Il relève une longue liste de ces définitions dans le *Dictionnaire des identités culturelles de la Francophonie* de P. Wijnands (1993)[12]: africanité, antillanité, acadianité, belgitude, cadjinicité, canadianité, corsité, créolicité, créolité, créolitude, franco-américanité, franco-ontarianité, francophonéité, guyanité, haïtianité, indianité, mauricianité, négrité, négritude, occitanité, québécité, québécitude, wallonité, etc.

Toutefois, dans le champ de la pratique théâtrale où les structures administratives et culturelles ainsi que la présence physique de l'acteur jouent un rôle essentiel dans la production artistique, la notion de *francophonie* n'évoque pas seulement une communauté linguistique. Pour les artistes des D.F.A., elle sous-entend un statut ambigu de l'artiste d'origine caribéenne par rapport à l'État français car, selon certains, la notion d'acteur «francophone» servirait de prétexte aux responsables de l'institution théâtrale pour créer une catégorie d'artistes «autres», reconnaissables par leur couleur et donc susceptibles d'être tenus à l'écart de la production théâtrale institutionnelle, peu disposée à s'ouvrir à la différence. Dans cette optique très épidermique, l'acteur et metteur en scène Greg Germain, d'origine guadeloupéenne, refuse la désignation «francophone». Selon lui, les Domiens (des D.O.M.) ne sont pas «francophones», ils sont «Français» et donc ils n'ont pas leur place au Festival des Francophonies en Limousin.

La notion de *théâtre de la Caraïbe* situe ces théâtres dans une communauté ethnoculturelle et historique et dans un espace géographique précis, alors que la notion d'un espace francophone est beaucoup plus instable. Encore plus important, cette dernière appellation évoque les rapports hégémoniques avec un ancien pouvoir colonial, uniquement dans la mesure où tous les ancêtres du groupe caribéen ont partagé l'expérience de l'esclavage. Cette catégorie de *Caraïbe* permet aux intéressés de resituer la question identitaire par rapport aux sociétés noires métissées des îles voisines, et même au «Black Atlantic»[13], aux populations de la diaspora noire établies dans les lieux autour de l'Atlantique (le sud des États-Unis, le Brésil, la Caraïbe, la Colombie, le Venezuela, et même la Grande Bretagne et bien sûr l'Afrique). Cette désignation déborde les confins de l'état-nation et de la pensée nationale. Elle signifierait un changement radical de perspective spatiale et permettrait au chercheur d'insister davantage sur les pratiques locales, sur les influences africaines et non-européennes et surtout d'élaborer une pensée identitaire fluide, déterminée par la mouvance entre les îles, entre les cultures métissées dominées par la présence africaine, et entre les langues, ce qui n'est pas nécessairement le cas si on se situe dans une perspective «francophone».

La désignation de *théâtres des Amériques* situe ces théâtres dans un champ notionnel qui remet en question la prépondérance des rapports est-ouest entre les anciennes métropoles et les anciennes colonies, en insistant sur la spécificité du «nouveau monde» et sur sa culture hybride. Lieu d'immigration, de métissage, d'exil et de nomadisme, lieu de la transculture, lieu où les rapports géopolitiques sont marqués autant par l'influence du continent hispanophone et lusophone que par le Mexique, les États-Unis, le Canada, et par les tendances afro-centriques, anglo-centriques, hispaniques et francophones des cultures nord-américaines. Cette perspective est extrêmement intéressante, car elle nous oblige à revoir la production francophone et créolophone à partir d'un autre espace culturel. Quels seraient par exemple les rapports entre la dramaturgie du colombien Enrique Buenaventura, fondateur du Théâtre Expérimental de Cali (T.E.C.), auteur de *La tragedia del rey Christophe* en 1963, et celle d'Aimé Césaire, surtout sa pièce du même titre, *La tragédie du roi Christophe,* parue aussi en 1963. Le travail du *Ubu Repertory Theater* de Françoise Kourilsky à New York en est un autre exemple emblématique. Elle a créé les œuvres de Maryse Condé, de Simone Schwarz-Bart et de Julius Amédée Laou en anglais avec des distributions internationales. Dans ce contexte, il faudrait voir si la nécessité de s'ajuster à un public américain a eu des répercussions importantes sur la transformation des textes, sur la mise en scène et sur le jeu. La contribution de Freda Scott Giles à ce volume nous éclaire beaucoup sur ce point.

Finalement, la désignation de *théâtres d'outre-mer* signifierait l'exclusion des îles indépendantes, Haïti et Sainte-Lucie, car «outre-mer» désigne le pouvoir centralisateur de la métropole française qui préconise l'ambivalence du statut des artistes des D.O.M., concernant les possibilités de réaliser leur métier sur l'ensemble du territoire de la France. Précisément, le projet théâtral de Greg Germain mentionné plus haut soulève des questions très pertinentes d'un artiste domien qui réclame sa «francité», mais qui se voit pris dans une situation ambivalente et quasi inte-nable entre la France de la Caraïbe et la France européenne, lieu qui ne lui permet pas de mettre en valeur sa « différence », « car la couleur de sa peau lui donne un statut qui n'est plus tout à fait celui d'un acteur français[14] ». Le projet des Théâtres d'outre-mer en Avignon (T.O.M.A.) serait précisément d'interroger le statut culturel/identitaire des artistes des D.O.M. Il s'agirait de mettre en relief l'absence des Domiens du paysage théâtral de la nation et d'attirer l'attention sur le fait que l'égalité dans une République « une et indivisible » signifierait désormais l'unicité, surtout en matière de production culturelle. Selon Bernard Poignait, on sem-ble avoir oublié que « la culture française n'est pas que la culture de langue française[15] ». En effet, comme le lecteur le constatera, les Domiens de la Caraïbe parlent plus volontiers d'un théâtre « créole », ou d'un théâtre de « la créolité », se référant autant au mouvement littéraire et aux notions élaborées par Bernabé, Chamoiseau et Confiant dans *Éloge de la créolité* qu'à une accep-tation populaire d'un concept qui cernerait la spécificité culturelle des sociétés de la Caraïbe en général. Par exemple, Michèle Montantin renvoie à la représentation scénique d'une gestualité dite « créole » selon le metteur en scène, Arthur Lérus, tout en posant la question sur les composantes de « la dramaturgie créole ». Toutefois, il faut avouer que la notion d'un théâtre créole, ou « de la créolité » au théâtre, reste encore à clarifier.

Il est intéressant de noter cependant que toutes ces désigna-tions sont évoquées par les auteurs, ce qui indique les nombreux prismes à travers lesquels ces théâtres ont été observés. À notre avis, le théâtre doit se nourrir de la plus grande diversité de sour-ces possible pour s'épanouir pleinement. Pour cela, il est tout à fait normal de croire que ces pratiques textuelles et scéniques ont autant d'éléments en commun avec les théâtres des pays anglo-phones et hispanophones de la région caribéenne qu'avec celles de la francophonie mondiale. Les théâtres de l'archipel sont le produit des sociétés postesclavagistes marquées par l'exiguïté géographique, la violence coloniale, les traces des sociétés de plantation, les migrations d'origines diverses et l'existence des langues vernaculaires qui évoluent en rapport avec une langue européenne hégémonique (l'espagnol, l'anglais ou le français). Toutefois, en dépit de ces expériences partagées, chaque entité géopolitique a connu son évolution historique propre, et ces particularités se répercutent sur les pratiques d'un théâtre qui laisse des traces sur la vie culturelle de l'ensemble de la communauté[16].

Il est évident que si les contacts avec les praticiens anglophones et hispanophones ne se sont pas développés, cela est dû autant aux barrières linguistiques qu'à l'importance d'une tradition théâtrale française intériorisée par les ressortissants des D.F.A. et d'Haïti, toutes ces sociétés marquées par la présence coloniale française, quelle que soit l'époque de cette présence. Une collaboration plus étroite entre les artistes de Cuba, de Santo Domingo, de Trinidad, de la Barbade, de la Jamaïque ou de Ste-Lucie[17] aurait transformé le cours de l'histoire théâtrale dans les aires francophones où ces artistes, marqués par les modèles de la métropole, pour les imiter ou pour les subvertir, font des choix culturels et idéologiques qui prolongent la relation à la fois enrichissante et perverse avec les modèles hexagonaux.

Dans le sillage de ces rapports profondément ambivalents, un nouveau canon théâtral est en train de se dessiner dans les îles francophones et créolophones. Le nomadisme obligatoire de ces artistes[18], l'émergence d'une nouvelle génération d'intellectuels qui veulent mettre en relief les traditions culturelles locales et qui repensent les relations avec la France hexagonale, permettent de multiples contacts qui ont des retombées intéressantes sur l'orientation du travail théâtral en général. À la fois produits des ruptures par rapport à la scène européenne et inscrits dans le continuum des traditions théâtrales occidentales, ces praticiens se nourrissent de la mémoire éclatée d'un corps africain et de la «mémoire châtrée» d'un corps émigré, dirait le dramaturge Daniel Boukman. Ces multiples sources contribuent aux dérives des catégories esthétiques et produisent un théâtre profondément hybride. Filtrée à travers des techniques de jeu saisies sur le tas lors des activités associatives ou apprises dans les écoles professionnelles, concrétisée dans des orchestrations vocales inspirées de l'art du griot et surtout dans la théâtralisation d'un art développé sur la base de rituels anciens tels le *gwoka* (Lucie Pradel), cette mémoire est le lieu privilégié des rencontres complexes entre le passé, le présent et la suspension d'un espace/temps linéaire, comme nous l'explique Serge Ouaknine. La matière et la forme de ces théâtres reflètent le croisement, sinon la confrontation des cultures où les catégories — comédie, mélodrame, tragédie, farce — sont perturbées par l'intrusion d'un conteur, par l'acteur rituel qui établit un rapport particulier avec l'invisible tout en assumant un jeu de la manière la plus classique.

Certaines formes de théâtre populaire en créole qui réunissent à la fois grossièretés et gros rires, sous-tendent un fond socioculturel très sérieux : une réflexion sur l'alcoolisme, le chômage, la difficile adaptation à la vie en métropole. Cette catégorie a produit de très grandes réussites populaires : *Dodin* (Jeff Florentiny, 1996, Martinique) et *Moun Koubari* (José Jernidier, 1990, Guadeloupe). Les monologues comiques, grinçants et crus, de *Jak et Pat* (Guadeloupe) ou de *Bankoulélé* (Martinique) constituent la contrepartie du théâtre activiste créolophone de *Tanbou Mele* de Sainte-Lucie, des monologues fulgurants d'Élie Pennont, des échos poético-mystiques de Joby Bernabé ou des vibrations d'un corps dansant qui dialogue avec les tambourineurs *lewoz* (cf. Pradel), théâtre conçu aussi comme une forme de résistance culturelle face à un théâtre de source européenne. Quant à la production textuelle en Guadeloupe, il existe un clivage important entre une dramaturgie issue de la voix parlante et d'un corps hiéroglyphe que nous livre une écriture « orale », celle de Lérus et d'Eddy Arnell, et les dramaturges marqués par le théâtre français issus plus récemment des ateliers d'écriture de la Chartreuse, à Villeneuve Avignon.

Les mélanges imprévisibles signalent à la fois l'hybridité des formes et la nature dialectique de la pratique textuelle et scénique où tous les défis accouchent de nouvelles expériences.

Il existe également une dramaturgie en français dont l'écriture, extrêmement châtiée[19], repose souvent sur des adaptations scéniques des œuvres étrangères ou sur des lectures dramatiques accompagnées de fond sonore[20]. L'émergence d'un théâtre littéraire en créole n'a pas encore contré un a priori qui voudrait qu'un théâtre en créole soit forcément comique. Parmi les meilleurs exemples de ce genre, il faut noter les œuvres de Feliks Moriso-Lewa, surtout son adaptation d'*Antigòn* en créole, toute la production dramaturgique de George Mauvois, *Ione* en créole de Derek Walcott, inspirée d'Euripide, présentée par le Théâtre national de Ste-Lucie au Festival d'été de Fort-de-France (1996), les pièces d'Ina Césaire et d'Élie Stephenson ; les textes radiophoniques de Mona Guérin (cf. Maximilien Laroche) et les traductions/adaptations en créole des pièces françaises, réalisées par Rafael Confiant et montées à la Scène nationale de la Guadeloupe dans le cadre de la programmation de l'Artchipel[21]. Toujours dans cette même catégorie, les textes de Frankétienne, qui sont inséparables de leur incarnation scénique, présentent un tourbillon d'images délirantes, inspiré d'images cauchemardesques et irrévérencieuses, et crachées par le corps rabelaisien de l'auteur/acteur *Totolomannwèl* et qui poussent la poésie orale à la limite de l'obscénité[22].

Les rapports avec des textes de langue française sont autrement complexes. Souvent, des pièces européennes sont transformées par les dramaturges de la Caraïbe, non pas parce que ceux-ci pensent imiter ceux-là, mais plutôt pour subvertir la forme théâtrale d'origine afin de corriger un point de vue ou de faire valoir un nouveau «savoir local»[23]. *An tan revolisyon* de Maryse Condé, mise en scène par Freda Scott Giles, montre comment les textes canoniques de l'Europe peuvent occulter des perspectives historiques, esthétiques et éthiques qui ne demandent qu'à être révélées. Inspirée en partie de la pièce d'Ariane Mnouchkine (*1789*), l'œuvre de Condé ne masque pas sa fonction didactique en dénonçant l'historiographie officielle qui, selon l'auteur, n'a jamais accordé aux événements guadeloupéens de la révolution française la place qu'ils méritaient, c'est-à-dire la première abolition de l'esclavage aux Antilles en 1794 et son rétablissement par Napoléon en 1802. Notons l'apport d'un théâtre didactique et nationaliste caractérisé par la reconstitution des événements historiques, tels que les fêtes commémoratives de la Révolution anti-esclavagiste. Alex Nabis a mis en scène les Batailles de Matouba et de Bambridge (1802) sur les lieux mêmes des événements, qui avaient entraîné la mort de Delgrès, d'Ignace et des insurgés guadeloupéens. Ces réécritures scéniques et textuelles sont souvent l'expression d'une conscience déchirée ou malmenée par des préoccupations d'une société marquée par l'expérience vécue d'une hiérarchie épidermique. Ces facteurs, assortis des moyens de symbolisation propres à la scène caribéenne dont parle Lucie Pradel, sont très recherchés par la nouvelle génération de dramaturges et contribuent à réorienter le regard des multiples publics dont les dramaturges doivent toujours tenir compte : Antillais vivant aux îles, Métropolitains, et Antillais immigrés vivant en Amérique ou en Europe. Toutefois, pour mieux situer ces études sur la dramaturgie et la pratique scénique, il faudrait remonter aux moments fondateurs de ce que nous préférons appeler le *nouveau théâtre francophone de la Caraïbe*, celui qui fait son apparition dans le sillage du maître martiniquais.

Événements fondateurs

L'importance d'Aimé Césaire en tant qu'écrivain et penseur de la Négritude le prédisposait au rôle important qu'il a joué dans l'évolution du théâtre, mais son omniprésence a eu des répercussions tout à fait paradoxales. Parce que son œuvre est devenue, au fil des années, la seule référence théâtrale de la région[24], d'autres auteurs ont été relégués dans l'ombre pour des raisons qui restent à déterminer. Toutefois, si le poids écrasant de sa présence a provoqué, à son insu, l'occultation d'artistes et de dramaturges en puissance, Césaire a été aussi la force régénératrice d'une infrastructure qui a pu offrir aux chercheurs, aux théoriciens et aux praticiens un espace de création unique parmi les autres îles de la région. Par son initiative personnelle, il a créé une des institutions du renouveau du théâtre martiniquais, le Festival d'été de Fort-de-France et le Théâtre de la soif nouvelle (T.S.N.).

La collaboration entre Aimé Césaire et Jean-Marie Serreau dans les années 1960[25] a ouvert la voie à l'implantation des structures de production et de formation. Dès 1972, Césaire, assuré de l'appui de Jean-Marie Serreau, met en place le Festival d'été de Fort-de-France[26] et il inaugure en 1976 l'atelier-théâtre du *Service Municipal d'Action Culturelle* (*SERMAC*), car le festival avait donné lieu à un foisonnement de troupes locales qui réclamaient une formation plus spécialisée.

En 1982, un groupe de comédiens de l'atelier-théâtre est sélectionné pour bénéficier d'une formation professionnelle agréée par le ministère de la Culture et la ville de Fort-de-France. Ces premiers stages en territoire martiniquais ont abouti à la création du *Théâtre de la soif nouvelle* (1982), première troupe professionnelle des Antilles françaises dont Annick Justin-Joseph s'est vu confier la direction[27]. Grâce au Festival et à cette amorce d'une pratique professionnelle, les comédiens, musiciens, danseurs et scénographes qui pratiquaient leur métier en France avaient désormais la possibilité de revenir travailler en Martinique, car auparavant, il n'y avait pas de centre autour duquel les arts de la scène pouvaient graviter.

Au début, l'initiative de Césaire avait un fond idéologique qui correspondait à la pensée de la Négritude et à une affirmation anticoloniale, car elle a permis une ouverture vers les traditions d'origine africaine et une affirmation de solidarité avec les luttes de libération dans le monde. Les thèmes des premiers festivals attestent ce fait[28] : le Festival de 1976 est dédié à « la victoire du peuple angolais », celui de 1977 à « la libération des peuples d'Afrique du Sud », celui de 1978 à « la lutte du peuple martiniquais contre l'aliénation ». Ensuite les festivals reconnaissent « les luttes du peuple afro-américain » (1979) ainsi que « le peuple noir d'Amérique latine » (1980) et « la diaspora noire » (1981). Dès lors, chaque édition du Festival met en valeur des artistes invités des pays en question. Selon José Alpha, metteur en scène martiniquais et directeur artistique de la troupe *Teat Lari,* le théâtre « a enfin réalisé sa mission politique et sociale de diffusion et d'ouverture vers toute la Caraïbe[29] ». La visée du Festival semble correspondre à un virage important dans la perspective des créateurs de la scène pour qui la solidarité francophone est désormais associée à une solidarité avec tous les « damnés de la terre ».

Dans un sens, le projet de Césaire de mettre les arts de la scène à la portée de tous, n'est pas sans rappeler la vision d'un théâtre populaire chère à Jean Vilar. « Le théâtre doit être un service public ouvert à tous[30] », vision qui a donné naissance aux centres dramatiques régionaux, au Festival d'Avignon et au Théâtre national populaire que Vilar a dirigé entre 1951 et 1963. Il fallait décentraliser le théâtre et le faire respirer loin des boulevards parisiens. Toutefois, Césaire inscrit la dynamique de Vilar dans un ensemble de nouvelles catégories qui conviennent à sa propre vision du monde ; il s'agissait de créer un centre théâtral loin de l'Hexagone pour réaliser, par le théâtre, la libération culturelle des opprimés et donner une voix au monde noir.

Au fil des années, ce nouveau lieu de rassemblement culturel s'affirme, les contacts intercaribéens se multiplient, les créateurs bénéficient d'un cadre d'expérimentation et de contacts qui les orientent vers des réseaux de relations qui s'étendent à l'ensemble des Amériques métissées, « nuestra América », relations théorisées déjà par José Martí « à la veille de la modernité » et plus récemment par les penseurs de la culture postcoloniale : Homi Bhabha, Benitez Rojo, Edward Saïd et bien d'autres[31]. Désormais, la légitimité d'un théâtre qui rejette son statut de sous-produit de la scène hexagonale n'est plus en doute, surtout un théâtre en créole, expression d'une culture scénique autonome qui ouvre la voie à la constitution d'un canon caribéen.

Par ailleurs, une des conséquences de cette prise de conscience est la lente transformation de la notion de « théâtre » par l'infusion des rituels populaires, par la présence d'un corps chargé de nouveaux signes, qui réclame le droit de se fondre dans l'espace liminal de la fête. Le danseur Lewoz (cf. Pradel), le carnavalier, la voix du conteur, le corps paré du masque du Fem'touloulou guyanais, tous ces signes dans l'espace affirment leur appartenance au théâtral autant que les signes inscrits sur la page écrite[32]. Ce théâtre corporel s'enrichit de multiples influences : traditions du théâtre de la rue nourries des fêtes populaires de la Caraïbe et des défilés de marionnettes géantes d'inspiration africaine ou américaine, théâtre politique du *Bread and Puppet*[33], marionnettes de Patrick Dubois[34] et de Roland Brival. Dans les années 1970, Édouard Glissant dirigeait l'Institution martiniquaise d'études et faisait du théâtre de la rue avec ses étudiants[35]. Importantes aussi sont les traces du Théâtre de la Foire européenne, politisé par Joby Bernabé qui s'approprie les techniques de l'agitation/propagande piscatorienne et les stratégies d'une esthétique brechtienne où le processus même de l'événement théâtral est mis en évidence pour inciter à une réflexion critique sur l'histoire, recentrée sur la Caraïbe. Les expériences anti-BUMIDOM[36] du même martiniquais Joby Bernabé, réalisées par le *Groupe Z* en métropole dans les milieux de l'immigration antillaise et des travailleurs des Postes et Télécommunications, a laissé des traces importantes dans la mémoire des praticiens de sa génération et fourni, avec les pièces de Daniel Boukman, le modèle d'un théâtre explicitement politique. Daniel Boukman, qui vit en Algérie entre 1962 et 1981[37], y produit les premières ébauches d'une dramaturgie qui deviendra plus tard, avec *Ventres pleins, ventres creux* et *Les Négriers,* l'expression raffinée d'un anticolonialisme virulent, mêlant les emprunts parodiques de Shakespeare, de Feydeau, de Jarry, de Genêt, et de Kateb Yacine sur fond de Fanon. D'autres exemples d'une dramaturgie contestataire issue des techniques de la création collective sont ceux du guadeloupéen Arthur Lérus, dont la première pièce montée par sa troupe, *Siklon*, devenue le nom même de la compagnie (*Le théâtre du cyclône*), raconte le passage du phénomène météorologique qui se transforme en métaphore de la dépendance politique et sociale. Lérus emprunte la structure épique du drame « à stations » au théâtre expressionniste, pour transformer le défilé des bulletins météorologiques en chemin de croix, le calvaire du peuple guadeloupéen qui avance vers la mort, subit une transmutation et débouche sur un état d'illumination au moment de la vérité. *An tan revolisyon* de Maryse Condé, représenté en plein air au Fort Fleur-d'épée (Guadeloupe) ou monté dans le cadre d'une université américaine (cf. Freda Scott Giles), démasque le rétablissement de l'esclavage en Guadeloupe et l'inscrit dans le cadre d'une fête populaire qui est aussi un moment de crise historique — la révolution française — où les étapes de la crise, structurée dialectiquement, incitent à une réflexion critique. D'ailleurs, lors de sa création en Guadeloupe, les responsables administratifs, tellement gênés par les propos de la pièce, ont annulé les représentations. Dans la mouvance d'un théâtre politique, notons aussi *Le débarquement des esclaves*, mise en scène d'un événement historique par la «reconstitution d'un marché d'esclaves avec vente publique, vérification de la dentition, marquage au fer rouge[38]», montée en Guadeloupe par Alex Nabis et Djep Mason en mai 1998, à l'occasion des célébrations publiques du 150e anniversaire de l'abolition de l'esclavage. Le fait que le spectacle se soit déroulé sur les lieux mêmes des événements — la Darse, l'ancien port de Pointe-à-Pitre et la Place de la Victoire — a provoqué une forme de participation et un sens d'identification très forte, ce qui a laissé dans la mémoire du public des traces beaucoup plus profondes qu'un texte imprimé n'aurait pu le faire. Gary Warner nous parle de *Tanbou Mele*, une troupe de théâtre populaire de Ste-Lucie dont le travail s'inspire des écrits de Paulo Freire et d'Augusto Boal. Ces spectacles de conscientisation sociale qui incitent les autorités à résoudre les problèmes de chômage, de pollution, de pénurie de logements, se déroulent sur les lieux mêmes des conflits: le centre ville, le marché, les plages. Les passants sont interpellés par les acteurs et intégrés dans un «jeu» didactique qui évoque aussi les tactiques du théâtre-guérilla.

Il existe cependant d'autres moments importants dans la prise de conscience d'un canon théâtral francophone et créolophone. Une génération d'artistes reconnaît l'importance de l'œuvre de Jean Genet, surtout *Les Nègres*, créée par Roger Blin et la Compagnie théâtrale Les Griots au Théâtre de Lutèce en 1959. Le spectacle présenté par une troupe d'acteurs venus d'Afrique et des Antilles, constituée à Paris par Roger Blin, a profondément ému Syto Cavé et Daniel Boukman. *Les Nègres*, mise en scène d'une identité qui se reflète dans une série de mises en abyme sans fin, concrétisait l'impossibilité de saisir une identité noire à une époque — celle de la guerre d'Algérie — où les politiques racistes et coloniales se défendaient dans la rue. Daniel Boukman parle d'«émotions fondatrices» et avoue que cette pièce a eu une influence profonde sur sa propre écriture :

> Les Nègres [...] fut pour moi la rencontre avec un univers théâtral où, par détour de la fable, on est ramené à réfléchir aux réalités essentielles de la vie [...] des défoulement collectifs où le grotesque et ses exubérances furent sans doute porteuses de germes d'un imaginaire dont la forme théâtrale sera pour moi, plus tard, comme un jardin fertile[39].

La troupe haïtienne Kouidor, fondée dans les années 1960 par Syto Cavé et des comédiens exilés à New York, s'est imposée à la fois comme lieu de contestation contre le régime oppressif de Duvalier (le public entendait les comédiens dire tout haut ce qu'il pensait tout bas sans oser jamais l'exprimer), mais aussi comme troupe populaire créolophone. Elle interprète des textes littéraires et devient le forum d'une collaboration artistique interdisciplinaire, car Cavé, lecteur avide d'Artaud, réinterprète la notion artaudienne d'un «théâtre total» où écrivains, chanteurs, musiciens, acteurs, danseurs et poètes produisent une grande fête de créativité qui agit sur le public, surtout haïtien, comme une grande thérapie collective.

En 1987, le Théâtre de la soif nouvelle a reçu la mission du Centre dramatique régional (CDR-Martinique), organisme parapluie qui regroupait toutes les compagnies locales. Ainsi, le T.S.N. a pu mettre en place une programmation suivie, assurant ainsi les débuts d'une formation professionnelle et la diffusion des spectacles. Annick Justin-Joseph dirige le CDR-T.S.N. de 1987 à 1989, Élie Pennont en est responsable de 1990 à 1997, et depuis 1997, la mission du CDR est passée au Théâtre racines sous la direction de Michèle Césaire. Ensuite, Élie s'est occupé uniquement du T.S.N.[40]. Entre autres, il a entrepris de donner des formations dramatiques en collaboration avec l'Académie expérimentale des théâtres, sous la direction de Michelle Kokosowski. Celle-ci a réalisé la première étape de son «Université nomade des arts du spectacle en Caraïbe» en s'associant au T.S.N., pour constituer un laboratoire d'acteurs qui serait en passe de devenir une école martiniquaise de théâtre, selon Serge Ouaknine, du Département de théâtre de l'Université du Québec à Montréal[41].

Autre moment marquant, la contribution du *Centre d'Action Culturelle* (C.A.C.) de la Guadeloupe (1982-88, sous la direction de Michèle Montantin. Les quatre *Rencontres caribéennes de théâtre*, organisées dans le cadre des activités du *Centre*, ont provoqué une effervescence créatrice ; expositions, spectacles de théâtre et de danse, tables rondes, discussions et événements publics ont été l'occasion de plusieurs créations : en 1987, *Ton beau capitaine* de Simone Schwarz Bart, en 1988 la *Pension les Alizés* de Maryse Condé et *Bra Koupe* de Syto Cavé. Cette série de rencontres a permis aux artistes locaux de connaître leurs homologues des autres îles, dont la Jamaïque et Cuba, et dans ce sens les rencontres du C.A.C., malgré leur courte durée (1982-1988), ont joué en Guadeloupe un rôle comparable à celui du Festival d'été de Fort-de-France en Martinique.

Présentation de l'ouvrage

Les trois textes qui constituent l'introduction proposent une réflexion sur différents axes qui orientent les dramaturges et les praticiens. Notre propre mise en contexte historique et esthétique est suivie d'une étude de Bridget Jones. L'auteure s'interroge sur les critères à retenir pour identifier une œuvre francophone de la région caribéenne. Elle s'appuie sur ses vastes connaissances des îles anglophones et, grâce à cette perspective comparatiste, le regard du lecteur se déplace radicalement. Il n'est plus possible de concevoir l'ensemble de ces théâtres francophones uniquement en tant qu'appendices d'une structure politico-administrative qui a pour centre la métropole française. Il paraît de plus en plus évident que ces théâtres ont une place légitime au sein d'un regroupement d'États qui partagent sinon une langue, du moins un espace géographique, une histoire et une population d'origine commune. Ensuite, Serge Ouaknine, auteur de *Le théâtre et l'invisible*, situe les théâtres de la Caraïbe dans le lieu de convergence des deux grandes traditions qui véhiculent des visions ontologiques fort différentes, celle du monde linéaire de la tradition raisonnée de l'Occident et celle de l'oralité, de la mémoire des mythes. La convergence des deux axes produit un théâtre qui représente une synthèse, d'une part de la tradition classique, mimétique, qui se déroule dans un espace/temps linéaire où règne la primauté du texte/logos, et d'autre part d'un théâtre-rituel dont le site est le corps de l'acteur, soumis aux forces supérieures, inscrites dans une hiérarchie temporelle, lieu de triomphe de l'invisible sur l'espace/temps du quotidien.

Cette première partie est suivie d'une deuxième section composée de sept essais qui révèlent les multiples orientations de la dramaturgie haïtienne, martiniquaise et guadeloupéenne. Suzanne Crosta découvre un réseau de relations entre soignant et soigné, pour montrer les possibilités thérapeutiques de l'activité théâtrale perçue comme événement rituel susceptible d'opérer une transformation chez les participants. Annie Dominique Curtius pose un regard de critique féministe sur les pièces d'Aimé Césaire qui, selon elle, n'ont pas su donner une parole valorisante aux femmes. Maximilien Laroche contextualise le théâtre radiophonique haïtien en analysant le mode de représentation de la violence au pays par une forme de théâtre populaire, en l'occurrence la série radiophonique *Roye, les voilà!* de Mona Guérin. Christiane Ndiaye situe *Anacaona*, l'œuvre du haïtien Jean Métellus, dans la grille critique de la créolité. Elle examine la structure discursive de la pièce en s'appuyant sur les notions puisées dans la poétique d'Édouard Glissant. Les signes d'une littérature de la « totalité-monde » confrontés au « cri poétique » des communautés ataviques, sont la source incontournable d'une écriture « baroque », dont *Anacaona,* « manifestation d'un baroque quelque peu déroutant » serait le texte emblématique. Marie-José N'Zengou-Tayo analyse la manière dont deux auteurs haïtiens représentent la migration populaire : un auteur émigré qui vit aux États-Unis (Jan Mapou) et un auteur vivant en Haïti (Frankétienne). Elle montre que l'espace habité par chaque dramaturge entraîne des perspectives scéniques et textuelles très différentes. *Pèlin tèt,* une relecture en créole par Frankétienne de l'œuvre *Les émigrés* de Slawomir Mrozek, transforme l'expérience d'émigration européenne en message qui incite les Haïtiens à rester chez eux. L'œuvre évolue à partir d'une gestualité appuyée et d'une mimique parfois comique, d'un jeu corporel qui séduit autant que les manipulations langagières, les néologismes, les métaphores et les dérives d'un créole poétisé, parfois méconnaissable, même pour les créolophones les plus chevronnés[42]. Hans-George Ruprecht explique les stratégies intertextuelles du poème dramatique de Daniel Boukman, *Chants pour hâter la mort du temps des Orphée.* Œuvre située au croisement d'un théâtre «postcolonial» et de la littérature engagée, elle parodie les écrits de Césaire pour «déranger le silence des bien-pensants de la Négritude face à la misère dans l'île» (H.-G. Ruprecht). Le texte de Marie-Agnès Sourieau sur la pièce *Dessaline ou la passion de la liberté* est une des rares études qui existe sur l'œuvre de Vincent Placoly, un des dramaturges tristement négligés dans la foulée césairienne. Cette réflexion sur la démarche historiographique de l'auteur martiniquais cerne le processus de symbolisation du personnage de la révolution haïtienne, transformé en figure emblématique des luttes de libération des populations de la Caraïbe.

La troisième section comporte cinq textes sur la pratique scénique, sur la mise en scène abordée selon des perspectives très diverses. Frida Scott Giles décrit les étapes successives de la création d'*An tan revolisyon* de Maryse Condé, par les étudiants de l'Université de Georgie aux États-Unis. L'adaptation scénique et textuelle d'une œuvre antillaise, resituée dans un contexte anglo-américain, révèle les défis d'une pratique qui repose sur le passage d'un système de références historiques et sociales à un autre. Michèle Montantin évoque les expériences de mise en scène des œuvres de Simone Schwarz-Bart et de Maryse Condé, se demandant si l'on peut parler d'un théâtre guadeloupéen et d'une «dramaturgie créole». Fort d'une expérience de première main, l'auteure nous livre les documents inédits comportant des réflexions des deux auteures en question, concernant les lectures scéniques passées et éventuelles de leurs œuvres. Lucie Pradel analyse l'ensemble des composantes du rite guadeloupéen issues de la tradition du gwoka pour montrer que les mouvements codés ainsi que les phénomènes de stylisation et d'esthétisation des danseurs constituent des éléments préthéâtraux, gestes fondateurs d'une forme de théâtre qui serait spécifiquement guadeloupéenne. Jean Small, metteur en scène et professeur au Philip Sherlock Creative Arts Centre de l'Université des West Indies de la Jamaïque, décrit une expérience de pédagogie littéraire et linguistique, menée avec ses étudiants anglophones, à partir des mises en scène de deux œuvres de la Caraïbe francophone: *Une tempête* d'Aimé Césaire et *Ton beau capitaine* de Simone Schwarz-Bart. Clare Tufts dépouille la réception critique métropolitaine de *La tragédie du roi Christophe* d'Aimé Césaire, mise en scène par Jacques Nichet au Festival d'Avignon en 1996. Nichet qualifie ce travail de «geste politique » puisqu'une troupe d'acteurs noirs jouait pour la première fois dans la Cour d'Honneur du Palais des Papes d'Avignon à une époque où la mairie « Front national » d'Orange bannissait l'œuvre de Césaire des rayons de la bibliothèque municipale, signale Tufts. Toutefois, selon l'auteur, la mise en scène, qui a suscité une controverse sur l'importance de la couleur et de la nationalité dans l'attribution des rôles, inspire une réflexion sur la tension entre le particulier et l'universel au théâtre. De son côté, Gary Warner rend compte du travail de *Tanbou Mele,* troupe de théâtre populaire à Sainte-Lucie. Cette étude nous révèle tout un pan de la création créolophone dans l'île de langue anglaise, que nous ignorions. Elle révèle la vitalité du créole et son importance comme véhicule de communication directe, mise en relief par le processus théâtral. La manifestation en créole que Warner nous présente, rejoint l'animation culturelle, la conscientisation politique, la rencontre didactique, le Théâtre de rue et les expériences du théâtre politique issues des recherches des années 1960.

Après cette mise en contexte des pratiques scéniques et dramaturgiques qui n'est que trop brève et trop sélective, nous souhaitons que la lecture de ces textes incite les praticiens, les chercheurs et le grand public à s'ouvrir davantage aux théâtres qui s'épanouissent actuellement dans cette partie du monde. Prêt à mieux repérer les tendances globales autant que les pratiques isolées et spécifiques, le lecteur en serait sensibilisé aux tensions, aux rencontres conflictuelles et aux chocs des différences qui sous-tendent ces formes de création métissée : tensions qui relèvent de la rencontre d'une pratique théâtrale orale, d'une orientation scénique corporelle et d'un théâtre logocentrique, tensions exacerbées par les choix linguistiques qui portent de multiples significations sociales et idéologiques. Avec ses lacunes et ses insuffisances, ce livre souhaite cerner quelques-unes des modalités d'expression dans ces espaces spectaculaires où résonne le murmure des peuples qui, comme le disait Max Jeanne, « émergent de la non-représentation[43] ».

Notes

[1] Depuis peu, des articles critiques de Béatrice Perrier paraissent régulièrement dans *France-Antilles Martinique* : « Je soussigné cardiaque », *France-Antilles, Martinique*, 6 juin, 1999 ; « *Totolomannwèl*, ou le pouvoir en question », *France-Antilles, Martinique*, 6 juillet ; 1999 : « *Ecchymose*, le temps suspendu », *France-Antilles, Martinique*, 24-24 juillet, 1999. Haïti jouit d'une tradition de critique théâtrale au pays (Rodney Saint-Éloi entre autres) et dans le milieu diasporique à Montréal, à New York, à Boston et à Miami. Toutefois, les conditions de création en Haïti seraient difficiles. Selon Frankétienne, les salles sont « exécrables, l'éclairage est misérable, il n'y a pas d'acoustique, il n'y a plus rien » et les gens ont peur de sortir. « C'est vraiment le désert chez nous […], non seulement pour le théâtre mais pour tous les arts », Frankétienne, intervention lors du colloque sur les Théâtres francophones et créolophones, tenu à Ottawa, octobre 1997.

[2] La Guadeloupe, la Guyane et la Martinique, désormais les D.F.A. dans le texte. Voir Jean-Pierre Sainton, « Perceptions de la cohérence institutionnelle : une mise en perspective historique », *La question statutaire en Guadeloupe, en Guyane et en Martinique. Éléments de réflexion*, Centre d'analyse géopolitique et internationale, Université des Antilles et de la Guyane, Pointe-à-Pitre, Guadeloupe, Éditions Jasor, 2000, p. 23-40.

[3] Jacky Dahomey, « Identité culturelle et identité politique. Le cas antillais », *Revue de philosophie et de sciences sociales*, Comprendre les identités culturelles (sous la direction de Will Kymlicka et Sylvie Mesure), n° 1, 2000, p. 100-101.

[4] *Le morne de Massabielle* de Maryse Condé, créé par Gabriel Garcia (1971) au Théâtre des Hauts de Seine, Puteaux ; *Mémoires d'Isles* d'Ina Césaire, créé par Jean-Claude Penchenat (1983) du Théâtre du Campagnol au Théâtre de Bagneux ; *La folie ordinaire d'une fille de Cham* de Julius Amédée Laou, une création de Daniel Mesguich au Théâtre de la Bastille, Paris, 1984 ; *Lettres indiennes* de Gerty Dambury, créé au Festival d'Avignon (1996) par Alain Timar au Théâtre des Halles ; *Placers* d'Élie Stephenson, créé à Cayenne (1990) par Vincent Colin, directeur artistique de la Scène nationale de Cergy-Pointoise.

[5] En octobre 2001, le Ubu Repertory Theater de New York a fermé ses portes après presque 20 ans d'existence (1982-2001). Françoise Kourilsky « a légué ses archives à la Bibliothèque nationale de France, vendu sa collection de pièces traduites au Theater Publishing Group — qui continuera à les éditer et à les diffuser — et cédé ses manuscrits à la bibliothèque de la New York Central University », Brigitte Salino, « L'unique théâtre français de New York ferme ses portes », *Le Monde*, vendredi 2 novembre 2001, p. 21.

[6] *Livre blanc ; rencontre caribéenne de théâtre*, vol. 1, 1990, vol. 2, 1991, vol. 3, 1995, Fort-de-France, CMAC-scène nationale.

[7] « Regards sur le théâtre », C.A.R.É. (Centre antillais de recherches et d'études), n° 6, mai 1980.

[8] Voir entre autres : *Dérives*, numéro spécial sur Frankétienne, n°s 53-54, 1987 ; « Interview avec Frankétienne », *Callaloo*, 1, vol. 15, n° 2, 1992, p. 358-392 ; « Imaginaires et parcours poétiques », *Poétiques et imaginaires. Francopolyphonie littéraire des Amériques, op. cit.*, p. 47-68 ; Robert Berrouet-Oriol et Robert Fournier, « Poétique, langage et schizophonie : Frankétienne », *op. cit.*, p. 83-102.

⁹ N'oublions pas les études de Christiane Makward, Vèvè Clark, Odile Pedro Leal, Marie-Christine Hazaël-Massieux, Juris Selenieks, Micheline Maximin, Victor Gary, Rodney Saint-Éloi, Kathleen Gyssels. Voir la bibliographie.

¹⁰ Bridget Jones & Sita Dickson Littlewood, *Paradoxes of French Caribbean Theatre, An Annotated Checklist of Dramatic Works : Guadeloupe, Guyane, Martinique, from 1900*, London, Department of Modern Languages, Roehampton Institute, 1997.

¹¹ Michel Beniamino, *La francophonie littéraire. Essai pour une théorie*, Paris, l'Harmattan, 1999, p. 9.

¹² Pierre Laurette, « Poétiques et polyphonies francophones : problématique », *Poétiques et imaginaires. Francopolyphonie littéraire des Amériques, op. cit.*, p. 24-25.

¹³ Paul Gilroy, « The Black Atlantic as a Counterculture of Modernity », *The Black Atlantic, Modernity and Double Consciousness*, Cambridge, Harvard University Press, 1993, p. 1-40.

¹⁴ Le comédien Jacques Martial, d'origine guadeloupéenne, s'est exprimé au sujet du « Collectif égalité », groupement des artistes de la scène et de la télévision pour défendre une France multiraciale et multiculturelle, et protester contre l'absence des « minorités visibles » à la télévision. « Entretien avec Jacques Martial », *Africultures*, n° 27, avril 2000, p. 43-48.

¹⁵ Bernard Poignait, cité par Alain Renaut, « Le débat français sur les langues régionales », *Revue de philosophie et de sciences sociales, op. cit.*, p. 385.

¹⁶ Dans son analyse de l'apport africain à l'art antillais, Lucie Pradel insiste sur les héritages communs entre les îles anglophones, francophones et hispanophones où « la fluidité de certaines barrières culturelles favorise l'empiètement de thèmes et de motifs littéraires et également de croyances et de performances populaires ». Lucie Pradel, « Avant-propos », *Dons de mémoire de l'Afrique à la Caraïbe : littérature et culture des îles anglophones*, Paris, l'Harmattan, 2000, p. 7. Selon le linguiste Robert Chaudenson, la particularité des entités qui constituent la région de la Caraïbe, les différentes phases historiques et économiques par lesquelles chaque société a dû passer, ont produit un espace où chaque territoire qui s'y trouve possède sa propre « écologie », déterminée par les migrations à travers les colonies. Robert Chaudenson, *Creolization of Language and Culture*, (Texte remanié et traduit par Salikoko Mufwene), London & New York, Routledge, 2001, p. viii. Les différences fondamentales entre le théâtre haïtien et celui des D.F.A. reposent autant sur les conditions matérielles de production et de création (pauvreté, instabilité sociale et économique) que sur les différences historiques. On remarque même, dans les œuvres traitées ici, une prépondérance de textes haïtiens sur la violence interne subie par la population locale, et surtout la question de l'émigration clandestine et l'exil forcé, ce qui est quasi absent de la dramaturgie des D.F.A., beaucoup plus préoccupée par les questions identitaires et les rapports problématiques avec la Métropole française. Dans ce contexte, la situation de Wilnor, Haïtien dans la pièce de la Guadeloupéenne Simone Schwarz-Bart, s'inspire davantage d'une réflexion sur le couple et sur la force d'une communication à distance fondée sur les pratiques religieuses haïtiennes, que sur les difficultés socio-économiques en Haïti. Voir A. Ruprecht, « Théâtres antillais et guyanais : perspectives actuelles : présentation », *L'Annuaire théâtral. Revue québécoise d'études théâtrales*, vol. 28, 2000, p. 11-20.

[17] Earl Warner (Barbade), Trevor Rhone, Dennis Scott, Honor Ford-Smith (Jamaïque), Derek Walcott (Sainte-Lucie), Rawle Gibbons, Errol Hill (Trinidad) entre autres, ont contribué au développement d'un théâtre local. Voir Judy S. J. Stone, *Theatre* dans la série «Studies in West Indian Literature», collection sous la direction de Kenneth Ramchand, London, MacMillan Press, 1994. Déjà, lors des Rencontres caribéennes de théâtre du Centre d'action culturelle (C.A.C. — Guadeloupe), conçues par Michèle Montantin, les échanges entre les créateurs scéniques de toute la Caraïbe sont devenus une partie intégrante de la politique du festival, mais cette initiative a pris fin en 1988, avec le départ de Mme Montantin.

[18] Ruddy Sylaire d'origine haïtienne travaille à New York, à Paris et à Fort-de-France; Frankétienne, Hervé Denis, Max Kénol et Syto Cavé circulent entre Martinique, Guadeloupe et les milieux haïtiens aux États-Unis et au Canada: Montréal, New York, Boston, Miami. Evelyne Guillaume travaille régulièrement en Russie, sans parler des Domiens qui mènent leur vie artistique entre la métropole française et les îles: Serge Abatucci, Odile Pedro Leal, Greg Germain, Jean Michel Martial, Jenny Alpha, Gilbert Laumord, Dominik Bernard, Philippe Calodat, Mariann Matheus, Luc Saint-Éloy, pour ne nommer que quelques-uns.

[19] Les envolées poético-lyriques du théâtre engagé de Daniel Boukman: *Orphée nègre, Les voix des sirènes* (1967*)*, la poésie scénique de Gerty Dambury: *Lettres indiennes* (1996), *Carème* (1993), le monologue intérieur de Xavier Orville: *Traversée* (1995), les fresques historiques de Vincent Placoly: *Dessalines* (1983, *Tranches de la vie de madame Marie-Joséphine Rose Tacher de la Pagerie* (1987), et le théâtre néo-baroque de Jean Métellus: *Anacaona*.

[20] Parmi ces adaptations, citons *Les Blues de Staggerlee* de James Baldwin, adapté à la scène par Michèle Césaire pour le 25e Festival d'été de Fort-de-France, 1996; *Bakanal O Tribunal*, d'après *Le Tribunal des mal-aimés* de Cervantès, mise en scène d'Aurélie Dalmat; *Don Juan*, d'après Tirso de Molina et Molière, adapté par Vincent Placoly et créé par le Théâtre de la Soif nouvelle au Festival d'été de Fort-de-France, 1982; *Othello*, adapté par Élie Pennont et Serge Ouaknine d'après Shakespeare, créé en 1998 au Festival d'été de Fort-de-France.

[21] Depuis 1999, la programmation de l'Artchipel (la scène nationale de la Guadeloupe/Basse-Terre) sous la direction de Claire Nita Lafleur et de l'artiste associé Moïse Touré, annonce la création d'un «répertoire créole»: traductions du répertoire national (français) en créole. *Tabataba* ou *Roberto Zucco*, de Bernard-Marie Koltès, traduite par Hector Poulet; *Pawana*, de Jean-Marie Le Clézio, traduite par Rafaël Confiant; *Loin d'Hagondange*, de Jean-Paul Wenzel, traduite par Gisèle Pineau. Sur le théâtre en créole, voir Marie-Christine Hazaël-Massieux, «Le théâtre créolophone dans les départements d'outre-mer. Traduction, adaptation, contacts de langues», *L'Annuaire théâtral, op. cit.*, p. 21-34.

[22] L'exemple de *Totolomannwèl* est éloquent. Le texte destiné à la représentation en créole (disponible sur vidéo cassette) existe en français, en version manuscrite. Celle-ci n'est pas une adaptation de l'original mais une réécriture.

[23] Clifford Geertz, *Local Knowledge. Further Essays in Interpretive Anthropology*, HarperCollins, 1983.

[24] L'inclusion de Césaire dans deux œuvres-clé de la recherche théâtrale, *Les voies de la création théâtrale* et *Le dictionnaire encyclopédique du théâtre* de Michel Corvin, suffit pour assurer le statut canonique de sa dramaturgie. Pierre Laville, «Aimé Césaire et Jean-Marie Serreau: un acte politique et poé-

32

tique: *La tragédie du roi Christophe et Une saison au Congo»*, dans *Les voies de la création théâtrale, n° 3*, Paris, Éditions du CNRS, 1970, p. 237-296; Régis Antoine, «Aimé Césaire», *Dictionnaire encyclopédique du théâtre*, vol. A-K, (sous la direction de Michel Corvin), Paris, Larousse Bordas, 1998, p. 310-311.

[25] *La tragédie du roi Christophe*, créé en 1964 au Festival de Salzbourg; *Une saison au Congo*, créé en 1967 au Théâtre de l'Est parisien; *Une tempête*, créé en 1969 au Festival de Hammamet (Tunisie). Voir Bridget Jones & Sita E. Dickson Littlewood, *op. cit.*

[26] Au programme de cette première édition du festival: *Une tempête* d'Aimé Césaire, mise en scène d'Yvan Labéjof; *L'exception et la règle*, et *Homme pour homme* de Berthold Brecht, mise en scène de Jean-Marie Serreau; Renaud de Grand-Maison, «Au commencement», *Contacts*, n° 14, 1990-1991, p. 3-4.

[27] Stagiaires de cette première formation: Serge Abatucci, Dany Arthus, Dorothée Audibert, Ali Balthazard, Mano Beaudi, José Dalmat, Serge Lof, Monique Nelson, Élie Pennont, Lisette Salmon, Lucette Salibur.

[28] Voir «Devenons flamboyants! Le 28e Festival culturel de Fort-de-France», *Cahiers de théâtre JEU,* vol. 4, n° 93, 1999, p. 124-128.

[29] Déclaration faite lors de la présentation aux médias, de la saison du C.D.R. au Théâtre municipal de Fort-de-France, janvier 1996.

[30] Philippa Wehle, *Le théâtre populaire selon Jean Vilar,* Avignon, Alain Barthélemy & Actes sud, 1981, p. 14.

[31] Iris Zavala, «A Caribbean Social Imaginary», *Latin American Identity and Construction of Difference. Hispanic Issues*, vol. 10, 1994, p. 200; Homi Bhabha et Benedict Anderson remettent en question le concept de nation comme notion unitaire et refusent d'y accorder «une force symbolique quelconque»; H. Bhabha, *Narrating the Nation,* New York, Routledge, 1990, p. 1. Dans la foulée des nationalismes européens et de leurs répercussions sur les pays d'outre-mer, Anderson s'interroge sur les valeurs héritées du «provincialisme eurocentrique» des sociétés coloniales. Voir Benedict Anderson, *Imagined Communities. Reflections on the Origin and Spread of Nationalism,* London, Verson, 1983. Clifford Geertz explore la notion d'un savoir «occidental» et «universel», un savoir qui est, pour tout ethnographe, toujours «local» puisqu'il a son origine dans un lieu géographique déterminé. Cf. C. Geertz, *op. cit.*

[32] Ce phénomène est analysé par Odile Pedro Leal dans «Le geste du Fem'Touloulou dans le carnaval créole de la Guyane française: un théâtre caché-montré», *L'Annuaire théâtral, op. cit.*, p. 35-43. Voir aussi sa thèse de doctorat: *Théâtre et Écritures ethniques de Guyane, op. cit.*

[33] Françoise Kourilsky, *The Bread and Puppet Theatre*, Lausanne, L'Âge d'homme, 1971.

[34] Directeur artistique de la Compagnie guadeloupéenne *Moov'art* qui fabrique ses propres marionnettes.

[35] Bridget Jones, «Approaches to Political Theatre in the French Caribbean», *International Journal of Francophone Studies*, vol. 2, n° 1, 1999, p. 40.

[36] BUMIDOM (Bureau pour la migration et le développement de l'immigration des départements d'outre-mer). Législation mise en vigueur aux Antilles (1963) pour encourager l'émigration vers la métropole. Perçue comme une stratégie pour désamorcer l'agitation politique des tendances indépendantistes dans les D.O.M., cette loi a inspiré de nombreux dramaturges: Daniel Boukman (*Les négriers*, 1971), Joby Bernabé (*Kimafoutésa*, 1973), Élie Stephenson (*Les voyageurs*, 1977).

[37] Daniel Boukman (Blérald) a refusé de revêtir l'uniforme militaire français en accord avec ses principes anticolonialistes. Dès 1962, il rentre en Algérie où il enseigne le français de 1966 à 1981 au Lycée Ibn Toumert, grâce à un contrat avec le Ministère de l'Éducation algérienne. Daniel Boukman, «Correspondance personnelle», Schoelcher, 12 novembre 2001. Voir A. Ruprecht, «Stratégies d'une dramaturgie politique: le théâtre anticolonial de Daniel Boukman», L'Annuaire théâtral, op. cit., p. 59-72.

[38] «Célébration du 150e anniversaire de l'abolition de l'esclavage», Programme du 27 mai 1998, publié par le Comité international des peuples noirs (CIPN).

[39] Boukman, Entretien accordé à Paris, 21 décembre 1998.

[40] En décembre 2000, après les élections, la municipalité de Fort-de-France a pris la décision de fermer le Théâtre de la Soif nouvelle. En octobre 2001, la ville a repris les locaux situés dans la rue Victor Sévère (Le petit théâtre de la Croix mission) et l'équipe d'Élie Pennont a dû quitter les lieux. Grâce aux efforts de Marcelle Pennont, les archives du T.S.N., un témoignage précieux de l'évolution de l'activité scénique en Martinique et aux îles francophones depuis le début des années 1980, ont été conservées. En juin 2002, le Conseil général de la Martinique a retiré sa subvention à la directrice artistique du Théâtre racines, la troupe de Michèle Césaire, et ainsi son mandat du Centre dramatique régional (C.D.R.) a pris fin.

[41] Un premier contact professionnel entre Serge Ouaknine et les acteurs du T.S.N. a eu lieu en été 1998. La deuxième rencontre a eu lieu en octobre 1999. À cette occasion, Ouaknine a dirigé des ateliers théoriques et pratiques sur l'histoire des grandes tendances de l'espace scénique pour «donner un envol sur le sens et la fonction réparatrice et annonciatrice du théâtre et de l'art», notes de S. Ouaknine. Un troisième stage s'est déroulé en mai 2000. Depuis novembre 2001, l'Académie expérimentale des théâtres a fermé ses portes.

[42] Ces remarques s'inspirent de la production de Pèlin tèt avec Frankétienne et Ricardo Lefèvre, que nous avons vue à la salle Marie-Gérin-Lajoie de l'Université du Québec à Montréal (UQAM), 13 mai 2000.

[43] Max Jeanne, «Sociologie du théâtre antillais», C.A.R.É., op. cit., p. 7. Par exemple, il faudrait désormais tenir compte du théâtre de la Dominique, depuis l'arrivée de José Pliya en tant que directeur du Centre Culturel français. Dramaturge et metteur en scène, Pliya donne un nouvel essor au théâtre créolophone et francophone de la région. Sa pièce Le Complexe de Thénardier sera créé au Théâtre du Rond-Point à Paris.

Comment identifier une pièce de théâtre de la Caraïbe?

Bridget Jones

Explorer la spécificité de l'œuvre dramatique caribéenne signifie identifier les conditions adéquates de son épanouissement. Quels en seraient les thèmes privilégiés? Le choix d'un créole serait-il une garantie d'« authenticité », et peut-on cerner des traits caractéristiques de ce théâtre quant à sa spécificité performantielle? L'origine de l'auteur, la localisation ou les affinités du metteur en scène et des interprètes sont-elles déterminantes? Faudrait-il surtout analyser la réception des œuvres et la nature de leurs publics? Où s'arrêtent les interrogations? Le problème est d'autant plus complexe que dans les trois Départements d'outre-mer (D.O.M.) caribéens, le concept même de « nation », donc d'un théâtre « national » est extrêmement ambigu. L'état est la France, les institutions sont françaises, alors que certains, comme Patrick Chamoiseau, préfèrent se situer par rapport au terroir, utilisant le terme plus chaleureux et plus simple de « pays ». La présence des publics antillo-guyanais dans l'émigration, dans l'agglomération parisienne notamment, crée aussi des rapports de nostalgie pour les plus âgés, des rapports de revendication pour les plus militants.

Toutefois ces ambiguïtés et ces clivages profonds renforcent la volonté de créer des œuvres puisées dans un fond culturel spécifiquement caribéen. S'affirmer contre la présence française a souvent été une motivation primordiale. Il y a donc une volonté de partager avec sa communauté, par la scène interposée, les dimensions d'un héritage fort spécifique, et d'explorer par l'imaginaire un potentiel extraordinairement complexe et diversifié.

Cette réflexion théorique sur le problème identitaire et ses liens avec le théâtre est reliée à un projet précis, l'élaboration d'une base de données sur le théâtre des Antilles-Guyane depuis 1900[1], mené avec la collaboration de Sita Dickson Littlewood. Pour ce travail, il nous a été nécessaire de poser, avec une acuité nouvelle, des questions d'identification et de typologie. Il est évident que la structuration d'une base de données exige une sélection, des paramètres d'inclusion et d'exclusion parfois arbitraires.

Je souhaiterais donc explorer ici quelques définitions, et d'abord la notion même de l'œuvre théâtrale dans le contexte caribéen, avec à l'appui, quelques références aux œuvres que nous avons répertoriées. Nous avons été frappée, par exemple, par la disparité entre la poignée de pièces mondialement connues, à commencer par celles d'Aimé Césaire, et le foisonnement d'essais, de productions d'atelier, d'œuvres peut-être embryonnaires mais souvent de grand intérêt, qui existent depuis les années 1970 et qui étoffent le paysage théâtral de la région.

Afin de renforcer l'identification d'une œuvre caribéenne, nous allons prendre en considération non seulement les œuvres répertoriées, mais aussi notre connaissance du théâtre de la Caraïbe anglophone. Certaines préoccupations thématiques, inspirées en particulier de l'histoire de la région, sont récurrentes. Au niveau de la forme, la tradition du conteur et de la veillée, ainsi que les pratiques du carnaval et des religions populaires sont au cœur de ce théâtre.

Dans d'autres aires, l'existence d'une ample littérature dramatique sous forme de textes imprimés constituerait une base solide pour définir un corpus, mais il est notoire que seule une petite minorité d'auteurs antillais se sont fait imprimer jusqu'à assez récemment. Le plus souvent, il s'agit d'auteurs ayant déjà un éditeur parisien pour leur œuvre de fiction ou de poésie (Césaire, Dambury, Glissant, Condé). Bien sûr, des pièces à portée historique ou évangélique, éditées à compte d'auteur, ne manquent pas[2], mais il ne s'agit pas, dans ces cas, d'œuvres qui peuvent être portées à la scène. La pénurie de textes, que la présence de petites maisons d'édition plus abordables tente de rectifier, s'explique en partie par la co-existence de deux langues, le créole et le français. En attendant l'acceptation générale d'une méthode de transcription standardisée, tâche à laquelle se sont attelés Jean Bernabé et le Groupe d'Étude et de Recherche en Espace Créolophone

(GEREC) voici plus de vingt-cinq ans, le passage à l'écrit de textes en créole posait un problème considérable. D'ailleurs, cette question est encore loin d'être résolue, surtout par rapport aux différentes zones créolophones. Georges Mauvois, dramaturge martiniquais, a parlé du travail de familiarisation par le GEREC pour soutenir ses acteurs[3]; Élie Stephenson, guyanais, se tient à l'essence «insaisissable» de la langue créole et ne souscrit pas entièrement aux pratiques préconisées par les linguistes[4].

Aujourd'hui on s'attendrait à trouver un répertoire accessible par l'audiovisuel. Il existe en effet dans les archives RFO un nombre considérable de pièces enregistrées, mais qui, pour des raisons techniques ou de droits d'auteurs, circulent peu. Certaines n'ont même pas été diffusées du tout, par exemple *Grève* (*On Manman Grev*)[5], créée par l'Association Générale d'Étudiants Guadeloupéens avec Robert Dieupart, ou certaines œuvres du *Teat Lari* (José Alpha). La constitution des archives dramatiques est à souhaiter, et on espère que la Bibliothèque départementale à Basse-Terre, ainsi que l'Observatoire Départemental de l'Audiovisuel et du Cinéma (ODAC) martiniquais vont s'y appliquer. Rendre accessible le travail déjà accompli par des créateurs dramatiques, là où des enregistrements même imparfaits existent, devrait être une priorité.

Pour ce qui est de l'élaboration d'un inventaire d'œuvres, nous avons beaucoup travaillé à partir des archives des troupes concernées et nous sommes très consciente des lacunes et des imprécisions. Toutefois, il est de la nature de beaucoup de ces mises en scène de résister à la catégorisation. On a affaire dans la région caribéenne à un public qui vit une théâtralisation de sa vie quotidienne, toujours assez proche de ses origines rurales, même dans les milieux apparemment fort urbains et francisés. Le plaisir de raconter un menu incident en le dramatisant, la pratique d'extérioriser les échanges familiaux (souvent proches de psychodrames fort thérapeutiques), le recours spontané aux rythmes improvisés et à une gestuelle éloquente, ces évidences rappellent la vivacité d'une tradition de l'oralité et favorisent une grande souplesse dans l'expression théâtrale.

Nous proposons donc comme principe une grande perméabilité des genres dramatiques, dont Aimé Césaire a donné l'exemple en puisant autant dans le mélange des genres «shakespeariens» que dans les normes de la dramaturgie classique française. Ainsi, nous avons procédé avec générosité, non seulement en acceptant des avis de mises en scène, des ébauches d'œuvres inédites, surtout d'auteurs connus, mais en ouvrant nos pages à des cas limitrophes dans lesquels la danse ou la musique se marient avec une indication de trame dramatique. Derek Walcott divise son œuvre en «théâtre musical» et «pièces avec musique», et il est évident qu'on pourrait construire un continuum allant du concert avec structure rudimentaire (parcours de l'artiste solitaire ou errant, effets contrastants étudiés dans le registre des sentiments, etc.) à une pièce ponctuée de chansons. La célèbre «pantomime» jamaïcaine englobe à la fois une partition créée pour l'œuvre et un choix souvent fort hétéroclite d'airs avec paroles rédigées pour la circonstance[6]. Dans le domaine antillais, on peut citer entre autres l'hommage théâtral à Eugène Mona, *Bwa brilé* (1996) de Luc Saint-Eloy, les collaborations entre Esnard Boisdur et Lérus/ *Théâtre du Cyclone*, telles *Bwaban* (1991), la collaboration de José Exélis et Marius Gottin, qui a produit *Voyages* (1996), ou encore la part généreuse faite à la musique dans *Fanm Tambou* (Léger, 1996) pour toucher un public jeune. Et que dire de la vie de Mozart, racontée comme un conte créole guyanais, mais incorporant, comme illustration, des extraits assez prolongés de ses œuvres interprétées par un quatuor[7]?

Une analyse plus approfondie pourrait également être faite pour la danse, car le théâtre-ballet compte déjà beaucoup de talents, surtout dans le cadre des ateliers et stages d'été du Service Municipal d'Action Culturelle (SERMAC) de Fort-de-France (par exemple *Ballade Overdose*, d'Exélis, 1988). Le travail d'Annick Justin-Joseph s'inspire souvent de l'expression rythmique et corporelle, et parfois y puise sa structuration. Il y a également une forte interpénétration de danses et de saynètes satiriques ou historiques dans la pratique des troupes de danses traditionnelles, notamment en Guyane. Les spectacles improvisés des *Wapa* (Rosange Blérald) en Guyane se rapprochent du *concert-party* africain, et renvoient à la permanence d'un type de programme plus courant dans les Antilles avant 1935.

Toutefois, nous avons repéré un genre d'œuvre intermédiaire qui offre une très grande quantité de matériaux, et qui révèle une évolution assez marquée au fil des années. Il s'agit du montage poétique. Plus d'une trentaine de montages ont été recensés dans notre collecte initiale, chiffre qui doit rester très en deçà de la réalité, compte tenu de toutes les manifestations d'étudiants qui font appel à une mise en espace rudimentaire de textes mobilisateurs, des récitals modestes qui conjuguent musique et déclamation. Sous une forme plus élaborée, le montage peut faire appel à la danse, à une gestuelle travaillée, et souvent des diapositives élargissent le champ référentiel[8], en illustration ou en contrepoint critique aux textes lus. Les bruitages, les chants peuvent créer une bande sonore qui renforce l'impact des textes. Dans le meilleur des cas, ce travail foncièrement intertextuel recrée, à partir de plusieurs auteurs, un ensemble cohérent, soudé par l'émotion partagée entre récitant(s) et public. Un protagoniste mythique : l'île, le pays meurtri, l'âme noire, la conscience colonisée en révolte, se profile au-delà des situations évoquées, et contribue à unifier et à renforcer un ensemble de textes extraits d'auteurs disparates. La nature et le rôle de ces manifestations a subi une évolution au cours des années, reflétant le déplacement du débat politique depuis «Le temps du sang rouge»[9], vers la violence virtuelle du domaine culturel.

Dans un premier temps, au cours des années qui suivaient l'obtention du statut départemental, le prestige de son architecte Césaire prédominait. Les jeunes, marqués par le Verbe du grand poète-phare et de ses amis de la Négritude, se délectaient en récitant le *Cahier d'un retour au pays natal*, les grandes sommations au «nègre debout», les sarcasmes de Léon Damas ou de René Depestre, le lyrisme de Senghor. Dans son temps, la Négritude résonnait très fort dans des sociétés marquées par un racisme peut-être plus subtil et nuancé qu'aux États-Unis, mais très présent pour de jeunes Noirs. Plus tard, Chamoiseau (né en 1953 seulement) rappelle avec ironie son propre apprentissage d'une «thématique négriste anticoloniale» avec des «accents lyrico-épiques de violence salvatrice[10]», d'abord exprimée en poésie avant le passage à des œuvres pour la scène. Peu de ces compilations militantes ont été imprimées, mais on peut consulter dans les pages d'*Acoma,* nº 3, *Histoire de nègre* (1971), création du Groupe de théâtre de l'Institut Martiniquais d'Études (IME)[11]. Beaucoup de traits de cette création collective sont exemplaires du genre : un projet fortement motivé par la volonté de provoquer une prise de conscience du public populaire, perçu comme victime d'une information partielle, d'un «décervelage» néo-colonial (préface de Glissant). Texte patchwork («fait de pièces et de morceaux»), élaboré à partir d'auteurs caribéens consacrés (Depestre, Césaire, Roumain) et d'anticoloniaux solidaires, renforcé par des documents d'époque (journal de la Conquête, acte de vente d'esclaves) et s'ouvrant sur l'expérience contemporaine par des images projetées (États-Unis, racisme banal des petites annonces, etc.). Un décor sommaire fait de caisses d'emballage, d'affiches et de pancartes, des accessoires faciles à manipuler et à transporter (masques, casques, perruques), des effets sonores accordant une place privilégiée au tambour, avec claquements de fouets, et surtout des chants en créole, chants haïtiens en l'occurrence, aptes à renforcer la dimension créole et le rappel des origines africaines. La structure de l'œuvre se retrouve dans plusieurs autres créations des années 1970 : une plongée dans l'histoire de la Conquête et de l'esclavage, suivie par une évocation des luttes de libération avec éloge du marronnage, et une troisième partie montant en épingle une société docile, consumériste, et appelant à la révolte collective (ici à travers le symbolique poing fermé de Jacques Roumain). En postface, Marlène Hospice a composé un bilan sommaire de l'expérience, n'épargnant pas les insuffisances techniques d'une troupe d'amateurs, rappelant les aléas de locaux improvisés, le contact difficile dans les communes avec un public parfois réticent, toujours imprévisible. Mais Hospice reste résolument convaincue de la valeur de l'expérience, de « la vitalité et de l'authenticité du travail réalisé » (p. 117).

Cet idéalisme, ainsi que le côté expérimental des réalisations du groupe de théâtre de lME, est confirmé par un deuxième montage, présenté en 1976 à Carifesta en Jamaïque et intitulé *West Indies*[12]. Pour ce festival pan-caribéen, l'accent est mis davantage sur une solidarité inter-îles (extraits de Guillén notamment), et on a visé un public plus lettré (l'œuvre a été présentée dans un amphithéâtre de l'Université des West Indies). De nouveau, la hantise de l'histoire s'impose : tout part de la cale du négrier, de ce « Minerai noir » (Depestre) qui peuple les îles. Faisant davantage appel aux textes de Glissant, ce montage déploie l'opposition entre soumission et résistance, qui est à la fois structurante et problématisée à travers toute son œuvre.

Il suffit de relever quelques titres caractéristiques pour voir l'importance d'une affirmation d'identité noire, d'une revendication de l'histoire spécifique de l'espace insulaire : *Histoire de nègre* (1971), *Paroles de nègres* (Sonia Emmanuel, 1984), *Black Label*, élaboré par Yvon Labéjof à partir du texte de Léon Damas (1978, 1988). Le montage réalisé en 1976 par Bérard Bourdon et Michel

Louis, *Soliloque* ou *La cage*, oriente son choix de textes autour du thème de l'homme antillais, plus généralement de l'homme noir tentant, à travers les dures épreuves que lui a imposées l'histoire, de «trouver sa vérité et son identité profondes[13]». Les montages guadeloupéens des années 1970, comme le remarque Max Jeanne, avaient souvent une fonction commémorative et rappelaient les événements de mai 1802 et de mai 1967[14]. Réappropriation d'une identité noire, d'une histoire faussée par les manuels scolaires français[15], mais aussi reprise de possession d'un espace, geste de protestation contre une aliénation territoriale[16]. Notons les titres: *Pays menacé* (Armet, 1979), *Visa interdit* (Justin-Joseph, 1977), *Errance* (Jules-Rosette, c. 1980). En Guyane, la poésie de Léon Damas, imprégnée d'oralité militante, a souvent inspiré des montages, et l'absence jusqu'à aujourd'hui d'une salle équipée et de circuits pour un théâtre professionnel a favorisé les formes moins ambitieuses, saynètes et montages.

Si l'on s'attarde sur ces œuvres, pour la plupart embryonnaires en tant que performance et aptes à ressasser les mêmes textes classiques de la négritude, c'est que le montage trahit visiblement un besoin profondément ressenti. Une jeunesse instruite, issue de l'école française, des facultés en France, ne se voyait offrir à Fort-de-France ou à Pointe-à-Pitre, en matière dramatique, que les tournées de Jean Gosselin (classiques scolaires et succès du boulevard parisien). Les pièces de Césaire se jouaient ailleurs, en Europe, à Dakar, à Montréal. Le montage offrait une participation collective, une jouissance dans la parole proférée, paradoxalement proche, mais dans un autre registre, des contes de la veillée. Les bonnes volontés estudiantines, avec une motivation le plus souvent fortement politisée, trouvaient dans le montage un tremplin vers la création théâtrale, qui au fil des années 70 allait se concrétiser, pour certains, dans les ateliers du SERMAC ou dans la création de troupes plus ambitieuses et capables d'une action suivie, notamment le théâtre Existence d'Alpha, Robinel et Ampigny (cf. un premier montage *Choses*, 1976), le *Théâtre du Cyclone* d'Arthur Lérus, Henri Kancel et leurs amis. Le montage poétique orienté vers une prise de conscience politique et la contestation par des textes poétiques dans un français soutenu ont perdu une partie de leur raison d'être quand la décentralisation, décrétée du centre, a introduit une plus grande autonomie culturelle. Depuis, ce n'est plus tant un rejet violent des voix imposées et une construction du pays idéal, *black* et libre par la férocité du Verbe, qui prédominent, mais une célébration des auteurs qui avaient déjà, à leur manière, fait exister un imaginaire caribéen et chanté un pays profond. Joseph Zobel, Guy Tirolien, Sonny Rupaire, Max Rippon ont eu les honneurs de montages de leur œuvre, parfois dans le cadre du lancement d'une nouvelle publication ou d'une commémoration[17]. Ainsi, on préconise de la souplesse dans la typologie dramatique, dans la définition de l'œuvre théâtrale caribéenne, comme le cas du montage poétique semble l'illustrer. Une «exploration constructive de notre complexité culturelle originelle[18]» ouvre la voie à toutes sortes de modulations de la recherche identitaire, mais la prise en compte d'expériences non seulement dans l'aire des créoles à base lexicale française, mais aussi chez les voisins pratiquant d'autres créoles, nous semble particulièrement enrichissante dans ce débat.

De prime abord, toute œuvre en créole se qualifierait d'œuvre caribéenne authentique. Toutefois, tant Chamoiseau que Confiant répugnent à faire coïncider expression en créole et esprit créole. «La créolité n'est pas monolingue. [...] Son appétit: toutes les langues du monde[19].» Ils préfèrent laisser ouverte la voie à l'élaboration d'interlangues subtiles, à ces fertiles métissages linguistiques dont leurs romans donnent l'exemple. Cette position favorise une mise en valeur attentive du patrimoine créole, d'une culture au sens large, anthropologique, nullement limitée aux survivances matérielles du fond folklorique (costumes, danses réinventés) mais vivace, car greffée sur le monde contemporain, sur le travail, sur les besoins réels de convivialité, de survie spirituelle. Deuxièmement, il est dangereux de supprimer toute exigence de qualité à l'intérieur du répertoire en créole: certaines farces populaires, certains sketches éphémères (ou interminables) risquent même de dévaloriser la notion d'une vertu dans la spécificité créole[20].

Si la définition de l'œuvre théâtrale nous semble exiger une approche souple et exempte de dogmatisme, nous souhaitons néanmoins cerner quelques traits caractéristiques d'un théâtre caribéen, et reconnaître des constantes, par exemple:
- la hantise de l'histoire, la volonté de contester et de subvertir les narrations des puissances coloniales;
- la figure du conteur et le schéma du conte comme sources d'authenticité, points de rattachement à la tradition orale et

africaine, version privilégiée du maître de cérémonie, du chœur du théâtre universel et paradigme de la situation théâtrale ;
– l'importance du carnavalesque ;
– la vigueur de rites puisés dans les religions populaires ;
– la prédilection pour l'œuvre appelée «yard play» dans la Caraïbe anglophone, portrait d'un microcosme, d'une communauté pauvre en moyens matériels, éprouvée mais solidaire. Reflet du monde aux dimensions insulaires, ce genre se développe soit vers la farce, soit vers un réalisme social et critique, parfois carrément vers la tragédie des vies gaspillées.

Impossible ici de faire justice à la complexité du théâtre historique, illustré tant par des œuvres majeures de Césaire, Walcott, Glissant, Placoly, etc., que par la plupart des auteurs, même occasionnels. Sollicités pour une commémoration de date ou de site, frappés par la qualité dramatique d'un épisode du passé, la plupart des écrivains ont essayé quelques reconstitutions de ce passé si haut en héroïsme, si souvent dévalorisé par la version officielle des régimes coloniaux. Les critiques se sont consacrés à commenter et à expliciter les pièces historiques majeures[21], et des textes comme *La tragédie du roi Christophe* représentent pour beaucoup le sommet de la création théâtrale antillaise.

Nous ferons néanmoins quelques observations sommaires sur cette histoire, à la fois «cauchemar» et «muse», pour citer Walcott[22], si féconde pour l'inspiration théâtrale. D'abord sur le plan thématique, on constate un déplacement des protagonistes. Les grands personnages de l'histoire sont progressivement remplacés par les «petites gens» en marge des grands événements. On a souvent remarqué l'importance de l'histoire haïtienne pour les auteurs caribéens tels que C.L.R. James et Derek Walcott. Pour les Domiens, cette inspiration serait moins innocente. Comme le dit Glissant avec amertume, «nos héros par force sont d'abord ceux d'autrui[23]». Lérus observe : «On monte des pièces sur l'Afrique du Sud, sur Haïti, parce que la peur de se regarder fait regarder ailleurs[24]». De façon générale, le choix des thèmes historiques au théâtre est signifiant : récurrence des thèmes de la Traite et de la vie de plantation (*Les chaînes du passé* de Verderosa, *Jean-Louis : Un nègre pièce d'Inde* de Lucie Julia) faisant revivre le couple damné du Maître blanc et de l'esclave africaine. On porte moins d'intérêt à d'autres protagonistes potentiels (engagés blancs, noirs libres urbains), et pour la période après l'Abolition, peu de pièces mettent en scène d'autres groupes : tamouls, chinois, levantins ; on met en évidence une approche héroïque et militariste : révolution haïtienne, Delgrès, insurrections et sacrifices. Il faut attendre l'élaboration des pièces commémoratives des derniers temps pour retrouver la représentation d'un peuple plus diversifié, un ton plus conciliant, une approche récupérant le témoignage oral et non plus seulement les archives officielles, comme par exemple la commémoration de la Ville de Schoelcher, *Guanahani*, et *La véritable histoire de Médard Aribot*, également animé par Alpha.

Au niveau de la forme, on retrouve une très grande diversité : depuis les grandes fresques à dimensions shakespeariennes imaginées par Aimé Césaire pour *La tragédie du roi Christophe* et *Une saison au Congo*, ou l'ambitieuse commémoration de Maryse Condé, *An tan revolisyion, Elle court, elle court, la liberté*, jusqu'à la veine intimiste en marge des événements publics utilisée par Ina Césaire dans *Rosanie Soleil*, pour éclairer l'Insurrection du Sud de 1870. D'autres se sont attachés à documenter et à approfondir un cas précis, telle la belle pièce de Raymond Boutin sous forme de procès, *Cris et silences*, où un béké se voit accusé de brutalité extrême par un engagé tamoul.

Quelle que soit la méthode choisie, le théâtre historique aux Antilles répond à une pulsion profonde, celle d'utiliser l'extériorisation d'événements du passé afin de corriger les versions imposées, voire faussées, de la narration officielle. Mais aussi celle de faire revivre de façon virtuelle et ludique des scènes angoissantes, des rapports encore pénibles, longtemps refoulés dans la mémoire, aussi bien de ceux qui ont accepté l'esclavage que de ceux qui l'ont imposé. Comme en France, tous n'ont pas été résistants sous l'Occupation, tous n'ont pas marronné en dépit de la légende héroïque[25]. La période révolutionnaire, vécue si intensément aux Antilles, est spécialement apte à offrir une forme pour représenter des débats plus actuels. Les non-dits du théâtre historique sont peu à peu ramenés à l'attention du public. Dans *Une tempête*, Césaire avait déjà compris la puissance des psychodrames enfouis dans sa société, surtout l'humiliation primordiale du dominé colonial qu'il fallait redresser. Ce travail de récupération et de réintégration psychique est appelé à se développer. D'une part, les archives historiques sont de mieux en mieux tenues et appréciées, d'autre part on tient à interroger les anciens, dépositaires d'histoire orale, avant leur disparition. Mais c'est aussi le malaise de sociétés de consommation artificielle, risquant de se retrouver déchirées entre leur appartenance caribéenne et leur dépendance européenne, qui pourrait bénéficier d'une vision renouvelée, «prophétique» disait Glissant, du passé.

Certains, tel le renommé spécialiste trinidadien Errol Hill, doyen des études théâtrales de la Caraïbe anglophone, verraient dans le carnaval le modèle du théâtre caribéen[26]. Les grands créateurs, Peter Minshall en tête, capables de mobiliser dans un spectacle pluriel des milliers de protagonistes, tout en proposant une réflexion non superficielle sur la mortalité ou l'écologie, pourraient passer pour le summum de l'art théâtral caribéen. Partout où le carnaval survit sans trop vendre son âme au commerce, on trouve des formes dramatiques populaires, et qui puisent aux sources antiques et universelles du jeu masqué. Pour un temps rituellement prescrit, on fête la transgression de toutes les catégories de classe, de race et de sexe dans un défoulement libératoire. Le peuple reprend possession de l'espace public, conscient de narguer la répression habituelle des forces de l'ordre et déployant les techniques consacrées par la tradition pour maintenir son ordre: cordes tendues, fourches, déguisements salissants qui forcent un passage.

Les masques reprennent l'expérience universelle: masques de la mort qui exorcisent la peur de la mortalité[27], travestis délicieusement obscènes, car toutes les valeurs sont renversées: «zindiens» ressuscités des massacres des autochtones caraïbes, zombis en rappel de l'Afrique, et comme les «nègres gros siro», une replongée dans un passé esclavagiste avec ses sévices atroces et sa hiérarchie de couleur. Les masques de diables et de diablotins, synthèse des apports africains et chrétiens, expriment une vraie créolité dynamique. Les rapports entre hommes et femmes s'extériorisent avec un brio satirique dans les mariages burlesques et, dans le contexte guyanais, avec la rencontre insolite et superbement ritualisée «chez Nana»[28] où la femme, dont le corps est entièrement dissimulé, a le droit de prendre l'initiative pendant toute la soirée. En Martinique, département où le taux d'automobiles par habitant bat tous les records, les carcasses de voitures circulent, parodiquement rafistolées en char présidentiel, en chars mafiosi ou de police américaine. Bref le carnaval au théâtre offre un répertoire étonnamment riche[29]: rôles, situations, styles de performance exubérants et constamment et consciemment réinventés,

45

incitant les auteurs à exploiter cette veine de représentation pour leurs œuvres.

Parmi les auteurs ayant travaillé des éléments carnavalesques pour la scène, nous retrouvons dans le domaine franco/créolophone une des premières œuvres de Daniel Boukman, *Les voix des sirènes* (1959), pièce sous forme de procès, qui oppose à des fins satiriques des figures du carnaval à la justice coloniale. De façon semblable, *Les Délinters* d'Élie Stephenson établit au départ une ambiance de jeu carnavalesque, les jeunes chômeurs éponymes rejouant dans une série de sketches amers leurs rapports avec l'ordre établi (justice, école, administrations). Pour faire passer un message anticolonial explicite, ils se déguisent carrément en Nèg'-Mawon, La Mô, des Diables. D'ailleurs une tradition guyanaise illustrée par plusieurs saynètes (Volmar, Verderosa) se plaît à parodier de façon burlesque les séances du conseil municipal. Irrésistiblement, le rapprochement s'impose aux auteurs (dans un D.O.M. où le pouvoir réside à Paris, la politique locale se voit vidée de sa substance) : jeu de masques et d'attitudes burlesques, de fanfaronnades avec un public complice. L'œuvre de Michèle Montantin met en scène des masques proches des « boibois » satiriques de personnalités politiques, mais en marge d'une action centrée sur le déroulement rituel de *Vaval*. Parmi d'autres œuvres exploitant la puissance ludique de la référence carnaval, on peut citer une création collective du *Théâtre populaire martiniquais* (Henri Melon) *Vini beyin si u ka vini* (1976), *Masques de cendres* (1981) d'Annick Justin-Joseph pour l'Atelier SERMAC, une œuvre de Jean Heyrel, *Histoire de diable*, dans le répertoire du *Teat Lari* et qui fait se rencontrer un soir le fabricant de masques du Diable rouge et le Malin en personne.

Dans l'aire anglophone, les écrits théoriques et les pièces d'Errol Hill et de Derek Walcott, ainsi que les œuvres et les commentaires d'une génération plus jeune, notamment Rawle Gibbons, ont créé une « défense et illustration » du carnaval au théâtre d'une grande richesse. En particulier, ils ont saisi l'importance d'une action, d'une opposition, qui déploie le pittoresque non de façon linéaire, en série ou parade, mais concentré, par exemple en exploitant l'arène des combats de bandes rivales de bâtonniers (« stickfighters », cf. calenda ou calinda), les concours de calypso ou de belle rhétorique sous chapiteau, ou en explicitant par une trame historique ou individuelle le conflit de classes qui sous-tend toute manifestation carnavalesque. Citons parmi les plus connus une des meilleures pièces de Walcott, *The Joker of Seville* (1979), version musicale et caribéenne du mythe de Don Juan, champion à manipuler « le bois »; rivalité de calenda aussi dans *Man Better Man* (1960) d'Errol Hill; la version dramatique du roman de Earl Lovelace *The Dragon Can't Dance* (1979), où l'entreprise collective d'animer le dragon se heurte aux limites mêmes du carnavalesque, c'est à dire l'impossible dépassement du vécu par un simulacre, un mimétisme circonscrit. *I, Lawah* (1986) de Gibbons, épisode historique où se confrontaient l'inspecteur Baker et les « jamettes », comporte une réflexion développée sur la solidarité féminine. Ces œuvres sont trinidadiennes et rappellent que la tradition protestante d'autres îles voulait que leur festival populaire se célèbre à Noël, le Jonkonnu jamaïcain (inspiration de *Naskarade* (1979) de Sylvia Wynter) et bahamien, ou à Cropover (fêtes de la récolte de la canne) à la Barbade.

En gros, la dimension carnavalesque nourrit la réflexion théâtrale par ses formes, sa gestuelle, sa forte dimension subversive et contestataire de l'ordre établi, renforcée par une concentration spatiale et temporelle. Donc, un moment intense du vécu psychique caribéen, source inestimable pour l'auteur dramatique sachant l'approfondir.

Le carnaval présente la face ludique des rituels qui, par ailleurs, sont des cérémonies plus graves : veillées funèbres, mise au tombeau, rites de guérison. L'importance d'Haïti dans le paysage imaginatif caribéen ressort d'abord dans les pièces historiques, où Christophe, Dessalines, Mackandal habitent un univers vaudouisant, armés contre la puissance catholique du colonisateur. Par des touches plus fines, beaucoup d'œuvres invoquent le monde des esprits, situant leurs personnages hors du rationalisme cartésien, actualisant par des gestes l'invisible : Wilnor dans *Ton beau capitaine*, les femmes dans *Rosanie Soleil*. L'absence d'une forte tradition de survivances africaines dans les D.O.M. a probablement réduit l'emploi structurant de rites, tel qu'on en retrouve dans des pièces comme *Echo in the Bone* de Dennis Scott, *Couvade* de Michael Gilkes. En particulier, à l'époque d'un intérêt accru pour les survivances africaines et le Black Power, la volonté de transformer la représentation en manifestation rituelle était visible : lieux scéniques en plein air, hounfor ou place de village africain (le « Yard Theatre » de Marina Maxwell). Les réinterprétations du théâtre classique grec visant une replongée aux sources communes de la tragédie africaine et antique mériteraient une étude spéciale, aussi bien dans le domaine anglophone (*The Bacchae* signé Carol Dawes, *Odale's Choice*, version d'*Antigone* par Kamau Brathwaite) que les divers Sophocle montés au Centre Dramatique Régional (CDR). Le recours extrêmement fréquent aux accompagnements rythmés au tambour tend à développer une action vers la pulsation rituelle et à rehausser mouvements et texte au-delà de la mimesis réaliste.

On serait tenté, parmi les marques d'une spécificité caribéenne, d'attribuer la première place à la présence du conteur et à une conception de la représentation issue de la tradition orale des veillées. Les auteurs de la créolité ont beaucoup épilogué là-dessus, et leur influence est palpable dans plusieurs créations du CDR, notamment sous la direction d'Élie Pennont, lui-même initiateur de spectacles, souvent en compagnie d'Alfred Fantone, « tirant » avec une virtuosité éblouissante un nouveau conte qui conjugue tradition et modernité, diablesses et belle voitures.

Il est relativement aisé de mobiliser une figure de conteur comme maître de cérémonie pour créer d'emblée une belle complicité entre salle et spectacle, pour faciliter la compréhension et pour sécuriser ceux qui vont peu au théâtre. Il faut plus de métier pour doser l'appel à l'imagination par le verbe, propre au conte, et la représentation concrète, visuelle, sur scène. D'où l'intérêt des expériences de Pennont et du Cyclone (*Zoubli-Zoubli*, *Sèl ou Zèl*), du groupe jamaïcain Sistren, et de pièces comme *Ti-Jean and his Brothers* (Walcott), allégorie de l'expérience antillaise, ou *Old Story Time* de Trevor Rhone, faisant passer une âpre critique du racisme dans la société jamaïcaine par un affable conteur villageois.

L'étiquette anglo-saxonne de « Yard play » couvre une réalité incontestablement caribéenne : le microcosme social qui se crée dans une cour entourée de quelques cases, l'interdépendance de vies partagées autour d'un même espace vital, un arbre, un robinet, avec comme lieux satellites le débit de boissons, le marché. Les contenus peuvent s'orienter diversement vers la farce (*Le dorlis de ces dames* de Regina, *Moun Koubari*, de Jernidier), le drame ou la tragédie, mais il semblerait que ce noyau spatial, avec l'intensité des rapports entre voisins, familles et générations qu'il engendre, s'impose aux créateurs. Le classique *Moon on a Rainbow*

Shawl d'Errol Hill a souvent servi de modèle. Parmi les pièces à succès, beaucoup exploitent un milieu villageois dense, où l'extériorisation des sentiments semble répondre tout naturellement au cadre. Nous retrouvons ici cette théâtralisation du quotidien, capitale dans les sociétés caribéennes, stratégie de survie dans le passé et célébration de valeurs humaines. Face à la solitude des H.L.M., aux sollicitations de la drogue, le théâtre continue à mobiliser les jeunes (voir par exemple *Atoufamn* de Cyclone, le travail de Lucette Salibur et de José Exélis).

À la fin de ce rapide panorama, j'insiste sur le rôle modeste et secondaire de ceux qui font des inventaires, et je m'adresse à ceux qui créent les œuvres dramatiques sans lesquelles nous n'existerions pas. Aux auteurs de nous remuer en explorant les ressources du théâtre total, en observant et en recréant une réalité complexe en pleine évolution, sans caricaturer ni ethnies ni classes, sans dénaturer les langues créoles.

Je tiens à remercier ici Véronique Roussel de sa généreuse collaboration, et à qui je suis très reconnaissante.

Notes

[1] Bridget Jones & Sita Dickson Littlewood, *Paradoxes of French Caribbean Theatre. An Annotated Checklist of Dramatic Works : Guadeloupe, Guyane, Martinique from 1900*, London, Department of Modern Languages, Roehampton Institute, 1997.

[2] Se référer au catalogue de la Bibliothèque Schoelcher.

[3] Georges Mauvois, entrevue téléphonique, Fort-de-France, 25 juillet 1995.

[4] Élie Stephenson, « Note à l'Éditeur », *La nouvelle légende de D'Chimbo*, suivie de *Massak*, Cayenne, Éditions Ibis Rouge, 1996, p. 22.

[5] La plupart des pièces citées n'ont pas été publiées, mais notre inventaire offre quelques renseignements supplémentaires.

[6] Consulter Judy S. J. Stone, *Théâtre,* dans la série « Studies in West Indian Literature », London, Macmillan Press, 1994.

[7] Marie-Annie Alexander, *Vie de Mozart,* Association Jik Jou Louvri et L'École Nationale de Musique et de Danse, Cayenne.

[8] Voir le commentaire sur « theatre's capacity for simultaneous representation of different time frames to interrogate history », Helen Gilbert & Joanne Tompkins, *Post-colonial Drama : Theory, Practice, Politics*, London, Routledge, 1996, p. 140.

[9] Extraits de la pièce d'Aimé Césaire, *Une saison au Congo,* cités par Roger Toumson et Simonne Henry-Valmore, *Aimé Césaire : le nègre inconsolé,* Fort-de-France / Paris, Vent des Îles / Syros, 1993 pour la période de répression (émeutes de 1959, grève meurtrière au Carbet, procès OJAM, etc.).

[10] Patrick Chamoiseau, *Écrire en pays dominé*, Paris, Gallimard, 1997, p. 59.

[11] *Acoma,* n° 3, février 1972, p. 71-112.

[12] Texte consulté en manuscrit, grâce à la coopération des participants.

[13] Extraits de textes de Damas, Desportes, Rupaire, Tchicaya U'Tamsi, Roumain, Stephenson, Césaire, avec quatre tambours et un décor en cage dans *France-Antilles*, 9 juin 1976.

[14] Max Jeanne, «Sociologie du théâtre antillais», dans *C.A.R.É.*, n° 6, mai 1980, p. 29-30.

[15] Commentaire dans *Le Monde*, 17 avril 1998, «L'esclavage, une histoire ignorée hors du continent africain».

[16] S'exprimant aujourd'hui souvent par la volonté de protéger l'environnement et la nature contre la «bétonnisation» commerciale et touristique.

[17] Harry Kancel notamment a dramatisé des textes en hommage à Sonny Rupaire et Guy Tirolien, et collaboré avec la Librairie Générale Jasor à Pointe-à-Pitre pour présenter 3 recueils de Max Rippon. L'adaptation de poèmes, *Monsieur Zobel* (1996) de Julius Amédée Laou avec Greg Germain, Joby Bernabé, France Zobda, a été présentée en France et en Martinique.

[18] Jean Bernabé, Patrick Chamoiseau, Raphaël Confiant, *Éloge de la créolité*, édition bilingue, Paris, Gallimard, 1993, p. 53.

[19] *Ibid.* p. 48.

[20] D'aucuns déplorent la réussite des «belly farces» auprès du public jamaïcain, aussi bien dans le milieu de l'émigration que dans l'île. Chamoiseau peut être sévère pour un théâtre populaire de qualité médiocre, accusant *Balamal o tribinal,* par exemple, de «patauger dans une vulgarité fétide» (compte-rendu de *Moun Koubari*: «Le théâtre créole se porte bien-merci-tout-bonnement», *Antilla*, n° 438, p. 36.)

[21] Consulter la bibliographie commentée de A. James Arnold dans *Césaire 70*, éd. M. A. M. Ngal & M. Steins, Paris, Silex, 1984, p. 21-31. Juris Silenieks présente en détail une traduction de *Monsieur Toussaint* d'Édouard Glissant, Washington D.C., Three Continents Press, 1981. Voir aussi Daniel-Henri Pageaux, *Images et mythes d'Haïti,* Paris, L'Harmattan, 1984.

[22] Derek Walcott, «The Muse of History: An Essay», *Is Massa Day Dead?*, (éd. Orde Coombs), New York, Doubleday, 1974, p. 1-28.

[23] Édouard Glissant, *Le Discours antillais,* Paris, Seuil, 1981, p. 136.

[24] Entrevue, *France-Antilles,* TV Magazine, 13 novembre 1993.

[25] Cf. Richard D.E. Burton, *Le Roman marron: études sur la littérature martiniquaise contemporaine,* Paris, L'Harmattan, 1997; H. Adlai Murdoch, «*Solibo le magnifique*. Carnival, Opposition and the Narration of the Caribbean Maroon», *Creole Identity in the French Caribbean Novel,* Gaineville, University Press of Florida, 2001.

[26] Errol Hill, *The Trinidad Carnival: Mandate for a National Theatre,* Austin, University of Texas Press, 1972. Nouvelle édition, London, New Beacon Books, 1997.

[27] Le masque de la mort dans le contexte africain et non chrétien pourrait se prêter à une interprétation autre: une rencontre pacifique où la mort est un moment de transition vers une vie pérenne, la fin d'une étape biologique.

[28] Bal fréquenté pendant le carnaval par des femmes «touloulous» rendues méconnaissables par leur déguisement et qui ont tous les droits sur les partenaires qu'elles se choisissent. Voir Odile Pedro Leal dans la bibliographie.

[29] Gilbert & Tompkins, *op. cit.* sur le carnaval trinidadien, p. 78 et ss. Voir aussi Richard D. E. Burton, *Afro-Creole Power, Opposition and Play in the Caribbean,* Ithaca, Cornell University Press, 1997.

Le théâtre et l'invisible

Autour du concept de l'invisible, je placerai deux axes. Un
premier axe qui relève de l'ordre du mythe, de la spiritualité, des
mémoires, qui relève de ce qu'on appelle des oralités, des
ethnicités et qui, dans les années 1960 en Occident, a refleuri dans
l'ombrage porté par Artaud et les renaissances apportées par un
maître comme Grotowski. En face de cela, une autre relation à la
scène, qui est d'une nature plus historique, plus sociale, plus
engagée dans la matérialité, plus horizontale, moins verticale et
qui relève des démarches plus politisées. Nous faisons allusion
globalement à Brecht.

Toutefois, je vois que cette division dans les théâtres est une
erreur. Les plus grandes manifestations théâtrales ont toujours
concerné et le moment historique et la réminiscence d'une
mémoire plus profonde que celle du désir de s'inscrire dans une
histoire sociale. Le social est beaucoup plus texturé, beaucoup
plus riche de paliers et ce rapport entre le visible et l'invisible, à
mon sens, mérite d'être interrogé. Surtout, pour la première fois,
nous avons l'occasion d'interroger le théâtre des Caraïbes, un
théâtre qui est au carrefour, à la fois d'une oralité profonde, qui a
ses racines jusqu'en Afrique et qui, à travers les créoles et à travers tous les métissages de la langue et des rites transportés dans
cette région du monde, donne des manifestations et des écritures
particulières. En même temps, cette appartenance à une conscience occidentale, une conscience inscrite particulièrement dans
la langue française avec tout ce qu'elle a de codé, de rationalisé,
avec toutes les dimensions cartésiennes.

Toutefois, cette dichotomie, que nous pouvons vivre aussi bien en Amérique du Nord où je vis depuis vingt ans que dans le reste du monde, me semble s'éclipser. Les contradictions apparentes que les universitaires n'arrivent pas à résoudre, me paraissent plus facilement traversées par des êtres dont le métissage a obligé l'apprentissage des différences et la pratique des rites de passage entre deux notions contradictoires. C'est sur le terrain de cette contradiction dans laquelle je me sens moi-même si bien, de ce paradoxe d'être à la fois dedans et dehors, observateur et observé, dans une mémoire rituelle et en même temps dans une mémoire immédiate qui veut s'inscrire dans l'histoire, c'est ce paradoxe que j'aimerais pouvoir cerner ici, du point de vue conceptuel et du point de vue de certaines utopies.

Globalement, on pourrait dire qu'il y a plusieurs façons d'aborder le théâtre. Il y a d'abord la manière classique, qui est celle des institutions, particulièrement les françaises, qui pendant très longtemps n'ont connu le théâtre que par le biais de la littérature. En tant qu'un des professeurs fondateurs de Paris VIII, j'ai participé à ce geste qui consistait à amener la pratique du théâtre dans l'université française après les événements de mai 1968. On a mesuré toutes les résistances énormes que représentait la pratique du corps. La présence d'un geste, d'une impulsion, d'une improvisation était une forme de démence à l'intérieur d'un corpus universitaire où le logos l'avait emporté pendant tant de siècles, et je peux vous faire la confidence d'avoir enseigné nu, d'avoir eu des classes avec des étudiants qui ont réalisé toutes sortes de pratiques corporelles qui ne relevaient pas de l'érotique mais du désir, de la respiration, de la pulsion. Dans la lignée des années 1960, il y avait cette regénérescence du corps. Je m'aperçois que 30 ans plus tard, c'est le logos qui a repris le dessus, un logos d'autant plus affirmé qu'il est informatisé.

Alors ici, en Amérique du Nord, et particulièrement au Québec où je travaille, fort heureusement nous avons maintenu cette dualité que représente l'oralité, l'oralité à laquelle j'associe le geste qui accompagne le jeu social et la mémoire des mythes, par rapport à une écriture que j'associe au monde des images et au monde technologique. Dichotomie oralité-écriture, que nous pouvons observer entre le monde en voie d'industrialisation et le monde post-industrialisé. On dirait que la technique de l'oralité, la parole, le palabre, le gestuel, les rites, le vaudou ou le candomblé, tout le travail qui relève des pulsions inconscientes et des pulsions corporelles, relèvent des sociétés polythéistes. Le rite, le mythe, c'est le triomphe de l'invisible sur le réel. Alors que le logos, le discours écrit, l'image, la forme, la technologie, l'audio-visuel sont le triomphe de l'homme sur l'histoire. C'est le triomphe arrogant de l'Occident sur l'histoire et qui veut marquer, écrire, fabriquer et former une mémoire amnésique. Pourquoi amnésique, parce qu'elle veut refuser ses pulsions de l'inconscient, ses pulsions du corps, qui sont reléguées au monde de l'oralité.

Dans les années 1960, cette oralité fut régénérée, et je vois que 30 ans plus tard, dans les années 1990, cette oralité est oblitérée. Mais je vois aussi que dans les théâtres des Caraïbes cette oblitération du corps n'aura pas lieu pour des raisons historiques, des raisons d'appartenance et des raisons liées à la mémoire et au geste des êtres. Cette oblitération est le résultat d'un désir de visibilité d'un logos qui contrôle le discours, qui fait un discours sur les choses et qui va chercher, pour soutenir son logos, des formes visibles, des images, des textes et toute une technique de jeu qu'on peut voir dans les conservatoires, dans des écoles, des universités, associée au primat du texte, par rapport à un corps handicapé. Alors que dans d'autres théâtres, on dirait le contraire. On dirait que c'est une oralité triomphante qui va à la recherche d'une rationalisation et d'un texte. On a le sentiment que le texte est encore nourri d'une oralité et que la mise en scène est le prolongement de cette oralité et de cette gestualité, ces aspects mythiques, cette mémoire qui travaille le groupe, la communauté et qui arrive à une forme, à une rationalisation de son discours au bout d'un processus.

On a donc tout de suite deux modes de production. On a des oralités qui relèvent du chemin et les écritures qui relèvent du produit. Je suis dans une université extrêmement articulée, où les programmes sont très bien faits, mais où l'idéologie dominante, — que j'observe et à laquelle je résiste de toutes mes forces, — est celle d'un produit. Même si on y fait un travail corporel avec la voix, tout est orienté en Amérique du Nord vers la fabrication du produit. Pourquoi ? Parce que le produit est un effet imprimé, c'est un effet de pouvoir. Le désir de production est une conséquence directe de l'invention de l'écriture imprimée, alors que le processus relève de l'échange, de la rencontre. Il relève de l'interactivité entre les êtres et de l'inconscient qui est à l'œuvre. Le produit est gêné par la présence de l'inconscient. Il est gêné par la présence du corps. Il voudrait fabriquer l'histoire. Le produit ne voudrait pas avoir de mémoire. Il voudrait en quelque sorte avoir des effets sans mémoire. Le texte est ce pont entre une amnésie et un désir d'effets, alors que dans des cultures non-occidentales, il y a texte parce qu'il y a maintenance de la mémoire dans le geste et dans la relation. C'est toujours l'implicite qui est à l'œuvre. Par contre, dans les processus de produit du type occidental, c'est un désir d'effet, un désir de produit qui est à l'œuvre. C'est un désir de cicatriser l'instant pour pouvoir mieux courir vers le futur. Alors on a deux mouvements dans le temps. Un qui est chargé de mémoire et de passé et qui n'arrive pas à s'actualiser dans l'histoire. En Amérique du Sud, en Asie, en Afrique, c'est le même processus. Ces pays sont attachés à une mémoire, au geste et au corps. Ils ne rentrent pas dans l'historicité amnésique du présent, et quand ils le font, c'est avec l'arrogance d'une bourgeoisie qui a le capital et qui peut, par conséquent, produire des effets, et donc des effets spectaculaires. Alors que l'Occident, et c'est l'autre mouvement dans le temps, cherche à sortir désespérément de ce pouvoir qui lui est déjà attribué par une liquéfaction de ce pouvoir. Je vois dans l'émergence des nouvelles technologies le désir de retrouver une oralité, de sortir de ce cadre, de retrouver une immédiateté qui relève de la transparence de la rencontre inter-personnelle. Par conséquent, nous sommes là dans un conflit de cultures extrêmement violent parce que nous traitons les échanges, l'économie de l'objet spectaculaire, d'un point de vue maté-rialiste. Nous ne le traitons pas dans sa compréhension plus subtile, nous le traitons du point de vue de l'espace, d'un avoir, et nous ne le traitons pas dans ce qu'il est vraiment, à mon sens : une relation plus subtile qui est un rapport au temps.

L'Occident a beaucoup de mal à comprendre le temps. Dans les universités, on n'enseigne pas les relations de l'art au temps. On enseigne toujours les relations de l'art à l'espace. Tout le monde maîtrise l'espace. Tout le monde peut parler d'un discours scénique, tout le monde peut faire l'analyse d'une mise en scène du point de vue du découpage des corps, relations jeu-texte, mou-vements des acteurs, en termes d'espace. Très peu d'analystes se demandent ce que signifient véritablement les éléments en jeu, en termes de temporalité. C'est-à-dire, ce passage subtil et indicible entre une mémoire qui n'est pas morte, mais qui s'actualise dans le présent, et une mémoire qui actualise les notions qui ne relèvent pas simplement de l'horizontale, mais aussi de la transcendance. Dès l'instant qu'il y a mythe, disait Sartre, l'histoire disparaît. Et ceci est important. Que signifie ce passage à cette mémoire dans laquelle l'horizon se renverse pour établir une brèche dans la linéarité, et faire descendre les dieux, l'invisible ?

Ceux qui ont été témoins de certains rituels magiques ou de certains phénomènes religieux prennent bien conscience qu'il y a une rupture dans la temporalité de ces phénomènes. On n'est plus en présence de quelque chose qui veut cerner, saisir et cicatriser l'instant mais, au contraire, de quelque chose qui veut en épanouir la fleur et faire descendre une suspension du temps. Et c'est dans cette suspension du temps que se placent la parole, l'inconscient, la créativité que cherchent désespérément les poètes. Cette suspension du temps est l'apanage des cultures et des traditions orales dans lesquelles j'inscris en grande partie la culture des Caraïbes, avec cette ambiguïté qu'elle est aussi l'héritière des traditions écrites. Et donc, c'est dans cette coupure et dans les discours sur l'art et les artistes qu'elle produit à l'université, qu'il faut essayer de trouver des issues.

Je dirais donc, pour reprendre mes concepts, que le rite est la technologie des sociétés de l'oralité, que la technologie est le miroir des riches, et que la mémoire est la conscience en marche des dépossédés. Et nous sommes, à l'heure actuelle, dans cette trilogie, dans un mouvement d'échange où, comme je l'ai signalé, l'Occident surindustrialisé voudrait retrouver une transparence, une évanescence, une perte de contrôle de son écriture et de ses signes, de ses techniques, pour gagner une immédiateté et un rapport à un autre mode de vie qui serait une transcendance, mais qu'elle ne peut pas avouer parce que l'Occident l'en empêche.

Je crois que le vrai rapport est là. À partir du moment où il y a un credo qui porte sur l'invisible, il y a des dieux au pluriel, des forces physiques à l'œuvre, ou un Dieu, il y a la possibilité d'un inconscient, d'un corps au travail, d'une oralité à l'œuvre, d'une écriture paradoxale, polysémique, rhizomatique, etc., ce que tous les Occidentaux essaient de nommer. Dès l'instant qu'il y a évacuation de ce concept de transcendance quel qu'il soit, dès l'instant que les dieux, ou le Dieu, où les formes de l'invisibilité sont niées, il y a une béance qui ne s'ouvre que sur la sécheresse du corps en tant qu'objet, ou sur la sécheresse de l'écriture en tant que contrôle du logos. Dans cette béance s'introduit la technologie.

La vraie tragédie que je vois venir (et je ne crois pas que la technologie puisse résoudre les choses), c'est la violence dans cette mondialisation des économies et des cultures. C'est parce que la béance est là, dans cette impossibilité de concilier la négation du vide et de comprendre que ce vide est un objet de création, un lieu de création. Les Bouddhistes savent cela dans le Tao, le Zen. Même dans le Bouddhisme athée, il y a la présence d'une vide créateur, il y a une transcendance par le vide. En Occident, il n'y a pas de transcendance par le vide. Il n'y a que transcendance par le corps ou par le logos, et cela est un acte de violence. Désespérément, toutes les esthétiques dérivées du XXᵉ siècle sont des tentatives de sortir de cet abîme. Par opposition, les théâtres africains, les théâtres asiatiques, les théâtres sud-américains, les théâtres des Caraïbes, d'une manière presque baroque, sont dans une enflure de cette mémoire, de cette relation à la parole et à une transcendance multiple.

Comment va se faire le passage d'un monde à l'autre ? Je dois avouer que je ne le sais pas. Je crois que le lieu où la chose se formule le mieux à l'heure actuelle est le théâtre, parce que le théâtre nous oblige à l'objectivation par la scène, par cette distance que représente le discours scénique, et en même temps, il nous oblige, par la relation au corps, au geste, à l'improvisé et à l'impondérable, à l'activité qui se passe entre les êtres. Ce rapport à la technologie qui est omniprésent, même dans les théâtres « pauvres » (dans le sens de Grotowski), il y a des projecteurs, des sons, des « voix off », des écrans, des projections. Il ne faut pas s'illusionner. Les discours occidentaux sont passés partout. Mais les traitements sont différents. Et je crois que c'est par l'analyse des discours, par la compréhension de ces discours, par la mise en relation de ces pratiques que certains ponts vont être établis, et que par ces ponts, le rapport entre ce que j'appelle le visible et l'invisible pourra être moins corrompu.

L'espoir du théâtre aujourd'hui ne peut donc résider que dans un métissage, à tous les niveaux : métissage des langues, des mémoires, des savoir-faire techniques. Il n'y a pas un théâtre aujourd'hui, pas une école au monde, qui n'inclut pas un cours de Tai-chi, de Aïkido, des arts martiaux, où on ne fasse pas venir un conteur africain, un maître thaïlandais ou viêt-namien. Il y a des brassages et je crois que c'est par ces brassages, au carrefour de la question du scénique ou du théâtral, et par les contiguïtés de ces brassages avec la technologie, qu'un nouveau discours peut apparaître, moins déchiré que celui que j'ai décrit.

II

LA DRAMATURGIE

De la communication politique à la recherche d'un espace-écoute: recettes thérapeutiques dans le théâtre antillais

Selon bon nombre d'anthropologues, de sociologues, de psychanalystes et de psychologues antillais — Francis Affergan, Auguste Armet, Antoine Bory, Frantz Fanon entre autres, — la Martinique, la Guadeloupe et la Guyane seraient des sociétés « kraze » (écrasées)[1], marquées par l'esclavage, le colonialisme et le racisme. L'événement le plus banal peut déboucher sur l'échec de la communication ou même sur une violence débridée[2]. Dans le sillage de ces constatations, nous aimerions analyser les figures d'un(e) soignant(e) — médecin, guérisseur, quimboiseur, séancier — et celle d'un(e) patient(e) soigné(e) pour maladie bénigne ou grave, physiologique ou psychologique, que les œuvres dramatiques antillaises illustrent à plusieurs paliers thématiques, discursifs et symboliques. De cette relation soignant/soigné, nous tenterons de relever les remèdes thérapeutiques au « malêtre », ou à la « male-mort » des communautés en question.

Comme « détecteur de l'existence quotidienne », l'artiste ressent le besoin de poser un diagnostic et de laisser entrevoir une thérapie individuelle ou collective. Prenons comme exemple les réflexions d'un soignant guadeloupéen pour qui « faire du théâtre » n'est pas seulement une activité artistique, mais aussi une thérapie recherchée par les patients:

> Une fois, nous avions fait venir dans l'institution un groupe de théâtre populaire, pour distraire les malades. Ce groupe prétendait faire un « théâtre nouveau » avec une construction collective et une participation spontanée de l'assistance, le tout en langue créole. [...] Ces réactions des soignés nous confortaient dans notre intuition de départ,

59

— qu'il pouvait y avoir une utilisation appropriée de cet art dans un cadre thérapeutique — stimulée en même temps par des demandes de certains patients de « faire du théâtre[3] ».

Que cette initiative vienne des patients eux-mêmes et que l'activité théâtrale réponde à leur sensibilité et serve à leur bien-être n'est pas tout à fait inattendu. Pour éclairer la relation entre soignant et soigné ainsi que la correspondance entre la thérapeutique et l'esthétique théâtrale, nous avons recours à trois textes écrits pour le théâtre : *Le Docteur noir* d'Auguste Anicet-Bourgeois et de Philippe-François-Pinel Dumanoir[4], *Dieu nous l'a donné* de Maryse Condé[5] et *Mémoires d'Isles* d'Ina Césaire[6]. Le choix de ces pièces s'est justifié par le repérage des éléments pertinents à notre interrogation sur le type d'intervention médicale, sur la représentation des croyances populaires dans la vie quotidienne aux Antilles, et sur la possibilité d'un ressourcement de la culture médicale[7]. Ainsi comprendra-t-on que la réussite d'un acte thérapeutique puisse être compromise comme une histoire d'amour malheureuse, ou que l'efficacité d'une intervention homéopathique soit fonction d'un contexte socio-politique, d'un support médical déterminé, des talents du soignant et de la disposition du soigné.

Une mystique du corps

La pièce *Le Docteur noir* d'Anicet-Bourgeois et de Dumanoir (dramaturge français originaire de la Guadeloupe) souligne les enjeux idéologiques sous-jacents à la production et à la lecture des pièces antillaises actuelles, car elle met à nu les politiques domestique et étrangère de la France, en particulier ses relations avec ses colonies. Que les dramaturges aient préféré situer l'action de la pièce à l'île de Bourbon, aujourd'hui la Réunion, plutôt qu'à la Guadeloupe, l'île natale de Dumanoir, semble suggérer une volonté d'élargir la problématique au-delà des Antilles et constitue du même coup une défense contre de possibles représailles de la part des compatriotes. L'intention de l'œuvre apparaît bien évidente dès les premières pages où sont stigmatisées les relations inégales entre les riches et les pauvres, entre les Blancs et les Noirs ; pour reprendre l'argument axiologique de Frantz Fanon, « on est riche parce que blanc, on est blanc parce que riche[8]. » La pièce s'ouvre sur l'annonce d'une fête en l'honneur de Mlle Pauline de la Reynerie, qui est en âge de se trouver un mari digne de son rang et de sa fortune. Plusieurs prétendants, en particulier le Chevalier de Sainte-Luce et le financier Barbantane, sollicitent l'attention de la demoiselle. Univers manichéen, où l'on distingue les deux mondes, chacun avec son propre personnel médical. La plantocratie s'est assurée des diplômés de France, mais le peuple doit se contenter d'un simple soignant dont la « science innée » débouche généralement sur la phytothérapie[9].

Les membres de la haute société de Bourbon constatent soudain qu'un personnage sort de l'ordinaire. D'après les dires d'Aurélie, lui seul « a sauvé tous les malades qu'il a secourus ! un homme... chez qui le génie de la médecine... une sorte de science innée a suppléé aux études et aux travaux » (DN, 9). Ainsi « Fabien le mulâtre [...] surnommé le docteur noir » (DN, 9) est appelé au moment où la haute société s'inquiète de « cette terrible épidémie, sans nom, qui depuis un mois, fait de si affreux ravages dans la colonie » (DN, 8). Les préjugés de cette classe demeurent cependant tenaces, même dans cette grave situation, et le raciste Barbantane claironne l'exemple de sa cousine qui aurait préféré la mort à la consultation d'un médecin noir.

Toutes les nervures de l'articulation dramatique s'agglutinent autour du portrait du docteur noir, nommé tout simplement Fabien. En lui elles s'enracinent, ou de lui elles se dégagent, comme cela arriverait dans l'animation d'un pantin à la fois porte-parole et bouc-émissaire. Ses traits de caractère sont donnés après réfraction dans le miroir déformant de la haute société, qui l'a découvert par accident et qui accepte son action bénéfique, salvatrice même, dans un moment d'ultime nécessité. Son image de sauveur lui a valu quelques qualités, mais il sera vite ravalé au rang de paria quand il se mêlera d'avoir des sentiments, quand, étourdi de fièvres amoureuses, il ne représentera plus qu'une gêne.

Ce brave Fabien aurait d'abord été esclave et aurait sauvé la vie de son maître. Affranchi pour ce geste « héroïque », formé auprès d'un vieux médecin, il se fera vite une réputation. Le bruit se répand au sujet de ses merveilleuses connaissances, de son immense talent et de son art exceptionnel. On dit qu'il aurait eu raison des maladies qu'on croyait incurables. Il arrive donc comme l'envoyé des dieux dans l'épidémie qui sévit dans son pays, et puisque sa présence est inéluctable, le régime plantocratique se résout à une dérogation au cloisonnement social.

Le caractère subversif de cet écrit est mis en relief par des détails de mise en scène : Fabien n'apparaît qu'à la huitième scène, son invitation au bal est reliée à une gageure de la part de la gent féminine curieuse de connaître le prodigieux personnage. Il faut ajouter que bien d'autres circonstances épisodiques viennent préciser ou contraindre l'action dramatique en ce sens : l'épidémie rampante, le naufrage et la disparition de la Marquise, la santé fragile de Pauline, le mariage caché, le sacrifice final qui libère l'horizon social. C'est lorsque la médecine conventionnelle se montre inefficace que Fabien entre en contact avec la haute société.

L'aventure en France, reliée à l'histoire d'amour entre Pauline et Fabien, accentue l'isolement dont souffrait déjà le docteur. Celui-ci n'en obtiendra jamais de véritable reconnaissance en France, tandis que son milieu naturel ne le reconnaît plus. L'ostracisme apparaîtra encore plus cruel et absurde quand il sera incarcéré en France, s'évadera de la prison, sera au cœur de la tourmente révolutionnaire et recevra finalement un coup de feu destiné à Pauline. À trois moments de son existence, il aura atteint le sommet de l'altruisme et de la charité humaine : par son sacrifice d'antan où il avait sauvé la vie de son maître, par son action généreuse lors de l'épidémie au cours de laquelle il a sauvé tant de vies et par son dernier geste-sacrifice devant celle qu'il aime. Sa vie d'oblation s'exhale sur ces mots : « Le coup qui m'a frappé t'était destiné, Pauline, et je bénis [sic] Dieu… qui me fait mourir comme j'ai vécu… pour toi…. toujours pour toi. » (DN, 108). Un dévouement généreux et noble s'est exercé qui n'a pu rejoindre ni attendrir le cœur de la noblesse, un amour impossible et pourtant réel a haussé sa flamme, mais sans éclairer les ténèbres du corps social. Les relations interraciales sous le régime colonial seront-elles érigées en *mur de la peur et de la honte* ? Un certain pessimisme se dégage de la pièce, une frustration aussi, car si le mariage est venu cristalliser l'amour, il n'a pas eu l'heur d'en produire les fruits.

L'ascension sociale de Fabien s'arrête brusquement, autant par le fait de l'incompréhension que de la violence extérieure. L'édification intérieure, même solide, n'aura pu réaliser l'entreprise prométhéenne d'unification sociale. Tout le nœud dramatique converge sur l'échec d'un homme probe, perçu comme l'incarnation des principes de la Révolution, tantôt comme le prodrome d'une action messianique, évangile de libération sociale.

La subversion du mythe du médecin-messie

Si tout concourt, dans le *Docteur noir,* à cultiver une certaine mystique du sauveur, la pièce de Maryse Condé, parue plus de cent ans plus tard, reprendra la figure du médecin-messie pour trouver remède au «malêtre» ou à la «malemort» qui mine la société. *Dieu nous l'a donné* raconte l'histoire d'un médecin noir qui retourne au pays natal après avoir reçu une formation médicale en France. Devant l'abjection de son peuple, Dieudonné désire éveiller la conscience politique et culturelle des siens pour les pousser au combat, à la révolution s'il le faut. Mais l'idéologie politique, par un effet d'implosion, l'affectera dans sa profession médicale et étalera un sérieux problème d'éthique[10].

Le médecin se doit de traiter le patient, d'améliorer ou de stabiliser son état en suivant les règles de son art et en observant un code de déontologie. Dépourvu d'éthique professionnelle, Dieudonné n'hésite pas à exploiter la vulnérabilité des siens pour mener à bien son projet politique. Ainsi il est aveugle aux tourments psychologiques de Mendela, malgré les nombreux avis de Maëva. Il traite Gastonia avec la même indifférence que Mendela : il la séduit et l'abandonne. Maëva demeure un simple objet de convoitise et elle ne recevra de lui aucun soutien médical ni moral. La figure du médecin-messie perd son aura et avilit tout projet révolutionnaire.

Au plan de l'orientation médicale, il est indubitable que la pièce de Maryse Condé renverse les données du *Docteur noir* : Fabien va de l'ethnomédecine, dite «science innée» à l'ordonnance des médicaments officinaux, tandis que Dieudonné va de la médication à la théâtrothérapie. Comme dans *Le Docteur noir*, on trouve également deux mondes en parallèle : d'une part une clientèle qui préfère la consultation médicale et les soins d'un médecin diplômé, et d'autre part celle qui recherche l'art du quimboiseur (guérisseur traditionnel). Dieudonné se rend compte qu'il faut remédier à l'amnésie culturelle et à ses séquelles en puisant dans la mémoire et les croyances religieuses des siens. Il se tourne vers l'activité théâtrale et il prescrit une mise en scène dans laquelle seraient ressuscités les grands combattants du Bois-Caïman, à l'instar de Boukman et de Mackandal. Son projet vise à éveiller la prise de conscience socio-historique des spectateurs, par l'expression esthétique, afin de mobiliser le peuple. Ayant taillé pour

Mendela «un rôle sur mesure» (D. 56), Dieudonné devient créateur du verbe et souffleur de mots, bref il rivalise avec Dieu (D. 63). Ravi du succès de ce premier spectacle, Dieudonné invite Mendela à poursuivre dans cette voie afin de réaliser leur alliance. Gastonia la première avouera à Laborderie que «Dieudonné se sert de Mendela comme il a pensé qu'il pourrait se servir de moi […] Il se cache derrière lui; il prend son masque» (D, 60). Maëva aussi préviendra Dieudonné de la ruse de Mendela: «Vous vous croyez plus malin que mon père. Il vous détruira» (D. 61). Devenu arrogant, Dieudonné se laisse emporter par sa prochaine œuvre dramatique et ne porte aucune attention au mécontentement de ses acteurs. Mais sa naïveté ne lui permet pas de contrôler ses contre-transferts face au magico-religieux évoqué par le vieux quimboiseur Mendela. Partisan de l'ordre de la communication, Dieudonné ne se préoccupe point de son propre jeu comme comédien de la vie et comédien du théâtre. Refusant dès son retour d'endosser le *costume* du médecin, Dieudonné ne sera pas perçu comme médecin et sera marginalisé. Il en témoignera à Maëva au moment de leur première rencontre: «Je ne ressemble pas à un médecin, n'est-ce pas? Pas costumé, ni cravaté. C'est bien ce que l'on dit en ville!» (D. 24). Vu qu'il se plaît à transgresser les codes dans le théâtre de la vie, les siens se méfient de ses projets politiques et artistiques, et ils répugnent à entrer dans son jeu. La position d'Émilio, pour qui «il ne faut jamais faire semblant» (D, 71) est à cet égard tranchante:

Tout ce que je sais, c'est qu'aujourd'hui, devant moi, vous êtes médecin, c'est-à-dire un nègre d'en haut! Et vous n'arriverez pas à faire croire que vous êtes autre chose, pas à moi, en tout cas! (D, 71)

Le sort de Dieudonné est inéluctablement voué au tragique. Il sera assassiné et personne ne sera inculpé. La figure du médecin-messie sera à jamais objet d'interrogation. Le rêve et les projets de Dieudonné, bâtisseur de mythes et de légendes, s'évanouiront avec lui.

Le meurtre du médecin suscite des questions qui ne seront jamais résolues: qui l'a tué? pourquoi? Que deviendront Maëva et Mendela ainsi que les autres personnages avec qui Dieudonné est entré en contact? En présentant un Dieudonné qui essaie de pallier ses limites en recourant à une forme de psychodrame, Maryse Condé nous rappelle les mobiles et les intérêts des acteurs — ou des personnages qu'ils représentent — qui font obstacle à une dramaturgie nouvelle. L'affranchissement des passions passe par le meurtre symbolique de Dieudonné et les enjeux divers du pouvoir et du désir restent camouflés. Le présent s'avère le théâtre de la difficile, voire de l'impossible communication et, de ce fait, Dieudonné ne peut ni ne veut cerner la problématique de ses patients, ni apporter des éléments pour le diagnostic médical, ni mesurer l'efficacité de ses recettes. Aussi faut-il ajouter que l'exercice de sa profession médicale dépend non seulement de sa formation, mais aussi de sa performance, qui manifestement ne convient pas au rôle. Le jeu des apparences est si important dans la vie comme dans le théâtre de la vie que la pauvre performance de Dieudonné ne peut ni transformer ni détourner les maux du pouvoir. Que la pièce se termine sur son assassinat et sur le silence complice de la communauté renvoie le spectateur à la vision sanguinaire de Mendela pour qui le tourment du passé continue à ronger le présent. Il est donc urgent qu'un nouveau langage, qu'une nouvelle dramaturgie viennent libérer la parole de toute forme de contrainte.

À la recherche d'un espace-écoute

Dans les deux pièces précédentes, la communication politique occupait l'écriture dramatique ainsi que sa mise en scène. La pièce d'Ina Césaire, *Mémoires d'Isles*, tout au contraire, situe le dramatique dans le quotidien antillais et donne la parole à des gens du peuple. Cette œuvre s'inspire en grande partie des enquêtes ethnologiques d'Ina Césaire au sein d'une équipe de recherche associée au CNRS (*Sociétés et culture de l'aire Caraïbe*). Elle puise dans le fonds culturel antillais pour privilégier la mémoire et le jaillissement de la parole chez deux femmes âgées[11]. Selon Christiane Makward, *Mémoires d'Isles* d'Ina Césaire serait innovatrice car

[...] pour une fois auront eu la parole celles qui se taisent ; celles qui agissent, qui ont toujours agi, sans que jamais leurs pensées et leurs actions ne dépassent le cadre familial[12].

Dépositaires des traditions et de l'histoire de la communauté antillaise, ces deux femmes attirent la sympathie du spectateur ou du lecteur, car leurs pensées, leurs sentiments et les principaux événements de leur existence rejoignent l'âme populaire.

À l'encontre des pièces précédentes, *Mémoires d'Isles* reconfigure la relation soignant/soigné dans la mesure où chacune de ces figures et les pôles qu'elles représentent ne sont ni fixes ni stables. Ainsi, les deux protagonistes, Aure et Hermance, nous racontent leurs expériences tantôt de soignées, tantôt de soignantes. Les personnages accusent les failles des établissements médicaux et de leur personnel. Elles valorisent la sagesse populaire, la médecine traditionnelle (phytothérapie) et la figure du séancier (quimboiseur). La nudité du décor, la prédilection pour un faible éclairage, l'emphase mise sur la parole plutôt que sur l'action attirent l'attention sur les récits de vie des deux personnages féminins. Grâce au jeu habile des comédiennes, au naturel des dialogues et au modeste déploiement scénique, la représentation de *Mémoires d'Isles* évoque un univers centré sur la personne enracinée dans son milieu.

Mémoires d'Isles a pour cadre « la véranda antillaise », espace ouvert qui permet de vivre entre les ombres du passé et celles du présent. Cet espace est tout aussi curatif, dans la mesure où il comprend les trois composantes thérapeutiques : un cadre apaisant, une articulation mémorielle et intime du sujet, et un groupe de soutien, les spectateurs. La pièce s'ouvre sur une scène de carnaval qui répond à la sensibilité éthique et esthétique du sujet antillais. L'espace carnavalesque rend visible ces deux femmes « hors du temps, et hors des âges », qui se mettent à danser, à chanter, à parler. À partir d'une saisie du sujet dans son espace rêvé et réel, le spectateur suit le parcours de ces deux femmes. Le rapport des fêtes d'antan avec celles d'aujourd'hui, le fouillis des souvenirs où se combinent les airs de musique, les chants et les danses, ouvrent un nouvel espace qui leur permet d'échapper à la logique habituelle de leur vie.

L'éclairage sombre et nocturne enveloppe la parole de nuit, alors que le lecteur et le spectateur entrevoient des êtres qui s'animent. Hermance et Aure sont assises « de façon à ce qu'aucune des deux femmes ne puisse rencontrer le regard de l'autre » (MI, 33). La lumière est discrète, car c'est l'écoute et la parole de la nuit qui dominent la scène. La « parole de nuit », comme nous l'apprendra Ralph Ludwig dans son collectif *Écrire la « parole de nuit » : la nouvelle littérature antillaise*, s'inscrit dans un discours anticolonialiste qui met en doute l'apport des lumières de l'Europe et valorise celui des civilisations orales à la culture créole[13].

Aure et Hermance évoquent leur condition de femme aux prises avec les instances difficiles de leur existence. Le rappel des maladies de l'enfance, de la grossesse, de l'agonie de leur mari, constitue une intrusion dans le champ de l'oubli. Aure se rappelle avoir contracté une fièvre grave mais l'intervention médicale du séancier l'a fait sortir indemne. Elle en fournit un témoignage vivant :

> Mes parents me croyaient déjà à l'agonie. On a fait des séances pour me soigner. À l'époque, on n'utilisait guère la médecine, surtout dans les campagnes reculées comme la nôtre. Le Séancier, à ce qu'on m'a dit, a ordonné des bains démarrés[...] Je dois dire que je ne crois guère à toutes ces bêtises... mais le fait est... que j'ai guéri. (MI, 49-50)

Le séancier n'a pas de nom, mais sa présence est néanmoins essentielle à la survie d'Aure, et il renvoie aux figures ensevelies dans la mémoire antillaise. Le rappel de l'accouchement solitaire d'Aure et de la mort de l'enfant d'Hermance les amène à constater l'imprévisibilité de la vie et la vulnérabilité de l'être humain. L'agonie de leur mari respectif est une occasion de montrer la débrouillardise de ces deux femmes. Sans soutien médical, sans services sociaux, ces deux mères de famille, entièrement données à leurs tâches, pourraient en être écrasées. Ainsi Aure a vu son mari mourir d'une pleurésie, et elle se retrouve veuve à 39 ans. Hermance s'est occupée de son mari paralytique pendant plus de 15 ans, malgré le fait qu'il l'ait maltraitée.

Accessoires et éléments d'une mise en scène ont une portée symbolique importante. Quand Aure passe son temps à chercher ses lunettes, le spectateur comprend la vision partielle et partiale de ce personnage. Par son appartenance à la classe des mulâtres, elle se trouve privilégiée dans la hiérarchie raciale de sa société. Respectueuse de l'éducation coloniale, elle trouve les préjugés de l'époque tout simplement «regrettables». Incapable d'identifier les lieux de son oppression, Aure s'oppose à son rôle de femme/nature en se donnant au monde du papier, de la précision. Elle garde toutes ses boîtes à chocolats dans lesquelles elle range de minuscules morceaux de papier soigneusement pliés ; de même s'efforce-t-elle de ranger tous les instants douloureux de sa vie dans divers tiroirs de sa mémoire, ouvrant et refermant un tiroir-souvenir l'un après l'autre. Par contre, la construction scénique d'Hermance met l'accent sur son immobilité physique : son enchaînement à sa chaise symbolise sa marginalisation économique. Femme de l'espace rural, elle se verra dépossédée de sa case et obligée de s'installer en ville pour subvenir aux besoins de sa famille. Sa canne est source d'angoisse, car elle la cherche constamment. Introuvable au moment où elle en a besoin, la canne ne soutient pas son corps et n'est pas sans évoquer sa relation avec son mari volage qui n'a su la soutenir au cours des drames de sa vie. Ces signes tracent bien le portrait de ces deux femmes, mais ils soulignent aussi leur prise sur le vécu quotidien.

Aure et Hermance n'ont pas échappé au tragique de l'existence, mais l'humour les a aidées à ne pas en être accablées. Des anecdotes amusantes libèrent les émotions des femmes et allègent les peines du passé : le comique diminue les tensions, et le rire demeure une thérapeutique efficace. Chacune rit quand elle fait le récit d'un événement douloureux. Comme l'explique Ina Césaire,

> La souffrance de l'oppression n'est pas prise ici en larmoyant, parce qu'il n'a pas fallu la prendre comme cela, sans quoi on serait mort, et que l'humour est devenu partie de la vie, de l'instinct de survie[14].

En outre, chez Ina Césaire, la sagesse populaire, le langage proverbial et gnomique font partie des difficiles négociations entre le passé et le présent, entre les valeurs d'antan et la mouvance du moderne, entre le désir de témoigner et celui de dire en toute liberté. La vitalité et la force intérieure d'Hermance s'expriment sous forme de sagesse proverbiale comme on peut le voir :

> La vie est une vallée de larmes ? Non, moi je dis une vallée c'est comme un creux et la vie c'est comme un morne. Tu dois monter. La fin, c'est quand tu arrives au sommet du morne. Tu dis « Je suis arrivée », oui et c'est moi seule qui ai monté ! (MI, 75-6)

De plus, cet espace d'écoute que remplissent les paroles des femmes crée les conditions favorables pour une relecture du passé. Dans l'intimité de la pénombre, Aure revit les événements des élections cantonales de 1935 qui, selon le rapport à la radio, se seraient déroulés sans incidents (MI, 79). Son témoignage nous avise du contraire :

> Lorsque Deségages a entendu le désordre dans la rue, il était assis avec son ami, dans la maison. Ils se lèvent, ils vont dans le couloir pour voir ce qui se passe et ils reçoivent une pluie de balles tirées par les gendarmes. On les a tués. On les a exécutés ! (MI, 79)

Ce fouillis de souvenirs où ressortent les abus du pouvoir et la complicité des médias se conjugue avec le vœu d'Aure qui cherche « la justice, ma chère, parce que la justice, c'est après elle que nous marchons » (MI, 76).

Aiguiser l'écoute du spectateur, lui fournir les outils pour déterrer les voix ensevelies, solliciter sa participation aux expressions multiples de la culture populaire, lui donner des aperçus métaphoriques sur les expériences humaines constituent des recettes thérapeutiques pour mener une vie meilleure. Voilà en quoi le théâtre d'Ina Césaire rejoint l'analyse d'Augusto Boal sur la dimension révolutionnaire du théâtre :

> [...] perhaps the theatre is not revolutionary in itself, but it is surely a rehearsal for the revolution. The liberated spectator, as a whole person, launches into action. No matter that the action is fictional ; what matters is that it is action[15].

Ce procès est à l'œuvre chez Ina Césaire qui essaie de rejoindre la sensibilité d'un public antillais par l'intermédiaire des personnages qui expriment sa réalité, son vécu. Les acteurs ne sont pas seuls à se transformer : le public, lecteur ou spectateur, subit le même sort. Grâce à ces deux femmes, on peut espérer que l'influx de sagesse se perpétue et que « demain sera différent » (MI, 16).

Au terme de notre parcours, examinons l'axe idéologique des pièces à l'étude. Dans *Le Docteur noir*, le protagoniste Fabien, esclave affranchi, maîtrise son art de soignant. Quoique l'élite impute son efficacité à la générosité intellectuelle d'un médecin âgé, de nombreux témoignages appuient le fait que ce sont sa praxis médicale et ses connaissances des maladies « exotiques » et leur traitement qui sortent le docteur noir de l'anonymat. Il est troublant que, au contact avec la classe privilégiée, Fabien perde son éthique professionnelle (projet de meurtre-suicide de sa patiente) et ses capacités intellectuelles (folie à la suite de son incarcération). La pièce montre l'impossibilité de séparer les principes de la Révolution (Liberté, Égalité, Fraternité) pour en isoler une seule. Le nœud de la pièce cherche à résoudre cette contradiction. Le sacrifice de Fabien, un maître de la recette thérapeutique, fait comprendre l'impossibilité de porter remède à cette affection. En fait, la situation s'aggrave, car le nouveau régime exacerbe les tensions entre les races, entre les classes et entre les sexes, action tout à fait à l'opposé des objectifs de la Révolution française. Il ne reste, à la fin, qu'une vide déclaration d'amour pour son prochain, comme un négatif qui refuse autant le mouvement que la couleur. La nuit du 4 août 1789 a donné naissance, sur le continent, à celles que Gilbert Cesbron[16] appelle «Les Trois Glorieuses»: Liberté, Égalité, Fraternité. Aux îles-colonies, cette nuit n'aura symboliquement laissé que son obscurité et les désordres qu'elle favorise.

Dieu nous l'a donné s'interroge sur la relation du médecin noir avec sa communauté, dimension occultée chez Anicet-Bourgeois et Dumanoir. Il n'est plus question de savoir si les valeurs de la Révolution française s'appliquent à tous et à chacun; on se demande plutôt si une autre révolution n'est pas nécessaire pour améliorer les conditions de vie du peuple. L'éthique professionnelle de Dieudonné est compromise par son indifférence ou par l'exploitation de ses patients. Notons que les maux du peuple sont plutôt d'ordre symbolique, ou psychologique. Le guérisseur traditionnel, même le plus troublé, s'avère plus efficace à la tâche de soigner les siens que Dieudonné. Le recours au psychodrame semble prometteur pour combler l'amnésie culturelle, mais il échoue à déchiffrer et à adapter les signes culturels. La recherche d'une dramaturgie nouvelle est en fait périlleuse pour ceux qui s'en tiennent à la communication politique et refusent d'écouter le peuple. Que Dieudonné se soit plu à distribuer des rôles, à imposer sa volonté de dramaturge, voilà ce qui a contribué à son échec.

Dans *Mémoires d'Isles*, Ina Césaire pose les jalons d'un espace d'écoute permettant aux personnages de parler, de se dire, de se partager la parole. Il n'est pas question, comme dans le cadre de la psychiatrie-psychanalyse, de régler leur problème, mais de jeter les jalons d'une communication ouverte[17]. *Le Docteur noir* nous révèle à quel point la méconnaissance de cette civilisation orale contribue au mystère du personnage-soignant. Maryse Condé ira plus loin pour montrer que l'échec et le meurtre du médecin pourraient s'expliquer en partie par l'ignorance de la part du médecin, des textes, des signes culturels et de ses contre-transferts. Chez Ina Césaire, le médecin et tout ce qu'il peut évoquer sur le plan symbolique disparaissent. Le théâtre fait écho au chapitre de la thérapie en appréhendant l'individu dans ses malaises, reliant son histoire personnelle, familiale et sociale à celle de chaque spectateur. La pièce d'Ina Césaire, *Mémoires d'Isles*, suggère une théâtrothérapie où trouver des stratégies de survie pour le peuple. La dramaturgie y prend les allures d'une séance thérapeutique où l'écoute de la parole éveille la conscience individuelle et la conscience collective, où le sujet peut vivre pour lui-même et rejoindre l'autre. Si la santé d'une société dépend de son souci de communiquer son savoir médical, la pièce d'Ina Césaire s'en prend à une autre saisie de ce savoir, la recherche des recettes thérapeutiques dans le fonds du peuple antillais.

Notes

[1] Voir Francis Affergan, *Anthropologie à la Martinique*, Paris, Presses de la Fondation nationale des sciences politiques, 1983 ; Auguste Armet, « Guadeloupe et Martinique : des sociétés kraze », *Présence africaine*, n° 121-122, 1982, p. 11-19.

[2] Voir les analyses de Francis Affergan et d'Édouard Glissant citées ci-dessus.

[3] M. Guillaume, « Théâtre et thérapie », *Kalibouka. Psychologie et cultures*, Guadeloupe, Association Guadeloupéenne de Psychologie, Drapied, 1988, p. 44.

[4] *Le Docteur noir*, Bruxelles, J. A. Lelong, 1846. Créée à Paris au Théâtre de la Porte-Saint-Martin, le 30 juillet 1846. Désormais DN dans les textes.

[5] *Dieu nous l'a donné*, Paris, P. J. Oswald, 1972. Créée en 1973 pour le Festival des Caraïbes à Paris sous la direction d'Yvan Labéjof. Désormais D dans le texte.

[6] *Mémoires d'Isles*, Paris, Éditions caribéennes, 1985. Créée le 19 avril 1983 au Théâtre de Bagneux en France, sous la direction de Jean-Claude Penchenat ; représentée également à la Jamaïque, University of the West Indies, dans le « New Arts Lecture Theatre », les 14-16 mars et le 21 mars 1986 Je suis redevable à Jean Small de ces derniers renseignements. Désormais MI dans le texte.

[7] Voir Elysé Alexandrine et Jean Wilk, *Polype Polyèdre*, Théâtre Municipal, Martinique, Festival d'été de Fort-de-France, n° 9, juillet 1980 ; *Le Grand Hôtel* de Vincent Placoly, pièce commandée par le C. M. A. C. et créée au Centre Culturel André Aliker, à la Martinique, en 1992 (mise en scène d'Yvon Labéjof).

[8] Frantz Fanon, *Les damnés de la terre*, Paris, F. Maspero, 1976, p. 9.

[9] Voir entre autres Renée Beuze, *La santé par les plantes des Antilles françaises*, Guadeloupe, Éditions Désormeaux, 1973.

[10] Christiane P. Makward, « Reading Maryse Condé's Theater », *Callaloo*, vol. 18, n° 3, 1995, p. 681-689.

[11] S. Houyoux, « Un entretien avec Ina Césaire », *Elles écrivent des Antilles*, sous la dir. de S. Rinne et J. Vitiello, Paris, L'Harmattan, 1996, p. 349-357 ; C. P. Makward, « Filles du soleil noir : sur deux pièces d'Ina Césaire et Michèle Césaire », p. 335-347 ; B. Jones, « Two Plays by Ina Césaire : *Mémoires d'Isles* and *L'enfant des passages* », *Theatre Research International*, vol. 15, n° 3, 1990, p. 223-233.

[12] Christiane P. Makward, *op. cit.*, p. 337.

[13] Ralph Ludwig (éd.), *Écrire la parole de nuit*, Paris, Gallimard, 1994, p. 18.

[14] S. Houyoux, « Un entretien avec Ina Césaire », *op. cit.*, p. 349.

[15] Augusto Boal, *The Theatre of the Oppressed* (trad. de C. A. & M.-O. Leal McBride), New York, Urizen Books, 1979, p. 122. « Le théâtre n'est sans doute

pas révolutionnaire en soi, mais il sert sûrement de répétition en vue de la révolution. Le spectateur libéré, en personne saine, se lance dans l'action. Pas d'importance que l'action soit une fiction ; ce qui importe, c'est que ce soit de l'action. »

[16] Gilbert Cesbron, *Ce que je crois*, Paris, B. Grasset, 1970, p. 33-41.

[17] Sur l'importance des récits de vie dans le contexte de l'anthropologie médicale, voir *The American Journal of Occupational Therapy*, numéro spécial, vol. 50, n° 4, 1996.

Sorcière et reine dans le théâtre d'Aimé Césaire : absence des corps et des voix, marronnage du silence

Lorsqu'on lit l'œuvre théâtrale de Césaire, force est de constater la disproportion entre l'omniprésence des personnages masculins et la timide présence féminine. Se pencher alors sur l'étude de cette sous-représentation des femmes dans le théâtre césairien, c'est affronter nécessairement deux discours sur la réception critique de l'œuvre[1]. L'un qui accuse Césaire de sous-représenter les femmes dans ses quatre pièces et de ne leur attribuer que des rôles qui ne leur permettent nullement de faire avancer l'action. L'autre qui s'oppose à une critique de Césaire, soulignant d'une part que les femmes ne sont pas de simples figurantes dans son théâtre et qu'elles y sont décrites en fonction de la place réelle qu'elles occupaient et occupent dans les sociétés africaines et antillaises ; et d'autre part que Césaire a représenté fidèlement une réalité, elle de la non-participation des femmes à un idéal révolutionnaire dans tout le processus de la décolonisation.

À partir d'une relecture d'*Une tempête* et de *La tragédie du roi Christophe*, j'ai jugé bon de m'interroger sur l'ambivalence qui émane du texte théâtral de Césaire en ce qui a trait à la représentation des femmes. Il s'agira alors de confronter cette ambivalence pour éviter d'interpréter les pièces de Césaire, d'une part comme des textes qui peuvent inscrire les femmes dans des dynamiques de résistance pertinentes pour le développement de l'action, ce qui n'est pas tout à fait le cas, ou d'autre part comme des œuvres qui enferment les personnages féminins dans un silence absolu, ce qui n'est pas non plus entièrement vrai. Plutôt que d'adopter une position tranchée devant ce double discours sur la réception critique de l'œuvre, je propose une réflexion visant à relever toute l'ambiguïté de la position de Césaire sur la représentation des femmes dans son œuvre théâtrale.

Quels rôles occupent dans *Une tempête* et *La tragédie du roi Christophe*, Sycorax et Mme Christophe, l'une sorcière, l'autre reine, toutes deux appartenant à cette catégorie de femmes que l'on craint, que l'on respecte pour leurs actions, leur parole et qui, somme toute, ont un certain pouvoir et s'en servent.

Dans *Une tempête*, deux personnages féminins, Miranda et Sycorax, ont des fonctions très secondaires. Miranda est présente sur scène, mais elle ne l'est que pour s'émouvoir du naufrage manigancé par son père Prospero, puis pour exprimer son amour et son désir d'épouser Ferdinand. En somme, elle ne participe pas au déroulement de l'action. C'est le personnage de Sycorax qui retient davantage mon attention, parce que cette femme est réduite à un silence absolu et que la pièce lui ôte, de surcroît, toute représentation scénique. En outre, les critiques qui ont abordé la question de la sous-représentation des femmes chez Césaire ont choisi de la maintenir dans son silence précisément parce qu'elle n'est pas présente sur scène. À cet effet, il convient de citer l'article de Clément Mbom[2] sur les femmes dans le théâtre de Césaire, dans lequel il évacue la possibilité d'une étude du personnage de Sycorax parce qu'elle n'apparaît pas sur scène.

Loin de la maintenir dans son silence et son invisibilité, je me propose de lire cette absence du corps de Sycorax sous deux angles. Sous un premier angle, je remarquerai que c'est par Sycorax que tout un processus de résistance débute chez Caliban. Il construit sa quête identitaire à partir d'une situation négative, l'invisibilité de sa mère et surtout la crainte qu'elle provoque à cause de son pouvoir de sorcière. Sous un deuxième angle, il conviendra de s'interroger sur la nature d'une telle invisibilité et d'analyser les différents aspects du texte qui font de Sycorax ce catalyseur qui demeure hors-combat, hors-action, hors-scène.

La première référence à Sycorax[3] est formulée par Prospero qui reproche à Ariel de ne pas le remercier de l'avoir délivré de Sycorax. On ignore tout de Sycorax, et elle ne demeure qu'une simple référence, l'objet d'un discours masculin au cours duquel Prospero ne cherche qu'à accroître sa domination sur Ariel. Quant à Caliban, il évoque le souvenir de sa mère à l'Acte 1[4], au moment où, prenant conscience de l'oppression dont il est victime par

Prospero, il s'engage dans une lutte pour son émancipation. La valorisation de plusieurs aspects de son héritage culturel est donc indispensable dans cette quête identitaire : d'une part celle de sa langue africaine que Caliban fait resurgir par le biais de son grand cri swahili : Uhuru. Par ailleurs, l'autre aspect de son héritage culturel que Caliban démarginalise face aux attaques de Prospero est celui de la religion, et c'est d'abord en évoquant Sycorax qu'il peut entreprendre cette démarche. Autrement dit, c'est le personnage de Sycorax qui devient l'élément catalyseur par le biais duquel Caliban peut louer son héritage religieux africain. Les chants à la gloire des dieux Yoruba, Shango et Eshu, apparaissent plus loin dans la pièce pour renforcer la quête identitaire de Caliban.

S'adressant à Prospero qui lui signale qu'il vaudrait mieux ne pas se vanter de certaines généalogies honteuses et troublantes, telles que celle de Sycorax, la goule, la sorcière, Caliban s'exprime en ces termes à propos de sa mère :

> Morte ou vivante, c'est ma mère et je ne la renierai pas ! D'ailleurs, tu ne la crois morte que parce que tu crois que la terre est chose morte. C'est tellement plus commode ! Morte, on la piétine, on la souille, on la foule d'un pied vainqueur ! Moi je la respecte, car je sais qu'elle vit, et que vit Sycorax.
> Sycorax ma mère.
> Serpent ! Pluie ! Éclairs !
> Et je la retrouve partout :
> Dans l'œil de la mare qui me regarde, sans ciller,
> à travers les scirpes.
> Dans le geste de la racine tordue et son bond qui attend.
> Dans la nuit, la toute-voyante aveugle, la toute flaireuse sans naseaux !...
> D'ailleurs souvent par le rêve elle me parle et m'avertit[5]...

De ce dialogue entre Prospero et Caliban à propos de l'identité de Sycorax, on peut noter ici l'affrontement de deux systèmes de pensée à propos de la sorcellerie. Il s'agit de la croyance positive en la sorcellerie chez Caliban et la croyance européenne négative et malveillante chez Prospero. Pour illustrer cet affrontement entre Caliban et Prospero, je renvoie aux travaux de Roger Bastide[6], entre autres sur l'analogie qu'effectuaient les missionnaires ou les ethnographes européens entre le caractère démoniaque des séances de sorcellerie au Moyen Âge et les cultes de possession des peuples d'Afrique. Cette analogie n'est pas fondée, selon Bastide, puisque les cultes de possession des peuples africains, tels qu'ils

furent observés à partir des perspectives psychiatriques européennes, ne sont pas un déchaînement corporel chaotique et sauvage,
mais plutôt une réalité liturgique corporelle bien réglée qui remplit
une fonction sociale et possède un langage symbolique permettant d'établir une communication entre les dieux et les humains.

Il est clair que, par le biais de cet éloge à la mère qu'effectue
Caliban, Césaire accorde à une femme une place de choix dans la
pièce et, de surcroît, à un moment décisif dans tout le déroulement de l'action, c'est-à-dire au début du processus de la quête
identitaire de Caliban. Toutefois, un silence lui est imposé, et c'est
seulement à travers le discours masculin de Caliban qu'elle est
identifiée. Césaire lui refuse toute parole par laquelle elle se dé-
voilerait en tant que sorcière, et renverserait le discours dépécia-
tif de Prospero sur la sorcellerie. Il lui refuse également une
représentation scénique au cours de laquelle elle aurait pu prendre
part à la lutte menée par Caliban et faire usage de son pouvoir de
sorcière. Qui plus est, elle est morte, et la construction d'une certaine forme de subjectivité pour Sycorax relève essentiellement
de Caliban qui devient alors le centre par lequel doit nécessairement circuler toute information sur Sycorax, et qui, malgré sa
condition d'esclave, a néanmoins accès au discours, ce qui n'est
pas le cas pour Sycorax.

Ce culte de la mère qui domine la réplique de Caliban a été
utilisé par des critiques qui s'opposent à cette réduction au silence
des femmes, et qui font plutôt valoir l'importance que Césaire
accorde à celles-ci dans son théâtre. À cet égard, on aime faire
référence[7], d'une part à cet extrait du *Cahier d'un retour au pays
natal,* où le poète décrit sa mère pédalant sur une machine à cou-
dre Singer[8] inlassablement, de jour comme de nuit, pour apaiser la
faim des siens. Par ailleurs, on[9] signale également que Césaire a
souvent souligné dans ses interviews la très grande influence que
sa mère et sa grand-mère ont exercé sur lui dès son plus jeune
âge. Pour notre part, je ne crois pas que ce culte de la mère puisse
être évoqué afin de réparer cette absence de parole féminine. Cette
référence à la mère s'inscrit dans la reprise d'un stéréotype classique du sacrifice bénéfique de la mère pour ceux et celles qu'elle
chérit et ce, évidemment, dans l'oubli le plus total de sa propre
personne.

Il existe une très forte valorisation de la nature dans ce culte de
la mère effectué par Caliban. Dans ce rapprochement entre Sycorax

et la nature, l'idéalisation de Sycorax est telle, qu'elle devient une partie intégrante de cette nature. À cet égard, le début de l'extrait d'*Une tempête* cité précédemment en témoigne, puisque le parallèle que Caliban établit entre sa mère et la terre est un peu plus révélateur. Le pronom complément « la » que je mets en évidence peut, à bien des égards, désigner à la fois Sycorax et la terre.

> « Morte ou vivante, c'est ma mère et je ne la renierai pas ! D'ailleurs, tu ne la crois morte que parce que tu crois que la terre est chose morte... C'est tellement plus commode ! Morte on **la** piétine, on **la** souille, on **la** foule d'un pied vainqueur ! Moi je **la** respecte, car je sais qu'elle vit, et que vit Sycorax.

Dans ce lien entre la nature et Sycorax, ne retrouve-t-on pas justement ce stéréotype de la mythification de la maternité et de la féminité, tant mise en œuvre par Senghor entre autres. À cet effet, je me réfère à son célèbre poème, « Femme nue Femme noire » où, par l'utilisation fréquente de tropes, Senghor établit une comparaison intentionnelle entre la femme et le continent mère-Afrique :

> Femme nue Femme noire.
> Vêtue de ta couleur qui est la vie, de ta forme qui est beauté. J'ai grandi à ton ombre...
> Femme nue, femme obscure,
> Savane aux horizons purs, savane qui frémit aux caresses
> ferventes du Vent d'Est,
> Tamtam sculpté, tamtam tendu qui gronde sous les doigts du vainqueur...
> Gazelle aux attaques célestes, les perles sont étoiles sur la nuit de ta peau
> Délices des jeux de l'esprit, les reflets de l'or rouge sur ta peau qui se moire
> À l'ombre de ta chevelure, s'éclaire mon angoisse aux soleils prochains de tes yeux[10].

On ne manquera pas de souligner que cette célébration de la nature effectuée par Caliban fait non seulement référence au viol originel de la terre et à toute la problématique de la conquête coloniale, mais aussi à une déconstruction de la vision de Prospero selon laquelle il peut commander à la nature et la dompter. Dans *Une tempête*, Caliban se rebelle devant la domination exercée par Prospero, et démarginalise Sycorax et sa pratique de la « sorcellerie ». À cet effet, on pourrait dire qu'une pratique de démarginalisation de Sycorax et de Caliban est mise en œuvre parallèlement dans la pièce, dans la mesure où tous deux sortiraient d'un monde où ils sont réduits à l'abjection. Mais Sycorax n'est «sortie» de son invisibilité qu'en tant qu'objet et non comme sujet de l'énonciation; elle n'apparaît pas non plus comme symbole de la nature caribéenne. Cette idéalisation masque une position de subordination dans laquelle elle est cantonnée, puisque Sycorax se retrouve sans parole théâtrale. Mais en plus d'être l'instrument par lequel Caliban mène son combat, elle est le miroir dans lequel le héros doit se regarder pour exprimer sa haine de Prospero et pour le combattre.

Examinons maintenant ce qui se produit dans *La tragédie du roi Christophe*, où l'identité de la reine est étroitement liée à celle de son époux, le roi Christophe. À la différence de Sycorax, elle est bel et bien présente sur scène, mais pour n'intervenir que trois fois et chanter deux fois à la mort de Christophe. On remarque que la reine n'a pas de nom propre, et tout au long de la pièce, c'est par celui du roi qu'elle est identifiée[11].

La tragédie du roi Christophe est l'une des ses pièces où Césaire a tenté de représenter fidèlement l'histoire de la Caraïbe. À cet égard, on a souvent évoqué, afin de rendre non-pertinente la critique de la sous-représentation des femmes dans son théâtre, cette réalité historique caribéenne et africaine où les femmes n'auraient pas joué un grand rôle. À ce propos, citons à nouveau Clément Mbom:

> L'auteur d'*Et les chiens se taisaient*, de *La tragédie du roi Christophe*, d'*Une saison au Congo*, d'*Une tempête* s'insère consciemment ou inconsciemment dans le contexte des us et coutumes négro-africains tout en peignant la réalité historique. Car jusqu'à ce jour, le palmarès des révolutionnaires nègres comprend la plupart du temps des hommes. Non que les femmes soient biologiquement apathiques et incapables de toute action, mais c'est un fait qu'elles sont absentes de la série de ceux qui ont payé de leur vie la réalisation d'un idéal révolutionnaire. C'est à l'homme de forger le destin du Nègre et c'est ce que le héros césairien essaie de réaliser avec, dans une certaine mesure, le concours de la femme[12].

Dépassant ces propos, je souligne que cette réalité historique dépeinte par Césaire et dont parle Clément Mbom n'est autre que celle qu'une société patriarcale a cherché à faire passer pour vraie. On n'ignore pas le silence qui a pesé sur les actions, ô combien louables et révolutionnaires, de femmes caribéennes dans l'histoire de la lutte pour l'abolition de l'esclavage[13]. Au-delà du cadre géographique de la Caraïbe, Mbom semble oublier le rôle fondamental qu'ont joué les Algériennes, les *moujahidat*, ces femmes qui ont sacrifié leur corps en s'impliquant activement dans la lutte contre l'occupation française ; conférant au voile, symbole de la domination masculine, une toute nouvelle valeur, puisqu'il devenait technique de camouflage, instrument de lutte de ces femmes contre une autre domination, la colonisation.

Mais si Césaire a choisi d'être fidèle à l'histoire, on peut se demander pourquoi il a préféré le nom de Mme Christophe à celui de Marie-Louise[14], qui était en fait le véritable nom de la reine. Que peut-on lire à propos du choix de ce nom par Césaire pour la reine ? Selon bell hooks,

> Naming is a serious process. It is a source of empowerment, a gesture that deeply shapes and influences the social construction of a self. A name is perceived as a force that has the power to determine whether or not an individual will be fully self-realized, whether she or he will be able to claim an identity, to fulfill their destiny, find their place in the world[15].

> L'acte de nommer est une opération très sérieuse. C'est la source d'un pouvoir qu'on confère, c'est un geste par lequel, très profondément, on façonne et on influence la construction sociale du soi. Le nom est perçu comme une force qui peut déterminer si oui ou non un individu se réalisera pleinement lui-même, si il ou elle sera capable de réclamer son identité, d'accomplir sa destinée, de trouver sa place dans le monde.

À la lumière de ce que dit hooks, la critique du nom de « Mme Christophe » employé par Césaire devient pertinente, puisque, loin de lui accorder cette assurance dans son rôle social, ce titre l'identifie pleinement dans un étroit rapport conjugal au mari qui détient le pouvoir absolu, surtout en raison de sa soumission à ce dernier. En outre, cette relation conjugale n'est caractérisée que par cette impossibilité d'une pleine réalisation de l'identité du sujet dont parle bell hooks, puisque la reine, au lieu d'assumer entièrement une identité qui lui soit propre, disparaît sous celle du roi, pour n'être alors que son épouse. Cela est d'autant plus évident que Césaire n'emploie tout au long de la pièce ni le véritable prénom, Marie-Louise, ni même le titre de reine. Le nom de Mme Christophe la réduit à l'obéissance et au silence en la dépossédant de son pouvoir social, celui de reine.

Si on examine les quelques critiques que Madame Christophe fait à l'égard des méthodes dont Christophe se sert pour régner, on constate que c'est dans l'effacement le plus total de sa personne qu'elle les lui adresse et que ce discours de l'effacement du Moi introduit chacune des critiques et des mises en garde que la reine formule:

> Je ne suis qu'une pauvre femme, moi, j'ai été servante, moi la reine, à l'auberge de la couronne. Une couronne sur ma tête ne me fera pas devenir autre que la simple femme, la bonne négresse qui dit à son mari *attention*[16] !

ou encore

> Christophe, sais-tu comment dans ma petite tête crépue, je comprends un roi ? Il est au milieu de la savane ravagée par le soleil, le feuillage dru et rond du gros mombin sous lequel se réfugie le bétail. Mais toi, je me demande si tu n'es pas plutôt, à force de tout entreprendre et de tout régler, le gros figuier qui prend toute la végétation alentour et l'étouffe[17] !

Ce discours de l'effacement du Moi que Césaire fait tenir à la reine vient donner une double dimension aux critiques qu'elle formule. D'une part, malgré l'atténuation du message de la reine, ce discours exprime ses mises en garde, et d'autre part, il devient l'expression d'une absence dans son propre discours.

Mais toute l'ambiguïté du discours théâtral césairien, en ce qui a trait à la représentation des femmes, devient significative lorsqu'on reconsidère ce même discours dans une autre perspective, celle de l'effacement de la reine. Dans *La tragédie du roi Christophe*, on sait que Césaire était non seulement soucieux d'adresser un message aux peuples de la Caraïbe et de l'Afrique, mais aussi de rendre compte des ambitions, de la gloire et de la décadence de Christophe, dont la tyrannie et la démesure de son projet ne pouvaient laisser d'espace à quiconque. Aussi, le discours d'auto-dévalorisation de la reine qui se traduit dans l'emploi des termes «pauvre femme, simple femme, bonne négresse, ma petite tête crépue», ne renfermerait-il pas une critique, de la part de Césaire, des méthodes que Christophe a utilisées pour gouverner son peuple ? N'est-ce pas sur ce silence absolu auquel Christophe a réduit ses sujets que Césaire veut insister ? La situation de subordination de la reine, son propre effacement dans son rôle de reine deviennent alors, dans le texte, un autre cas parmi tant d'autres, servant à illustrer la tyrannie de Christophe.

Dans *L'ordre du discours,* Michel Foucault identifie un certain nombre de procédures visant à contrôler et à limiter la production du discours dans une société donnée. Dans ces procédures, les discours, dont les interdits révèlent pouvoir et désir, sont ce par quoi on cherche à s'emparer du pouvoir:

> ...il s'agit d'imposer aux individus qui les tiennent [ces discours] un certain nombre de règles et ainsi de ne pas permettre à tout le monde d'avoir accès à eux. Raréfaction, cette fois, des sujets parlants; nul n'entrera dans l'ordre du discours s'il ne satisfait à certaines exigences ou s'il n'est d'entrée de jeu qualifié pour le faire[18].

L'ordre discursif qu'a institué Christophe tout au long de son règne est celui au sein duquel personne ne pouvait jouir du même droit de parole que le roi. Quant aux qualificatifs d'auto-dévalorisation que la reine s'attribue et à ses critiques des méthodes de Christophe, ils s'inscriraient dans cette dynamique du contrôle du discours et dans celle de la tentative d'une prise de parole de la part d'un sujet qui se voit limiter l'accès à l'ordre discursif imposé.

Considérant la position discursive de la reine et la perspective foucaldienne par le biais de laquelle je la lis, les réflexions de bell hooks sur le pouvoir du «talking back» (l'aparté) insolent, c'est-à-dire sur le pouvoir de l'objection, de la riposte, m'interpellent à plus d'un titre. Selon hooks:

> l'aparté, c'était parler comme un égal du personnage qui a autorité. Il signifiait l'audace de n'être pas d'accord et parfois simplement celle d'avoir une opinion. Parler quand le premier n'attendait pas qu'on lui parle était un acte courageux, un risque, une audace[19].

> Passer du silence à la parole, c'est pour l'opprimé, le colonisé, l'exploité, un geste de défi qui apaise, qui rend possible une nouvelle vie, une nouvelle croissance. C'est un acte de parole, ou d'aparté, ce n'est pas un simple geste de mots vides, c'est l'expression d'un mouvement du Moi qui passe d'un statut d'objet à celui de sujet à la parole libérée[20].

Cette stratégie de résistance proposée par hooks semble s'appliquer à une situation dans laquelle Césaire installerait aussi la reine. C'est-à-dire lui faire dépasser la marginalité de sa condition de simple négresse, à petite tête crépue, et lui faire transgresser son espace discursif, celui du silence imposé par le roi. Césaire lui permettrait également de s'approprier une partie de ce pouvoir discursif dont jouit Christophe. Dans les perspectives foucaldienne et hooksienne, la reine surmonte sa peur de prendre la parole et sort de sa position d'objet pour se constituer en sujet parlant. Elle ferait donc de sa marginalité un centre à partir duquel elle s'engage dans la production d'un discours, dans la construction d'une parole sur le règne de Christophe et sur Haïti.

Il importe d'ajouter qu'on ne peut passer sous silence un autre aspect de *La tragédie du roi Christophe* qui vient déconstruire une critique essentiellement féministe du silence des femmes dans ces deux pièces de Césaire. Il s'agit de ces deux bourgeoises qui, s'opposant aux éloges que le baron Vastey, secrétaire de Christophe, formule pour disculper ce dernier, critiquent ouvertement dans un salon les méthodes auxquelles Christophe a recours pour donner à son peuple sa liberté. Elles font ainsi référence aux princesses mobilisées elles aussi par leur père sur les chantiers et chargées d'arborer un drapeau et de chanter afin de soutenir le courage des ouvriers[21]. L'autre méthode, on ne peut plus atroce, racontée par les deux bourgeoises, est celle de la fusillade, sur l'ordre de Christophe, d'un ouvrier surpris à dormir à une heure où il devait travailler[22].

Reine Sans Nom, (non pas celle de Simone Schwarz-Bart [23]), sorcière sans pouvoir, femmes à la fois présentes et absentes de la production discursive imposée, quel est le statut des femmes dans ces deux pièces ? La pratique d'un marronnage du silence des femmes que j'annonce dans notre titre, lorsqu'elle est repérable chez Césaire, n'est en rien comparable à celles mises en œuvre par Solitude (d'André Schwarz-Bart), Tituba (de Maryse Condé), Reine Sans-Nom (de Simone Schwarz-Bart) et bien d'autres oubliées de la chronique coloniale qui ont payé de leur vie la lutte pour la décolonisation. Dans le théâtre de Césaire, les femmes ne sont pas au cœur d'une action révolutionnaire, mais elles parlent, et c'est leur inscription dans cette prise de la parole qu'il convient d'analyser.

Notes

[1] Clément Mbom, «La femme dans le théâtre d'Aimé Césaire», *Aimé Césaire ou l'athanor d'un alchimiste*, Actes du 1er colloque international sur l'œuvre littéraire de Césaire, 21-23 novembre 1985, Paris, Éditions Caribéennes 1987, p. 223-237. Valérie Rouf, «Et les femmes parlaient: des personnages féminins dans le théâtre d'Aimé Césaire», *Œuvres et Critiques*, t. XIX, n° 2, 1994, p. 299-387. Gérard Pigeon, «Interview avec Aimé Césaire», *Cahiers*

césairiens 3, printemps 1977. Janis Pallister, *Aimé Césaire*, New York, Twayne Publishers, 1991.

[2] *Ibid.*, p. 224.

[3] Aimé Césaire, *Une tempête*, Paris, Seuil 1969, p. 23.

[4] *Ibid.*, p. 25.

[5] *Ibid.*, p. 25-26.

[6] Roger Bastide, *Le sacré sauvage*, Paris, Payot, 1975.

[7] Clément Mbom, *op. cit.*

[8] Aimé Césaire, *Cahier d'un retour au pays natal*, Paris, Présence africaine, 1971, p. 53.

[9] Janis Pallister, *op. cit.*

[10] Léopold Sedar Senghor, « Femme noire », *Poèmes, chants d'ombre*, Paris, Seuil, 1964, p. 16-17.

[11] On peut faire référence aussi à Pauline Lumumba dans *Une saison au Congo*, Paris, Seuil, 1967.

[12] Clément Mbom, *op. cit.*, p. 233.

[13] Arlette Gautier, *Les sœurs de Solitude : la condition féminine dans l'esclavage aux Antilles du XVIIe au XIXe siècle*, Paris, Éditions caribéennes, 1985.

[14] John Vandercook, *Black Majesty. The Life of Christophe King of Haiti*, New York, Blue Ribbon Books, 1928. Hubert Cole, *Christophe : King of Haiti*, London, Eyre & Spottiswoode, 1967.

[15] bell hooks, *Talking Back : Thinking Feminist, Thinking Black*, Toronto, Between the lines, 1988, p. 166.

[16] Aimé Césaire, *La tragédie du roi Christophe*, op, cit. p. 58.

[17] *Ibid.* p. 60

[18] Michel Foucault, *L'ordre du discours*, Paris, Gallimard, 1971, p. 38-39.

[19] bell hooks, *op. cit.* p. 3. « Talking back, meant speaking as an equal to an authority figure. It meant daring to disagree and sometimes it just meant having an opinion. To speak when one was not spoken to was a courageous act, an act of risking and daring. »

[20] *Ibid.* p. 9. « Moving from silence into speech is for the oppressed, the colonized, the exploited, a gesture of defiance that heals, that makes new life and new growth possible. It is that act of speech, of talking back, that is no mere gesture of empty words, that is the expression of our movement from object to subject-the liberated voice. »

[21] Aimé Césaire, *op. cit.*, p. 77-78.

[22] *Ibid.*, p. 78-79.

[23] Simone Schwarz-Bart, *Pluie et vent sur Télumée Miracle*, Paris, Seuil, 1972.

Roye, les voilà! de Mona Guérin:
à propos de la naissance
du théâtre haïtien

MAXIMILIEN LAROCHE

Toute naissance se fait dans la violence, par le déchirement. Il est donc tout à fait indiqué d'examiner le mode de représentation de la violence dans le théâtre haïtien si l'on veut parler de sa naissance et surtout y découvrir le mode de résolution de la violence haïtienne que la dramaturge propose. L'œuvre d'art réitère, dans les conditions de sa naissance, la violence de la vie elle-même. Mona Guérin nous propose donc une résolution du problème de la violence sociale par le biais de la création artistique.

Il existe des dramaturges haïtiens. Par contre, il est moins certain qu'il existe un théâtre haïtien. Le théâtre exige une mise en scène, une poétique de la représentation du visible. Il demande un système organisé du discours sur les lieux, les gestes, les apparences et le sens des actions d'une collectivité. Pour tout dire, il lui faut une rhétorique qui organise notre vision des rapports individuels dans un contexte social donné, qui donne une forme à cette vision en la mettant en scène. Or nous sommes apparemment loin du compte, quand nous considérons l'histoire de la dramaturgie haïtienne.

En prenant l'exemple de *Roye, les voilà* de Mona Guérin, nous allons pouvoir considérer un thème, celui de la violence, mais ensuite un contexte historique, l'époque des Duvalier, et enfin une forme, celle du théâtre radiophonique. Les rapports entre forme et contexte font ressortir de manière évidente le double intérêt, sociologique et esthétique, du thème de la violence. Sociologiquement, dans le feuilleton de Mona Guérin, la violence nous réfère à l'histoire politique précise qu'elle représente : la fin de l'ère des

Duvalier. Esthétiquement, la représentation nous permet de faire des comparaisons avec des modèles nationaux ou étrangers et de saisir l'état de la dramaturgie en Haïti.

Le théâtre radiophonique

Le théâtre radiophonique constitue une innovation en Haïti. Cela explique peut-être pourquoi son originalité n'est pas encore soulignée à sa juste mesure. Robert Cornevin, dans son *Histoire du théâtre haïtien,* ne lui rend pas justice, même s'il fournit passablement de détails qui devraient conduire normalement à s'interroger sur cette forme médiatique. Par exemple, dans la chronologie des activités de la Compagnie Gérard Résil que dresse Cornevin, le lecteur est frappé de voir revenir la mention « Émission culturelle ou émission radiophonique » comme la forme quasiment unique des activités de cette compagnie[1]. Par ailleurs, même quand Gary Victor, un pratiquant de cette forme théâtrale, se fait historien du théâtre en Haïti, il n'accorde aucune attention spéciale au théâtre radiophonique[2]. L'orientation littéraire de leurs critiques nous fait bien voir que le genre théâtral doit être détaché du contexte de l'écriture littéraire traditionnelle qui regarde la littérature haïtienne uniquement à travers la loupe des critères utilisés pour la littérature française. Il y a une Histoire propre à Haïti pour les faits artistiques comme pour les faits historiques, qui commande de considérer ces faits selon leurs éléments avant de leur chercher des modèles ou des explications hors du pays.

De ce point de vue, l'époque duvaliériste est significative, non seulement à cause de son actualité qui persiste hélas !, mais parce qu'il s'agit d'une période où la violence témoigne de la culmination de tous les facteurs qui concourent à la production de ces situations-charnières qui nous font nous dire : « ou cela passe ou cela casse », car nous ne nous sentons pas « in media res » mais « in fine ». Or c'est à de tels moments, quand le nœud est proche du dénouement, que les dilemmes rencontrent leur solution. Ou bien les facteurs antagonistes trouveront leur synthèse, le principe qui annihilera la violence traditionnelle, ou bien cette violence désormais irrépressible s'étendra à tout le corps social qui entrera alors en déliquescence, faute de pouvoir réagir.

Le mode de représentation de la violence, d'une contradiction au fond, c'est aussi la proposition d'un mode de résolution de cette contradiction. Dans la façon de représenter, on pointe du doigt le nœud à trancher, le point nodal de la contradiction, les positions qui s'entrechoquent, leur mode d'affrontement et par là même on suggère ce qui pourrait dénouer la contradiction ou en empêcher la résolution. La rhétorique ne fait pas que convaincre d'une solution, elle offre aussi une description de la situation dont elle traite. Dans son esthétique, la thématique de la violence unit fond et forme, dénonciation et description, exposition et proposition de solution d'une situation.

Les débuts du théâtre radiophonique remontent aux années quarante. C'est en 1941 en effet que, selon Robert Cornevin, Théodore Beaubrun dit Languichatte, fit jouer son premier sketch radiophonique[3]. Nous savons que déjà Théophile (Zo) Salnave l'avait précédé dans cette voie[4]. Dans les années 1960, quand Dieudonné Poméro régna sans partage à la radio, on peut dire que le genre radiophonique avait pris définitivement son essor. L'importance de ce genre ne tient cependant pas tant à sa dimension technique et sociologique, encore que ce ne soit pas rien, que l'utilisation de ce medium moderne de communication ait contribué d'une façon décisive à la formation d'une opinion publique. Son importance est surtout d'ordre esthétique. La société de l'oralité qu'est Haïti, en attendant l'écriture, le visuel et le spectaculaire en somme, adoptait avec la radio une forme moderne, accessible et dialectique. Elle se donnait le moyen de matérialiser sa parole par un dialogue ouvert à un large public. Elle s'assurait surtout la possibilité de développer cette parole, de la faire échapper aux cycles des répétitions indéfinies de l'oral, car est visible ce qui est permanent, qui finit par se fixer sur la rétine. Même si le théâtre, à la radio, demeure encore oral, son audience s'agrandit, se diversifie et peut progressivement se constituer en véritable public, en un lieu de mémoire en quelque sorte. Le public est la page d'écriture du dramaturge mais la scène est le miroir où cette page prend forme d'abord.

Sous la forme traditionnelle de pièces représentées sur des scènes à l'italienne, le théâtre vivote en Haïti, pour ne pas dire qu'il périclite, faute de moyens, de lieu défini et surtout faute de forme reconnue, légitimée et encouragée par un public réceptif, enthousiaste et critique. Car un théâtre n'est vivant que si la parole qu'il incarne transforme en spectacle un dialogue institutionnel, bi-institutionnel même, puisqu'il met en présence l'institution théâtrale, formée d'auteurs, d'acteurs et de producteurs d'une part, et le public d'autre part. Ce n'est qu'à l'occasion d'une telle rencontre que le théâtre peut parler et même fondre tous les langages de la société, aussi bien ceux des moyens de production et des capacités de création que des possibilités de consécration. Au théâtre, les créateurs et les producteurs proposent, et le public dispose dans un dialogue qui est l'exercice même de la création par la société toute entière.

Or un tel rapport n'existe pas vraiment en Haïti. Autrefois, on pouvait l'obtenir dans des poèmes dramatiques, mais sur la base d'un malentendu. Notre admiration pour les Dessalines, Killick ou Toussaint qu'on nous montrait n'allait pas aux personnages dramatiques que nous voyions, mais aux personnages historiques dont nous nous souvenions. Il n'y avait pas de ces médiations du regard qui pouvaient maintenir notre admiration strictement dans l'aire de jeu de pièces. Et c'est bien pourquoi le théâtre radiophonique, par son succès d'ailleurs, se révèle l'une des formules les plus intéressantes parmi les innovations récentes des dramaturges haïtiens. Gary Victor, le plus prolifique des romanciers haïtiens actuels, n'a pas hésité quand il a voulu porter à la scène les aventures de son personnage fétiche, Robert Buron. C'est la formule du théâtre radiophonique qu'il a choisie[5].

Le feuilleton radiophonique *Roye, les voilà!* de Mona Guérin, a joui d'un tel succès de public et pendant si longtemps qu'on peut le retenir comme un exemple de forme théâtrale permettant de faire l'analyse de la violence, c'est-à-dire de la contradiction à l'haïtienne, et comme figure de la naissance du théâtre haïtien. Là, pourrait-on dire, s'identifie et se mesure cette introuvable rhétorique qu'il faudrait au discours théâtral haïtien.

Dans un théâtre pauvre qui se prive d'effets, c'est-à-dire de spectacle, c'est le langage lui-même qui devient à la fois action et spectacle, en même temps que le discours bien entendu. Dans un pareil théâtre, les personnages palabrent à perte d'haleine. Mais leur incapacité à traduire les mots en gestes a pour effet de rendre les dramaturges, les metteurs en scène et autres techniciens de la scène incapables de traduire le face à face des personnages en spectacle.

Car ce spectacle est un double de la parole. Les actes concrets viennent confirmer les discours des personnages. Or l'incapacité de ceux-ci, au premier chef, on la trouve dans leur impuissance à résoudre leurs contradictions, ce que révèle finalement le mode de traitement, aussi bien langagier que spectaculaire, de la violence.

Drames historiques et comédies réalistes

Si l'on met entre parenthèses la période coloniale au cours de laquelle a prospéré à St-Domingue un théâtre exotique que l'on peut qualifier de parisien, on peut dire qu'en Haïti le théâtre, jusqu'à tout récemment, a toujours oscillé entre deux genres. Dans le premier, le drame historique, on peut ranger des pièces en vers qui ne semblaient avoir d'autre fonction que de servir de prétexte à un héros national pour déclamer des alexandrins ronflants. D'un autre côté, il y a un théâtre réaliste, — Robert Cornevin[6] parle même de théâtre social, — qui a inspiré, dans les pièces écrites en haïtien, des comédies populaires où l'on caricature les menus faits de la vie quotidienne.

C'est dans cette veine populaire que s'inscrivent même les œuvres qui ne visent pas d'abord à faire rire, mais qui poursuivent des objectifs de critique sociale ou politique. On reconnaît leur caractère populaire à la langue dont elles se servent, l'haïtien, et aux canaux d'expression variés qu'elles utilisent. Ceux-ci vont des conventions de la scène aux techniques modernes de la radio et de la télévision, auxquelles on peut rattacher le disque et la vidéo-cassette. Ce théâtre audio-télévisuel englobe des formes traditionnelles, comme le kont qui se développe autant en Haïti que dans la diaspora, avec des conteuses comme Mimi Barthélémy ou Joujou Turenne. Au conte s'annexe un genre carrément narratif comme le lodyan dont le grand maître demeure Maurice Sixto, du moins pour la période récente. Car il ne faut pas oublier qu'avant Sixto il y eut des maîtres de la parole et de la scène, comme Auguste de Pradines (Candio), Théophile (Zo) Salnave, Dieudonné Poméro et, bien entendu, le plus réputé de tous, Languichatte, surnom de Théodore Beaubrun. Ces artistes ont su mettre à profit tous les moyens possibles, traditionnels ou modernes ; sur scène, à la radio, à la télévision, sur disques ou par écrit, ils ont démontré leurs capacités de théâtralisation du discours haïtien.

En privilégiant des formes audio-télévisuelles plutôt qu'imprimées pour faire circuler leurs œuvres dramatiques, des dramaturges contemporains, comme Frankétienne, Gary Victor ou Jan Mapou, s'inscrivent dans un courant de modernisation ou du moins de renouveau du théâtre haïtien dont le mouvement avait déjà commencé dès les années quarante ou même trente.

Il y a là une volonté de découvrir la forme théâtrale à adopter pour une dramaturgie haïtienne, et pas simplement une volonté de popularisation du théâtre grâce à l'utilisation de la langue haïtienne ou des techniques modernes de représentation et de diffusion. Ainsi, les conséquences ne sont pas uniquement d'ordre économique ou linguistique, mais également esthétiques. Dans ce sens, en m'appuyant sur deux épisodes de *Roye, les voilà!*, je voudrais faire voir cette élaboration d'une poétique théâtrale de la dramaturgie haïtienne.

Violence interpersonnelle et violence contextuelle

Avant de passer à l'examen du 341e et du 342e épisode du feuilleton *Roye, les voila!*, résumons rapidement l'intrigue et situons l'œuvre dans son contexte historique.

Lancé en août 1982 sur les ondes de Radio Métropole à Port-au-Prince, ce feuilleton, nous dit Christina Guérin[7], devait en principe tenir l'antenne pendant trois mois. Il dura en fin de compte douze ans, de 1982 à 1994, et se déploya sur 950 épisodes. Dès la cinquième année, le succès a débordé les limites de la capitale et gagné l'auditoire de province, pour qui l'œuvre fut désormais diffusée. Cette dramatique en vint à être, selon les sondages, l'émission la plus écoutée de la radio. Par son intérêt, le public traduisait sa satisfaction pour cette saga familiale qui dépeignait la vie quotidienne des Haïtiens avec réalisme et humour. Ainsi, chaque midi, c'était devenu un rituel, à travers tout le pays, pour des milliers d'auditeurs, d'écouter les dernières aventures des personnages qui les tenaient en haleine.

À la source de ce succès, il y a d'abord le fait que Mona Guérin savait rester collée au plus près de l'actualité nationale et que, sous cette actualité, elle décrivait les aspects les plus typiques de la réalité quotidienne. Il y avait aussi le langage qu'elle prêtait aux personnages : un mélange de français à la manière haïtienne et de créole qui donnait le ton exact du parler de chacune des couches de la société qu'elle mettait en scène. Et surtout, il y avait le point de vue discrètement critique sous un humour et une ironie bien marqués. Car en se faisant l'écho des événements de l'actualité, tout en ne paraissant que répéter ce qui se déroulait dans le hors-scène politique, elle évoquait ce qui pouvait aisément ressembler à une critique, voire à une dénonciation. Ainsi, dans les épisodes diffusés dans les années 1986-87, au moment où le pouvoir de Jean-Claude Duvalier se dérobe sous lui, l'auteur met en scène le personnage de Mᵉ Hubert Rocher qui, après s'être d'abord porté candidat à la présidence, retire sa candidature parce qu'il estime que les élections ne se dérouleront pas selon les procédures démocratiques. L'allusion critique, même indirecte, était on ne peut plus claire.

Nous avons dit « saga familiale ». Il faudrait plutôt parler d'une double saga : celle des Mérien et celle des Jambe, même si l'essentiel de l'intrigue tourne autour de Patrick Mérien. Ce séducteur, membre d'une famille bien en vue, s'était fiancé à la superbe et extravagante Carole Jambe, fille d'Oscar Jambe, frère du tout-puissant Joubert Jambe. Mais Patrick ayant délaissé sa fiancée pour se marier à une nouvelle flamme, Annie St Jules, cela donne lieu à des réactions brutales d'Oscar Jambe, le père offensé de Carole. Patrick Mérien est même jeté en prison, pendant quelques jours, le magistrat devant lequel il est traîné sous un vague prétexte ayant peur de renvoyer hors de cause un ennemi de la puissante famille Jambe.

Du côté de cette dernière famille, la situation n'est pas moins complexe. Après quelques années, Carole Jambe s'est mariée de son côté. Mais, personnage vindicatif et passionné, elle n'a rien oublié de l'affront qu'elle a subi et surtout elle n'a pas renoncé à Patrick Mérien. Quant à son père, l'irascible Oscar Jambe, des inquiétudes de mari jaloux se sont ajoutées à ses problèmes de père outragé. Julienne, sa femme, est convoitée par Philippe Gervais (Phito). Et même si les avances de celui-ci ont été repoussées, il n'a pas moins juré qu'il convaincrait Julienne d'abandonner son mari pour lui.

Le cadre typiquement duvaliériste de cette situation dramatique était donc clairement posé pour les auditeurs de l'époque. Ce feuilleton, autour d'une intrigue d'amour et de vengeance, mélange tous les ingrédients susceptibles de donner une lecture de la situation haïtienne dans son ensemble. Les conflits sociaux et politiques sont étroitement et habilement liés aux passions amoureuses chez les personnages aux tempéraments aussi explosifs que les remous de l'actualité politique. Il y avait là un cocktail de sentiments tout à fait propres à générer diverses formes de violence interpersonnelle sur le fond de la violence institutionnelle de l'époque.

Il pourra sembler abusif de dire qu'action dramatique est synonyme de violence. Pourtant qui dit film d'action, par exemple, fait immédiatement songer à des westerns où cowboys et bandits échangent des coups de feu. On pense aussi à James Bond réduisant à néant les plans machiavéliques des ennemis de l'Occident à force de gadgets plus sophistiqués les uns que les autres. Et ne parlons pas des films de karaté du pont de vue esthétique. Il apparaît à l'évidence que toute représentation d'une action est une mise en scène de la violence. Un cowboy ne se bat pas comme un duelliste et James Bond n'est pas Bruce Lee. Et comme il s'agit toujours de porter théâtralement un coup à l'adversaire, cela doit se faire dans les règles d'une représentation qui donne au geste de frapper, suspense, efficacité, élégance et beauté. Comme au théâtre, les personnages ne se tuent que de manière fictive, la représentation de leur savoir-faire a surtout pour but de provoquer l'admiration, pour ne pas dire le plaisir du spectateur. Le geste au théâtre ou au cinéma doit être à la fois efficace et beau pour nous convaincre de l'accepter, de le légitimer comme solution à la violence représentée. Faire poignarder dans le dos celui qui nous fait face est moins convaincant que de s'esquiver pour laisser choir dans le vide celui qui nous poursuivait. Dans la fiction, la fin ne justifie pas les moyens. C'est plutôt l'éthique et surtout l'esthétique des moyens utilisés qui nous convainquent des fins poursuivies.

À partir de là, nous pouvons, dans les épisodes 341 et 342 de *Roye, les voilà!* constater que le théâtre haïtien est encore à la recherche de cette esthétisation de la violence qui tempérerait celle-ci en la transformant d'objet de terreur en source de plaisir et de beauté.

La deuxième partie du 341e épisode met en présence trois personnages : Philippe Gervais (Phito), Oscar Jambe et Marguerite (Madame Julio). On connaît déjà la rivalité qui oppose Oscar et Phito. Et c'est précisément parce qu'il a été mis au courant des intentions avouées de son rival visant son épouse qu'Oscar Jambe fait irruption chez Madame Julio pour régler son compte à Phito. Compte tenu du différend qui oppose les deux hommes, on pouvait s'attendre à ce qu'ils en viennent aux coups. Mais comme Oscar arrive armé d'un revolver, il a manifestement l'intention d'infliger plus qu'une correction à Phito. Dès qu'elle se rend compte que le mari jaloux est armé, Madame Julio lui demande de lui remettre son arme afin d'éviter le pire.

Comment parvient-elle à se faire donner le revolver ? Par beaucoup de supplications, de propos indignés et de menaces qui souvent sont franchement comiques. Le drame appréhendé tourne même à la farce quand, à un moment donné, c'est Madame Julio qui sous la menace du revolver qu'elle tient en main, intime aux deux hommes l'ordre de mettre fin à leur pugilat. Nos deux combattants se calment alors, moins par crainte qu'elle ne mette vraiment sa menace à exécution que par peur de la voir, par maladresse, laisser partir un coup.

Nous pouvons trouver là un premier exemple de la nécessité d'une mise en scène de la violence, de cette réglementation en somme, qui non seulement permettra d'orienter une scène soit vers le tragique soit vers le comique, mais qui surtout imposera à la fois un déroulement et une conclusion vraisemblables à la scène. Car Madame Julio invoque tour à tour le bon sens, la décence ou même son grand âge pour amener les belligérants à calmer leur fureur, mais elle n'incarne pas vraiment une autorité morale ou sociale, une norme capable d'en imposer aux deux adversaires. En tant qu'arbitre, son pouvoir est plutôt aléatoire et repose sur le bon vouloir momentané ou plutôt sur une prudence craintive de la part de ceux à qui elle essaie de faire entendre raison. Peut-être qu'on fait mine de l'écouter moins parce qu'on est convaincu de ce qu'elle dit que parce qu'au fond on ne veut pas aller jusqu'où on fait semblant de se diriger.

Autrement dit, quand on examine certaines confrontations spectaculaires — l'interrogatoire d'Œdipe par la sphinge, l'affrontement de deux cowboys ou un duel d'aristocrates — on s'aperçoit toujours qu'il s'agit d'un débat arbitré et qu'il y a une norme acceptée par les deux parties. Chacun des deux cowboys qui s'avancent l'un vers l'autre attend l'esquisse d'un geste de son adversaire pour dégainer le premier et tirer. De même, le cérémonial d'un duel, avec la mise en place des témoins, organise en réalité un système de surveillance de la procédure à suivre. Quant à l'affrontement d'Œdipe avec le monstre qui terrorisait Thèbes, on sait que les règles du jeu étaient très claires et fixées d'avance.

Œdipe s'y est soumis, comme d'ailleurs le monstre qu'il affrontait. Pareil arbitrage s'impose sans doute pour fixer entre les adversaires un mode mutuellement accepté de règlement du conflit. Ainsi, la logique de la morale étant respectée, le dénouement sera convaincant. Mais, nous l'avons déjà vu, cette conviction sera renforcée par la beauté d'un exercice exécuté par le plus habile, comme une danse ou une acrobatie, c'est-à-dire selon les paramètres fixés d'avance. Une victoire, une réussite, au sport ou dans la vie réelle, n'est jamais sanctionnée seulement par la raison, mais aussi et surtout par l'émotion et le plaisir qui émanent de la qualité esthétique de la prouesse réalisée.

Les épisodes de *Roye, les voilà!*, fidèles reflets de la réalité haïtienne, illustrent la manifestation anarchique de la violence interpersonnelle. Celle-ci n'est pas plus réglementée sur la scène de *Roye, les voilà!* que dans les rues de Port-au-Prince. On pourrait même dire que, ne l'étant pas dans la rue, n'y trouvant pas de modèle crédible, elle ne peut guère l'être sur la scène. N'étant soumise à aucune règle mais régie par une force brutale, elle-même fruit du hasard, cette violence interpersonnelle n'est pas tragique sur scène autant qu'elle le paraît dans la réalité. Représentée, elle ne provoque que le rire, ce qui est paradoxal, et alors elle ne peut susciter aucune catharsis ou purgation des passions qu'elle soulève pourtant dans le réel. On n'y sent point la présence d'une main ordonnatrice : Dieu, la loi, un certain état de droit qui lui donnerait sens et beauté. Il est difficile de représenter dans le texte un ordre qui ne se retrouve point en dehors du texte, même à l'état d'esquisse, d'ébauche ou de prémisses. La violence du texte est à l'image de ce qui prévaut dans le hors-texte.

Il en va de même pour la violence contextuelle ou institutionnelle, celle qui ne vient pas d'une personne précise mais qui s'exerce sur tous apparemment d'une manière aveugle et que tous subissent sans pouvoir l'attribuer à qui que ce soit. La raison humaine, autant que la raison d'un spectacle, exigerait que cette violence soit expliquée. Ainsi, elle serait maîtrisée, au moins intellectuellement. Nous pourrons nous la représenter dans ses causes et ses effets et également dans ses tenants et aboutissants.

Dans le deuxième épisode retenu, le 342e, Oscar Jambe est de retour chez lui après l'appel que lui a lancé sa femme à la fin de l'épisode précédent. C'est la nuit. Des coups de feu déchirent de plus en plus fréquemment le silence et se rapprochent même de façon inquiétante. Qui tire ? Pourquoi ? Sur qui ? Cela n'est pas expliqué, dans la pièce. Sans doute cette scène reproduit-elle fidèlement une situation dont les auditeurs du feuilleton faisaient chaque soir l'expérience, dans les années qui ont précédé, puis suivi la chute de Jean-Claude Duvalier. Il n'empêche que le mystère entourant l'origine et la raison de ces bruits inquiétants, rend dérisoire l'attitude d'Oscar Jambe qui refuse de se mettre à couvert, comme le lui conseillent sa femme Julienne et Boss Charles, son homme de confiance. Il refuse, il est vrai, parce qu'il lui faudrait se réfugier chez des voisins, les Mérien, qui sont ses ennemis jurés.

Il y aurait une certaine grandeur à s'opposer à une violence qui nous est supérieure. Mais pour cela, il faut que cette violence soit identifiée. Sinon, le salut ne peut être que dans la fuite, l'absurde ne s'affronte pas. Mais même le geste de fuir témoignerait, à la limite, d'une forme de liberté. Dans l'incapacité de choisir, la fuite nous donne au moins le temps de temporiser, d'arrêter le temps jusqu'au moment de trouver le compromis qui nous sauvera. Oscar ne fuit pas. C'est qu'il ne s'explique pas non plus la violence qui le menace. Il est frappé d'une double paralysie face à lui-même et face au mystère qu'il fait mine de vouloir affronter. Il est coincé comme ces boat-people qui, faute de pouvoir faire face à la situation haïtienne, auraient voulu fuir mais qui, dans les eaux territoriales d'Haïti, se voient déjà refoulés par la garde côtière des États-Unis. Ainsi donc, au théâtre comme dans la réalité, les personnages haïtiens réels ou fictifs, se voient forcés de subir une situation qu'ils ne peuvent s'expliquer et qu'ils ne parviennent pas par conséquent à maîtriser.

On peut arguer que c'est au dramaturge à identifier la nature, les raisons et les conséquences de cette violence contextuelle dont il fait état dans sa pièce. Rappelons cependant qu'une pièce n'est pas un essai de sociologie, qu'elle a pour objet non pas d'analyser, mais de représenter la réalité extrathéâtrale. Or, comment montrer celle-ci tant qu'elle n'est pas analysée ? Les Tontons-macoutes, au début de l'ère duvaliériste, étaient des personnages mystérieux, avant qu'ils ne se montrent au grand jour. Les zenglendos aujourd'hui sont tout aussi mystérieux et attendent que les policiers les démasquent. Dans la vie réelle, les Haïtiens en sont au même point que les personnages de leurs fictions. Tant qu'ils n'auront pas analysé la violence réelle à laquelle ils sont soumis, il n'arriveront pas à montrer, dans la fiction, la manière d'en sortir.

Ce n'est pas pour rien que Richelieu faisait travailler Corneille et d'autres dramaturges sur des schémas de pièces qu'il leur préparait. Il voulait sans doute faire comprendre que l'analyse de la société précède sa représentation. On en peut voir et faire voir, représenter en somme, que ce que l'on perçoit bien.

Un dicton bien connu de la langue haïtienne pourrait donc désormais se lire dans les deux sens : « Sa w fè, se sa w wè, Sa w wè se sa w fè » (« On fait ce qu'on voit, on voit ce qu'on fait »). Au fond, quand on parle d'absence de libertés en Haïti, on parle surtout d'absence de règles consensuelles. Le désordre n'est beau que si on peut lui trouver, malgré tout, un sens, que si on peut y mettre au moins l'ordre d'une beauté qui fait du sens.

Bondye bon

Tout Paris, disait-on en 1636, a les yeux de Chimène pour Rodrigue. C'est par une telle liaison de focalisations que s'obtient la communion du public avec la représentation sociale que lui présente une pièce. Une chaîne lie les spectateurs au héros quand elle passe par la focalisation d'un personnage-clé de la pièce. Il est révolu le temps où les poèmes dramatiques que pondaient nos dramaturges-poètes, faisaient voir Haïti par les yeux de Dessalines, Killick ou de quelque autre héros de l'histoire. Désormais les pièces actuelles, et singulièrement celles de Mona Guérin, nous feraient rire d'Haïti, d'un rire jaune cependant, ou carrément désespéré.

Et ce rire qui nous fait nous moquer des personnages ne peut, après-coup, nous faire honte à nous-mêmes de trop leur ressembler. En effet, pour peu que nous avancions dans l'autocritique, nous serons portés à nous inquiéter de savoir non pas si nous ressemblons à ces fantoches, mais à quel point nous leur ressemblons. Car nous pouvons nous demander : « Qu'ai-je fait, quand j'étais moi-même dans leur situation ? » Voilà pourquoi les épisodes de *Roye, les voilà !* me paraissent propres, par l'examen du thème de la violence, à nous faire réfléchir sur le problème de la naissance du théâtre haïtien. Car ce que l'on a fait a posteriori pour la tragédie grecque, nous pouvons le faire, par anticipation, pour le théâtre haïtien. Non pas en prophétisant sa forme et son style, mais en autopsiant sa carence majeure : l'esthétique qui sublimera la violence qui secoue la société haïtienne.

Peut-être est-ce là que se trouve la clé de la non-dramaturgie haïtienne, de cette dramaturgie sans mise en scène, non spectaculaire, oralitaire, dont la scène est notre oreille et non ces facultés cognitives gouvernées par nos yeux, et qui font rêver, imaginer et voir d'avance le futur dans le présent.

Le temps est insécable s'il ne s'inscrit pas dans un espace, s'il ne se découpe pas en séquences de gestes qui, à leur tour, conduisent irrésistiblement au dénouement, lequel est l'équivalent d'une coupure.

Quel est l'espace-temps des projets et des actions en Haïti ? « Bondye bon, si Dye vle » sont les dictons qui semblent baliser cet espace-temps. Mais ils ne conduisent à représenter qu'un temps indéfini, sans terme, pouvant durer éternellement. « Lespwa fè viv », dit un autre adage. Mais espoir de quoi ? Espoir à réaliser comment ? Quand ?

Il y a un mode de dénouement des récits haïtiens qui leur fait boucler la boucle comme pour rouvrir le cercle qui se fermait. Cela nous donne la représentation d'un temps cyclique, spiralique, tournant sur lui-même. Or, une histoire ne peut se raconter — ou se représenter — qu'à partir de sa fin, du bout de la ligne, de la coupure qui permet d'établir le plus court chemin entre un commencement et une fin.

Tragédie et Histoire. Mythe plutôt qu'Histoire. Pour faire naître une Histoire d'Haïti, une nouvelle Histoire qui commencerait maintenant, il faut accepter de voir mourir (ou de tuer) maintenant un mythe d'Haïti, car on ne peut représenter une naissance qu'en imaginant une mort, celle de la fin d'une certaine violence haïtienne.

Le 22 mars 1975, la troupe *Kouidor* avait joué à l'auditorium du Ferris Booth de la Columbia University *Quel mort tua l'empereur ?* Il faudrait réactualiser cette pièce en posant la même question, non plus pour le passé mais pour le présent, car cette interrogation n'est pas purement rhétorique, elle est même une question à se poser d'urgence. La rhétorique grecque a été créée en Sicile après la chute des tyrans, pour servir de frein à la montée d'une violence interpersonnelle qui menaçait de détruire la cité. Le peuple libéré de ses maîtres ne semblait plus en mesure de maîtriser ses propres passions.

Maîtres ou démons, violence institutionnelle, organisée par ceux qui nous dominent, ou violence interpersonnelle que déclenchent nos passions individuelles, nous sommes soumis à une double violence. Le monde ne retrouve son équilibre que si, comme un clavier, la violence y est bien tempérée.

Notes

[1] Robert Cornevin, *Le théâtre haïtien, des origines à nos jours*, Ottawa, Leméac, 1973, p. 178-183.

[2] Gary Victor, « Haiti, Overview », *The World Encyclopedia of Contemporary Theatre*, vol. 2, Americas, sous la direction de Don Rubin, London/ New York, Routledge, 1994, p. 297-303.

[3] Robert Cornevin, *op. cit.*, p. 178-183.

[4] Toute la périodisation du théâtre en Haïti devrait être réexaminée à la lumière, non seulement d'une étude des formes théâtrales qui tiendrait compte par exemple de l'apparition et du développement d'un théâtre radiophonique, mais également de celle de l'utilisation de la langue créole pour certains genres. En effet, on fait de l'*Antigone* en créole de Morisseau-Leroy le point de départ du théâtre sérieux en créole. Mais la préface à la pièce de Théophile Salnave, *Trois noms, trois marques, trois papas*, mélodrame en créole, Port-au-Prince, Imprimerie Duc. « C'est la première fois dans l'histoire du théâtre haïtien que le drame en créole a été porté à l'affiche. »

[5] Gary Victor, *La politique du Buron*, Radio Métropole, présente les 12 meilleurs sketches radiophoniques sur audio-cassette, 1998.

[6] Robert Cornevin, *op. cit.*, p. 253.

[7] La principale interprète.

Anacaona de Jean Métellus :
une tragédie caribéenne en paroles baroques

CHRISTIANE NDIAYE

Le personnage légendaire d'Anacaona a marqué l'imaginaire antillais depuis des générations, comme en témoignent les nombreux poèmes, chansons, récits et pièces de théâtre qui lui rendent hommage. Par sa composition discursive même, la pièce de Métellus permet de mieux comprendre le rôle alloué à Anacaona, reine amérindienne, figure emblématique dans la tradition littéraire (orale et écrite) caribéenne. Pour exposer certains enjeux significatifs de cette œuvre essentiellement tragique par sa trame narrative, elle sera abordée ici par le biais de quelques réflexions d'Édouard Glissant sur l'histoire des communautés créoles.

Glissant fait la distinction entre les communautés actuelles qui doivent vivre dans ce qu'il appelle la « totalité-monde » et les communautés anciennes (ou « ataviques »), en partant des textes fondateurs ou de la littérature épique de ces communautés :

> Et au début de toutes ces communautés ataviques, il y a le cri poétique : l'Ancien Testament, *l'Iliade* et *l'Odyssée*, la *Chanson de Roland*, les *Nibelungen*, le *Kalevala* finlandais, les livres sacrés de l'Inde, les Sagas islandaises, le *Popol Vuh* et le *Chilam Balam* des Amérindiens. Au chapitre trois de son *Esthétique*, Hegel caractérise cette littérature épique comme une littérature de la conscience de la communauté, mais de la conscience encore naïve, c'est-à-dire pas encore politique, à un moment où la communauté n'est pas sûre de son ordre, à un moment où elle a besoin de se rassurer sur son ordre. [...] Ce cri poétique de la conscience commençante est aussi le cri d'une conscience excluante. C'est-à-dire que l'épique traditionnel rassemble tout ce qui constitue la communauté et en exclut tout ce qui n'est pas la communauté[1].

Glissant ajoute deux précisions qui paraissent particulièrement pertinentes pour une analyse de la pièce de Métellus : « On a toujours cru que l'épique est l'exultation de la victoire, et moi je crois que l'épique, c'est le chant rédempteur de la défaite ou de la victoire ambiguë[2] ». Et pour être rédempteur, ce « cri poétique » se fonde sur une certaine conception du langage :

> Je crois que cette forme de littérature qui est sans doute la plus achevée que nous ayons connue, malgré les développements des littératures subséquentes, résume ce qui va se produire dans le domaine littéraire. Parce qu'à partir de là, toute littérature sera considérée par la communauté comme dictée dans la langue (du dieu) de la communauté. Ce n'est pas la langue du dieu ou des dieux des autres communautés et, littérairement, la langue va acquérir une fonction d'absolu et de sacralisation dont on verra les conséquences jusqu'à aujourd'hui[3].

Cette littérature épique établit donc la certitude d'une communauté élue implantée sur une terre élue.

Or, si Glissant évoque ce « cri poétique » des communautés ataviques, c'est surtout pour rappeler que, dans la « totalité-monde » d'aujourd'hui, de telles manifestations sont devenues impossibles en raison de la volonté d'exclusion qui les motive ; parallèlement, il souligne que la communauté antillaise est née dans cet apartheid impossible des peuples et des langues.

> [Ne] voyons-nous pas dans le panorama foisonnant de toutes les langues du monde aujourd'hui [...] que nous ne pouvons plus en assurer l'unicité formelle et que nous avons tous à inventer des multiformes dont la nécessité baroque nous effraie[4] ?

Ce baroque des langages, Glissant l'avait déjà évoqué dans un des essais de *Poétique de la relation* où il résumait quelques-unes des conséquences moins tragiques du drame de l'esclavage :

> C'est dans la Plantation que, comme dans un laboratoire, nous voyons le plus évidemment à l'œuvre les forces confrontées de l'oral et de l'écrit, une des problématiques le plus enracinées dans notre paysage contemporain. C'est là que le multilinguisme, cette dimension menacée de notre univers, pour une des premières fois constatables, se fait et se défait de manière tout organique. [...] C'est dans ces mêmes prolongements que s'est forgée le plus ardemment *la parole baroque, inspirée de toutes les paroles possibles*[...] Et pour finir, son enfermement a été vaincu. Le lieu était clos, mais la parole qui en est dérivée reste ouverte[5].

Les propos qui suivent visent à illustrer brièvement, par quelques exemples, que la pièce de Métellus est justement l'une de ces manifestations d'un baroque quelque peu déroutant. Le texte d'*Anacaona* se lit en effet comme la quête d'un mythe fondateur, rédempteur des défaites, tout en signifiant par son esthétique même que cette quête est vouée à l'échec puisqu'elle doit passer par la pluralité incontournable de « toutes les paroles possibles » qui ont forgé les communautés créoles depuis leur origine. Ainsi, la pièce tente d'une part de reconstituer cette conscience naïve excluante caractéristique des communautés ataviques en produisant un univers épique et sacré centré sur les personnages d'Anacaona et de Caonabo. D'autre part, elle y superpose plusieurs langages plus modernes qui retracent en eux-mêmes l'histoire des communautés et des littératures antillaises[6]. Mais cette langue multiforme ne saurait aboutir à un « cri poétique » reconstitué qui compenserait l'absence d'un texte fondateur[7].

Autour du personnage d'Anacaona, la pièce met en place le paradigme de la terre et du peuple élus, vivant en paix et en harmonie dans une île paradisiaque avant l'intrusion de l'Autre. Anacaona signifie « Fleur d'or » ; elle est la figure métonymique de cette terre vierge dont vont hériter les populations arrachées à l'Afrique. En s'appropriant Anacaona comme héroïne tragique, la pièce s'approprie la terre de Quisqueya et toute l'histoire précolombienne. « Mon chant [dira la reine poétesse] ne fait que tisser et retisser l'histoire de l'homme sur la terre d'Haïti[8]. » Conserver (retisser !) ce chant équivaut alors à conserver une histoire étrangère et la faire sienne. Le « paradis perdu », ce n'est plus l'Afrique lointaine mais l'Amérique des Indiens caraïbes, nouvelle terre natale des peuples noirs.

Et c'est Anacaona qui en est la reine et la prêtresse. Selon ses sujets admirateurs, elle serait la « reine des fleurs » qui s'unit à la terre, terre qui trouve une voix dans les danses et les chants de cette fleur supérieure :

Oui je l'ai vue danser en temps de paix
Chez le vieux Guakanagarik
Elle dansait la danse du miel
Jamais je n'ai vu de jambes semblables aux siennes
Ni chevilles si souples
Ni semelles si fermes
Elles épousaient la terre qui semblait tressaillir

Autant que l'assistance prête à défaillir[...]
Servant les dieux et dansant au clair de lune
Ses seins couverts de fleurs
Rappelaient les fruits de la passion
Et supportaient le rythme des crécelles, des tambourins sans trembler [...]
Voilà comment cette femme devint Reine :
>   par le verbe
>   par la danse
>   par le chant (p. 27-28)

Anacaona devient ainsi l'incarnation même de ce langage sacré où les mots sont liés aux choses et peuvent agir sur elles et sur les êtres humains par la force de l'énonciation même, au-delà de toute conceptualisation. Convaincue par sa confidente Altabeira que le temps de la mobilisation est venu, la reine décidera de se joindre à l'effort de guerre en disant :

Marchons d'un pas ferme vers l'avenir
Avec la complicité des mots,
Ils ont la force de métamorphoser
Les objets qu'ils touchent
Les soucis qu'ils frôlent [...]. (p. 39)

Cette « parole sacrée », chantée et dansée, après avoir transformé le guerrier Caonabo en homme de paix, va maintenant servir la cause du peuple menacé et transformer les paysans paisibles en guerriers voués à exclure de la communauté ce qui n'est pas la communauté. « Tuons, exterminons, brûlons », chanteront-ils bientôt (p. 56).

À cette dimension mythique de la pièce s'ajoute un langage épique dont la figure centrale est le personnage de Caonabo. Celui-ci est évoqué dès le début, dans un langage digne des grandes épopées des temps anciens où le guerrier désigné par les dieux et dont la naissance est accompagnée de manifestations du surnaturel, volera au secours de ses frères en péril et défendra la justice, l'honneur et la dignité du peuple élu contre les forces du Mal.

Le spectateur/lecteur retrouve ainsi chez Caonabo tous les attributs du héros épique[9] :

Né dans l'île d'Ayay
Je suis venu au monde
Un jour où l'ouragan déracinait les arbres
Et déchaînait la mer.
Répandant, dispersant et déversant la mort
Détruisant les karbets

Secouant la terre, balayant les mornes
Déployant l'ombre et la nuit sur les hommes et les bêtes,
Je suis né ce jour-là ceint d'un cordon
Désigné par le sort pour vivre dans la gloire[...]
Héritier de ces forces sans limites
Je porte la hache, la massue, la lance de mes ancêtres [...]. (p. 16-17)

Les récits des premières victoires des Caraïbes sur les Espagnols se font dans ce même langage sanguinaire des batailles épiques où les vaillants guerriers sont incités au courage par un Caonabo indompté et indomptable, «fils des nuages, de la foudre et de la tempête» (p. 41).

Cependant, la pièce évolue très vite de l'épopée vers une forme de tragédie moderne, c'est-à-dire néoclassique au sens du théâtre européen, vers une dimension tragique qui se développe d'abord autour des personnages de Caonabo et d'Altabeira, une messagère des dieux assez particulière. En fait, si Caonabo est désigné par le sort pour défendre le peuple élu, il faillira dans cette mission à cause d'un attribut typique contraire au climat épique, mais typique du tragique moderne : *il ne croit plus aux dieux mais en la force de l'homme.* Il reprend les deux indiens angoissés par le sort du pays :

Vous vous inquiétez des prodiges, des prophéties
Des dessins des éclairs et du bruit, de la foudre,
Sachez que Caonabo n'a jamais fait confiance qu'à sa lance, à sa hache, à ses flèches empoisonnées
Là résident son secret, sa force,
Cessez de rêver et de parler à l'infini
La vérité est là (*dit-il en désignant ses armes*)
Et là (*dit-il en désignant les montagnes*)
C'est dans les gorges des montagnes
Que nous les surprendrons pour les exterminer tous. (p. 26-27)

Voilà un Caonabo, fils des dieux, qui renie bien vite sa parenté divine.

Ce discours de la foi en l'homme et de la méfiance à l'égard des présages et des messages énigmatiques des dieux, sera repris par Altabeira elle-même. Lorsque tous se réjouissent de la première victoire et que la reine s'inquiète encore des «paroles sacrées», Altabeira lui répond simplement : «En cette période de trouble, les dieux peuvent se tromper» (p. 39). Ici nous sommes manifestement bien loin de la «conscience naïve» des communautés ataviques qui ne doutent pas de la parole des dieux.

Il est à noter par ailleurs qu'Anacaona elle-même se laissera gagner par le doute lorsqu'elle agira en reine plutôt qu'en poétesse, face aux émissaires espagnols. Ayant fait appel aux dieux en vain (p. 117), Anacaona organise une fête de réconciliation avec l'envahisseur, se justifiant, comme son époux avant elle, de la manière suivante : « Quand on a la responsabilité d'un royaume, on ne peut pas toujours se fier aux oracles » (p. 134). Elle fait confiance à sa raison en constatant que sa démarche n'était pas prévue dans le message énigmatique des dieux, transmis par Altabeira au début de la pièce :

ANACAONA

Les événements dépassent parfois l'entendement des oracles.
Avaient-ils prévu que les Espagnols viendraient danser ici et fêter tous les chefs de mon cacicat ?

ALTABEIRA

Non

ANACAONA

J'ai encore raison.
Le destin d'un peuple est chose trop compliquée pour le régler sur les visions d'un oracle
Avaient-ils prévu que je survivrais à Caonabo, mon époux, le plus vaillant d'entre les guerriers ?

ALTABEIRA

Non

ANACAONA

Gouverner est difficile, surtout quand on gouverne dans l'angoisse et la peur.
Moi, j'agirai la tête froide. (p. 134)

« La tête froide », convaincue « d'avoir raison » dans cette situation inédite où les dieux gardent le silence, Anacaona mettra sa parole au service des alliances politiques. Et c'est ainsi que, novice dans ce champ de bataille, « Fleur d'or » se trouvera démunie face à un adversaire pour qui la parole n'a rien de sacré.

Certains sujets de la reine font preuve, à cet égard, d'une conscience bien moins naïve, de sorte que la pièce intègre également un débat politique qui l'éloigne davantage du « cri poétique » de l'univers mythique. En effet, c'est par la bouche de deux personnages indiens que le texte introduit un discours identitaire parfaitement analytique, où l'on entend nettement les échos des propos idéologiques de la Négritude et des mouvements de contestation du colonialisme du XXe siècle. Ainsi, un paysan indien avisé conscientise un ami encore quelque peu naïf:

PREMIER INDIEN
Que veulent-ils d'autre?
Que peut-on encore donner quand on a déjà cédé tout ce qu'on possède?

DEUXIÈME INDIEN
Eh bien quand on a tout donné à ces hommes blancs
Ils vous prennent vous-même,
Votre être entier, de la tête aux pieds et des pieds à la tête [...]

PREMIER INDIEN
Donner son être entier, qu'est-ce que ça veut dire?
Voulez-vous parler d'un emprisonnement à vie?

DEUXIÈME INDIEN
La prison, si pénible, si humiliante soit-elle,
N'a jamais été un bien grand mal.
Un jour ou l'autre les prisonniers se libèrent, les geôles se vident.
Plus grave est la conséquence d'une longue et pesante présence.
Les plaies qu'elle laisse, les cicatrices,
La perte des racines, des traditions
L'oubli de ce que l'on fut et de ce que l'on voulait
C'est la nuit totale sur son propre passé,
La transformation complète de l'individu
On perd jusqu'à son nom ... (p. 21-22)

L'anachronisme de ce discours est évident, car cette «transformation complète» des colonisés est encore à peine amorcée en 1493 et «la parole de résistance» devant cette dépossession identitaire ne se développera que difficilement au cours de quatre longs siècles d'esclavage.

Ce même télescopage du temps et des discours apparaît au niveau de la représentation du langage des colonisateurs-envahisseurs, langage déjà stéréotypé. Si le «peuple élu» et ses dirigeants en sont encore momentanément dupes, le spectateur/lecteur perçoit clairement le double langage du colon hypocrite et barbare auquel la pièce ne concède aucune subtilité. Caonabo n'est qu'un «bandit entouré de sauvages» pour le juge Roldadilla (p. 81) et le Frère Buyl tentera de convaincre Anacaona que les Africains nouvellement arrivés ne sont que des «animaux noirs, dénués de raison» (p. 110). Tout, dans le comportement et les propos des Espagnols, les désigne ainsi comme étant radicalement Autres, «des monstres vomis par la mer» (p. 115)[10].

Il est à noter également que la représentation de la «parole biblique» fait l'objet d'une idéologisation analogue, car elle est déjà politisée aussi. La parole évangélique n'est jamais sincère : elle est au service de l'entreprise coloniale. Ce n'est pas pour sauver l'âme des païens que le Frère Buyl apparaît à la cour d'Anacaona (p. 108), mais bien pour mieux dompter les sauvages :

> Un vaincu est toujours un vainqueur potentiel
> Tant qu'il conserve sa propre vision de la nature et des choses [...]
> Pour détruire un homme, il faut l'amener à renier son âme (p. 53-54).

Ce n'est guère un langage chrétien, mais une mise en relief de la collusion du politique et du religieux dans l'entreprise coloniale. Il apparaît ainsi clairement que la pièce multiplie les langages et s'inspire allégrement de «toutes les paroles possibles». Le mythique côtoie le politique et n'exclut pas l'exotique.

En effet, aux discours idéologiques se superpose un langage plus folklorique qui paraît souvent plutôt précieux, renforçant nettement la facture baroque de l'œuvre. Ainsi, à la place des créolismes fréquents dans la littérature antillaise, le public de Métellus rencontre des indianismes qui semblent relever d'une tentative de recréer le langage des Caraïbes innocents d'avant le viol identitaire. Il se produit alors une sorte de diglossie fictive, non pas créole-français, mais caraïbe-français, qui se développe au moyen de deux procédés connus.

D'une part, le texte multiplie les notes en bas de page où l'on peut trouver l'explication d'un vocabulaire «indigène» (plutôt que créole). En voici quelques exemples :

> kohiba : sorte de tabac que fumaient les Indiens (p. 11)
> Zémès : dieu indien (p. 11)
> butio : prêtre de la religion des Arawaks (p. 14)
> maby : liqueur fermentée à base de manioc (p. 18)
> nytaino : ancêtre, homme âgé, respectable (p. 18)
> Guanikana : nom donné à Christophe Colomb par les Indiens (p. 42),
> etc.

Rappelons toutefois que ces mots épars ne sont que des traces de langues et d'une civilisation disparues et en ce sens marquent la présence moins d'une véritable diglossie que d'un discours savant, anthropologique, qui cherche à reconstituer et à conserver une histoire et des savoirs effacés par l'intrusion de l'Autre. Ces indianismes soulignent le fait que cette diglossie français-caraïbe est une pure fiction puisqu'elle n'a jamais existé. Cela confirme alors le propos de Glissant voulant que les communautés créoles soient dépourvues de textes fondateurs, et que tous les efforts des artistes et des savants qui visent à combler cette lacune soient voués à l'échec, vu l'inexistence d'une langue première, « élue ». *Anacaona* devient ainsi l'illustration parfaite du mythe fondateur impossible, contrepartie de la mémoire impossible que les créateurs n'ont malgré tout de cesse de vouloir rétablir[11].

D'autre part, cette diglossie fictive s'élabore aussi d'une manière plus précieuse. Au-delà des traces d'un vocabulaire perdu, le texte représente également le langage du peuple élu à travers des expressions diverses, calquées, apparemment, sur « la langue d'origine » (généralement le créole, rappelons-le, mais ici il s'agit du substrat caraïbe imaginaire). Pour mieux traduire la conscience naïve des personnages qui ne reconnaissent pas les attributs de la civilisation, la pièce procède donc à quelques substitutions qui signalent l'impossibilité de nommer la barbarie de l'Autre dans la « langue des dieux ». Ainsi surgissent, non pas des Blancs, mais des « hommes barbus » (p. 17, 100, 103, etc.), « qui transportent du feu avec leurs mains » (p. 27) et qui « ont fait cracher la fumée et le feu par un crocodile noir qu'ils transportent avec eux » (p. 13). Ils arrivent également non pas avec des chiens mais avec « des animaux, grands et petits, qui font du bruit et qui courent vite » (p. 46). Intégrées aux discours mythique, épique, tragique et idéologique déjà évoqués, de telles formulations produisent un effet indéniable d'hétérogénéité.

Si l'on tient compte, en outre, d'un certain nombre de descriptions à caractère assez exotique, il apparaît que la pièce se distingue par des excès véritablement baroques. En effet, des précisions concernant le décor rappellent la « littérature des leurres » des colons voulant mettre en valeur le caractère paradisiaque des îles[12]. La mise en scène même d'*Anacaona*, par exemple, semble appeler à une surcharge exotique. Plusieurs descriptions des lieux se font dans un langage digne des brochures touristiques d'un autre âge :

Chez Anacaona. Grande fête dans le Xaragua pour la victoire de Caonabo. Tous les acteurs sont décorés, Anacaona porte un collier d'églantines. Sa maison est décorée de fleurs, de chefs-d'œuvre de l'art indien, de calebasses ciselées, peintes, d'étoffes teintes de vives couleurs, de sièges souples et légers, de hamacs aériens, d'éventails de toutes couleurs et de grande taille, de masques ornés d'or, de coquillages, de nappes fines en coton émaillées de fleurs, de vases, d'amulettes, de pierres et de grès sculptés, de haches, des trois pierres sacrées, du duho d'Anacaona : chaise de repos au dossier très incliné en arrière, taillée dans une pièce de gaïac noircie, imitant un animal appuyé sur ses quatre pattes, de tambourins et de crécelles. (p. 45)

La pièce insiste sur cette mise en scène extravagante en mettant des descriptions analogues dans la bouche d'Anacaona elle-même, lors des préparatifs de la fête qui accueillera l'ennemi (p. 109 et 132).

Qu'il s'agisse de recréer l'ambiance d'un véritable âge d'or où tout allait pour le mieux dans le meilleur des mondes est confirmé par d'autres détails concernant la vie paisible des Indiens avant l'arrivée des « barbus ». La Reine des fleurs en fait état devant le dignitaire espagnol venu « réparer les torts » de ses prédécesseurs :

Pays d'art et d'abondance
Gâté par la nature,
Pays où l'halène même des arbres répandait des parfums qui enivraient les narines
Où la terre gorgeait ses habitants de fruits et de miel
Où la chasse et la pêche suffisaient à combler jeunes et vieux
(p. 141).

Et dans ce paradis de verdure, royaume qui « respirait la santé, la gaieté » (p. 73), vivaient des sujets honnêtes et heureux : « Une vie de labeur nous permettait de chanter, de danser sans souci du lendemain », dira encore la Reine (p. 143). Ainsi, même après les ravages causés par « les monstres venus de la mer », il n'y a que Yaquimex, guerrier irréductible, qui songe à poursuivre la lutte à partir des montagnes et à céder aux Espagnols « la plaine féconde et généreuse, couverte de fleurs, de racines et riche en or » (p. 116). Anacaona, « fleur d'or » de cette plaine, préfère tenter une politique des alliances pour la paix et le partage des richesses.

Il faut souligner néanmoins que la pièce crée, malgré tout, des distinctions entre le langage des colons et celui des « premiers habitants » dans ces évocations des îles paradisiaques. Tandis que les deux groupes s'accordent dans leurs éloges de cette île « verdoyante et généreuse » (p. 108), le discours des colons insiste sur l'abondance (et en particulier sur l'or) alors que le langage d'Anacaona est manifestement conçu pour réhabiliter la civilisation amérindienne, rappelant que, dans cette terre de «fraîcheur, de verdure et de fête» (p. 104), des peuples cultivés ont su ériger un «pays d'art». Malgré cette divergence, les deux représentations de Quisqueya au XVe siècle paraissent également objets de fantasmes au lecteur/spectateur du XXe siècle qui a perdu l'habitude des rêveries sur l'âge d'or.

Ainsi le mythe fondateur s'efface sous la multiplicité des langages et des discours. La pièce accumule bon nombre des paroles qui ont façonné les communautés créoles au cours des siècles, créant cet effet de télescopage du temps qui caractérise le baroque[13]. Au lieu de constituer un discours des origines, la pièce illustre de façon éloquente le drame de l'absence du «cri poétique» premier, de l'impossibilité de se préserver du contact de l'Autre, de la futilité d'aspirer à une essence ou à une pureté originelle. Avant la fête de la défaite, Anacaona clamera encore: «Je ne veux pas mourir infestée par les mots d'autrui, venus d'ailleurs» (p. 123). Mais seule la mort pourra la garder d'une telle contamination. Si la pièce s'achève malgré tout sur une note d'espoir, évoquant un nouveau chant de liberté, ce sera celui de Yaquimex qui partira dans les montagnes s'allier avec les «frères noirs». Ce chant de liberté ne sera pas épique, mais hybride, multilingue. Il sera la manifestation de cette créolisation dont Métellus offre une illustration remarquable.

Les tensions dramatiques de la pièce relèvent alors moins des renversements entre victoires et défaites que relate la trame narrative, que de cette coexistence incongrue des langages en quelque sorte incompatibles. Au-delà du martyre d'Anacaona et du génocide des Caraïbes, se dessine une autre tragédie: celle de cette recherche incessante d'une terre et d'une langue élues, d'un mythe fondateur, quête de l'impossible puisque, expulsée du ventre des négriers, la communauté créole s'exprime en paroles baroques depuis son avènement en terre d'Amérique.

Notes

[1] Édouard Glissant, «Langues et langages», *Introduction à une poétique du divers*, Montréal, PUM, 1995, p. 28.

[2] *Ibid.*, p. 29.

[3] *Ibid.*, p. 29.

[4] *Ibid.*, p. 30.

⁵ Édouard Glissant, « Lieu clos, parole ouverte », *Poétique de la relation*, Paris, Gallimard, 1990, p. 89. L'expression « apartheid impossible » figure également dans cette étude, p. 80.

⁶ Françoise Naudillon a déjà relevé quelques aspects de ce plurilinguisme de la pièce de Métellus : « les Indiens parlent et jouent de toutes les inflexions de la langue. […] Les Espagnols s'expriment en prose, en une trivialité fade. Leurs mots leur échappent » (*Jean Métellus*, Paris, L'Harmattan, 1994, p. 178).

⁷ Mikhaïl Bakhtine a résumé l'épique en termes comparables aux propos de Glissant. Voir « Récit épique et roman », *Esthétique et théorie du roman*, Paris, Gallimard, 1978, p. 451-453 et 468-470.

⁸ Jean Métellus, *Anacaona*, Paris, Hatier, 1986, p. 122. Coll. « Monde noir poche ». Toutes les références ultérieures à la pièce se feront par la pagination entre parenthèses dans le texte.

⁹ Voir, par exemple, les propos d'Isidore Okpewho dans le chapitre « The hero : His Image and His Relevance » de son ouvrage *The Epic in Africa*, N. Y., Columbia University Press, 1975-1979, p. 80-134.

¹⁰ Il faut souligner toutefois que le débat suscité par la Négritude se poursuit dans la pièce, car si le rapport de forces est d'abord inversé (« les Noirs/les Indiens sont des sauvages » devient « le Blanc est un monstre »), un discours « modérateur » est introduit par Ferdinand de Ghevara qui reconnaît la grandeur de la civilisation amérindienne au point de vouloir s'y intégrer (p. 84-86).

¹¹ Cf. à ce sujet les remarques de Glissant dans « Lieu clos, paroles ouvertes », *op. cit.*, p. 85-87.

¹² L'expression est de Glissant. Dans « Lieu clos, paroles ouvertes », il résume les attributs de cette littérature coloniale en précisant que « contrairement à ce qui se produisit pour les textes oraux, la description du réel leur apparaîtra comme indispensable. […] Réel, ici encore, fantasmé, dont l'image relèvera de l'apologie déguisée plutôt que d'un réalisme austère. Une des conditions de l'opération aura été de pousser à l'extrême la convention du paysage, de sa douceur, de sa beauté, et cela surtout dans les îles de la Caraïbe » (*op. cit.*, p. 84).

¹³ Cf. Guy Scarpeta, « La transe baroque », dans *L'impureté*, Paris, Grasset, 1985, p. 359-360.

La migration populaire haïtienne au théâtre:
Pèlin tèt de Frankétyèn et
DPM Kanntè de Jan Mapou

Marie-José N'Zengou-Tayo

Dans son étude sur *Le théâtre haïtien des origines à nos jours*[1] (1973), Robert Cornevin remarque la «place dérisoire» accordée au théâtre haïtien dans la plupart des bibliographies consacrées au «monde noir» (p. 12). Il y voit l'exemple d'une méconnaissance du théâtre haïtien, due à «l'isolement relatif» du pays, aux difficultés de publication (à compte d'auteur la plupart du temps). Or, la lecture des histoires littéraires d'Haïti permet selon lui de «découvrir une remarquable richesse théâtrale» quoique de valeur inégale (p. 12). Toujours est-il que le théâtre a joué et continue de jouer un rôle important dans la société haïtienne. C'est un des rares genres à avoir connu une continuité historique de la période coloniale à l'indépendance. En tant que forme qui englobe de multiples pratiques qui aboutissent à une représentation en présence d'un public, ce théâtre est donc en mesure de susciter une réponse immédiate. Cette particularité constitue un enjeu important dans le monde théâtral, car elle offre la possibilité d'une action politique et sociale. Comme le rappelle Boal dans *Le théâtre de l'opprimé* (1996)[2]:

> Comme tous les autres arts, le théâtre est déterminé par la société; mais il l'est de façon beaucoup plus sévère, du fait du contact immédiat qu'il permet avec le public et du plus grand pouvoir de conviction que cela lui donne. Cette détermination touche tout autant la représentation concrète du spectacle que le contenu même des idées que véhicule le texte écrit. (p. 126)

Comme Piscator et Brecht nous l'ont déjà montré, outre sa fonction de divertissement, le théâtre possède des possibilités didactiques ou mobilisatrices que les dramaturges haïtiens ont toujours exploitées. Dès le dix-neuvième siècle, les écrits de la scène ont évoqué ainsi des comportements patriotiques ou des visions satiriques de la société. Pendant l'occupation américaine d'Haïti, le théâtre est devenu un moyen de conscientisation et un véhicule de résistance intellectuelle. En 1948, le théâtre haïtien a pris un tournant décisif avec la création de la Société Nationale d'Art Dramatique (S.N.A.D.). Grâce aux bourses du gouvernement français, les praticiens et les écrivains ont découvert les grands courants du théâtre européen contemporain[3]. Ce contact aurait permis la découverte, entre autres, du théâtre brechtien dont les principes (moyen d'une prise de conscience du public par l'approfondissement de ses contradictions internes)[4] rejoignaient les préoccupations politiques des écrivains de la scène haïtienne. Cependant, si l'influence de Brecht est évoquée, il faut se rappeler la mise en garde d'Hervé Denis (1970)[5] concernant l'adaptation des idées de Brecht au théâtre haïtien :

> Cette théorie [le théâtre épique de Brecht] nous paraît avoir une portée universelle [...] Il ne s'agit pas d'être «brechtien», mais d'avoir envers le théâtre et le public haïtiens l'attitude créatrice et révolutionnaire que le marxiste Brecht a eu envers le théâtre et le public allemands[6].

Plus récemment enfin, les efforts d'alphabétisation ont eu recours au théâtre pour montrer aux classes paysannes et populaires l'importance de la prise de conscience politique et sociale. Cette tendance, fortement inspirée des travaux du brésilien Paulo Freire, a été théorisée par Augusto Boal dans son essai *Le théâtre de l'opprimé* (1996), où il réfléchit aux différentes utilisations du théâtre en milieu populaire comme moyen de conscientisation[7]. Dans ce contexte, la migration populaire haïtienne et notamment celle des boat people offre aux auteurs dramatiques un fond dramaturgique unique, capable de provoquer une prise de conscience de cette réalité et de ses retombées sur la société haïtienne. Comme le note Louis-Philippe Dalembert[8], le théâtre haïtien contemporain est fortement enraciné dans la culture haïtienne :

> Cette volonté d'enracinement est liée aux intentions politiques même de ce théâtre. Il s'agit — sans pour autant confondre théâtre avec tribune politique — de révéler à la conscience collective des faits cachés. (p. 76)

Pourtant, un sujet aussi sensible que la migration populaire haïtienne des années 70 ne semble pas avoir suscité l'imagination des auteurs dramatiques. Nous avons identifié trois pièces de théâtre sur ce sujet : celle de Frankétyèn (*Pèlin tèt*, de 1978)[9] sur la migration politique des intellectuels et sur la migration économique des ouvriers, celle de la Guadeloupéenne Simone Schwarz-Bart (*Ton beau capitaine*, 1987)[10] et celle de Jan Mapou (*DPM Kanntè : Dirèk pou Miyami*, 1994)[11] sur les boat-people. Une pièce de Mona Guérin (*Les cinq chéris*, 1966) qui évoque le séjour à l'étranger d'une mère de famille pour des raisons financières, met plutôt l'accent sur les enfants livrés à eux-mêmes pendant quelques semaines. Ce sont les pièces de Frankétyèn et de Jan Mapou qui retiennent notre attention ici.

Bien que produites à seize ans d'écart, ces deux pièces traduisent la nature sensible de la question migratoire. Une comparaison est d'autant plus intéressante que ces deux pièces s'inscrivent dans un système dichotomique de la production littéraire haïtienne, à savoir sur l'opposition intérieur / extérieur. Cette distinction permet de mettre en relief des différences fondamentales dans l'approche du phénomène migratoire haïtien. En effet, en 1978, Frankétyèn est un écrivain dit « de l'intérieur », dans la mesure où il vit en Haïti, par opposition aux écrivains exilés[12]. Il présente la migration populaire haïtienne d'un point de vue nationaliste : une illusion entretenue par le mirage d'un ailleurs et d'une vie facile dans les pays riches. Un des objectifs didactiques de sa pièce *Pèlin tèt* est de faire comprendre à ses compatriotes le caractère fallacieux de la migration vers les États-Unis. Par ailleurs, les conditions de sa production sont également significatives, puisque cette pièce, écrite et montée pendant la période d'ouverture de la dictature de Jean-Claude Duvalier, sera quand même interdite après la quarantième représentation en raison de son succès. Cette interdiction signale les limites du pseudo-libéralisme du régime et rappelle le pouvoir de mobilisation et de conscientisation du théâtre. Comme l'a rappelé Frankétyèn lui-même lors d'une rencontre avec des Haïtiens à Ottawa[13], cette pièce lui a permis de rejoindre un public au-delà du théâtre, au point que l'acteur jouant Piram (Roland Dorfeuille) sera par la suite identifié à son personnage.

De son côté, Jean Mapou (Jean Marie Willer Denis de son vrai nom) a connu l'exil en 1972 et vit actuellement à Miami. Sa pièce se situe donc dans la production des écrivains dits « de l'extérieur ». Jouée à Miami, peu de temps après le retour du Président Aristide en Haïti en 1994, *DPM Kanntè* retrace les malheurs des boat people haïtiens pendant la période précédente. Le projet de l'auteur nous semble marqué par la volonté de témoigner et de célébrer la mémoire de tous les Haïtiens disparus en mer de 1991 (à la suite du coup d'état contre le président Jean-Bertrand Aristide) à 1994 (retour du président Aristide au pouvoir). Par son association au « Mouvman Kreyòl Aysyen » (Mouvement Créole Haïtien) de New York et de Miami, ainsi que par ses conditions de travail (avec des artistes amateurs issus de la communauté haïtienne de Miami), Jean Mapou fait du théâtre dans des conditions qui le rapprochent du Brésilien Augusto Boal. Dans sa préface à *DPM Kanntè*, Pyè Banbou (pseudonyme d'Ernst Mirville) nous permet d'établir le lien entre Boal et Mapou. En effet, retraçant l'itinéraire théâtral de ce dernier au sein du groupe « Mouvman Kreyòl », il nous apprend que la recherche du groupe s'est enrichie des réflexions de Marc Frédéric David sur le « théâtre-participation » (p. ix).

Nous voudrions examiner les stratégies dramaturgiques auxquelles ces deux auteurs ont recours pour traduire l'expérience de la migration populaire haïtienne. En raison des itinéraires intellectuels respectifs de Frankétyèn et de Jan Mapou, il était tentant de recourir à Brecht[14] et à Boal comme outils d'analyse, tout en sachant que leurs théories sur le jeu, sur l'esthétique scénique et sur la fonction du théâtre, ne pourront rendre compte que partiellement de l'approche des deux dramaturges haïtiens en raison des particularités culturelles et sociales entourant la production de leurs pièces.

Pèlin tèt

Pièce en un acte, *Pèlin tèt*[15] est un huis-clos où deux personnages s'affrontent quelquefois sans merci dans le cadre sordide d'un appartement en sous-sol de New York, lieu qui est censé nous rappeler la réalité de la migration populaire haïtienne aux États-Unis. En fait, nos personnages représentent deux moments de cette migration haïtienne, symbolisés par la confrontation de deux classes sociales aux intérêts divergents, sinon antagonistes. D'un côté, Polidor, l'intellectuel, immigré en situation irrégulière ou du moins réfugié politique, de l'autre, Piram, ouvrier analphabète dont les papiers sont en règle.

Dès les premières répliques, nous pressentons la nature conflictuelle des relations entre les deux personnages. La pièce est en effet construite autour de l'affrontement des deux caractères en vue de faire ressortir « la contradiction » essentielle de leur situation à New York, à savoir qu'ils ont fait un marché de dupes en choisissant d'émigrer. Cette leçon que Polidor entreprend de donner à Piram est également celle que veut donner Frankétyèn à son public. Polidor se pose en détenteur de la vérité (p. 21) et définit sa mission d'éveilleur de conscience.

La relation entre l'intellectuel et l'ouvrier est organisée au début de la pièce sur le modèle dominant-dominé, où celui qui détient le savoir détient le pouvoir. De cette position de supériorité, Polidor se propose de dessiller les yeux de son compatriote analphabète, exploité et aliéné par le rêve américain. Cependant, en raison de sa situation clandestine, Polidor a perdu le statut social qui lui permettait d'occuper, en Haïti, une position d'autorité correspondant à son savoir. Ainsi, sa migration consacre son échec politique et fait de lui un « vaincu ». Il finira par accomplir la mission qu'il s'est donné, mais seulement après avoir, lui aussi, pris conscience de son dysfonctionnement dans la société haïtienne et reconnu la perte de son statut. Reconnaître l'échec et accepter l'humiliation de sa position sociale aux États-Unis rachète l'intellectuel et lui permet finalement de rejoindre le prolétaire. Ces affrontements se manifestent à travers deux champs de références symboliques : le jeu d'échecs pour l'intellectuel et le match de boxe et le combat de coqs pour le travailleur manuel analphabète.

La stratégie adoptée par Polidor pour ouvrir les yeux de Piram s'apparente à celle du jeu d'échecs. Polidor tente de coincer Piram dans les mailles de sa logique pour lui faire reconnaître sa situation d'exploité en ciblant ses points faibles : fantasmes sexuels, espoirs de retour, sacrifices, analphabétisme. Sa démarche rappelle le jeu d'échecs puisqu'il essaie de coincer Piram en utilisant une dialectique implacable (échec et mat). Piram interprète la démarche de Polidor comme une attaque personnelle :

Tout tan ou ap chikannin-mwin, ou ap triminin-mwin. Ki sa mwin fè-ou, Polidò ? (p. 21)
(Tu n'arrête pas de me chicaner, tu m'asticotes. Que t'ai-je donc fait, Polidor ?)

C'est alors que celui-ci affiche son désir de lui faire voir la vérité, de lui dessiller les yeux :

Kisa pou ta fè-mwin ? Ou pa ka touyé youn mouch. M-ap édé-ou wè klè ; m-ap wété graton mayimoulin, plak goudron ak kalmason nan fontinn tèt ; m-ap fè-ou pran konsysans youn sitiyasion. (p. 21) (Que pourrais-tu me faire ? Tu ne peux pas faire de mal à une mouche. Je t'aide à voir clair, je débarrasse ton cerveau de sa couche de semoule de maïs et de sa plaque de goudron et de crasse ; je te fais prendre conscience d'une situation.)

Les images utilisées par Polidor définissent son rôle d'éducateur : permettre de voir clair, faire prendre conscience, débarrasser le cerveau de la couche de « crasse » qui empêche l'analyse politique. Bientôt, l'affrontement Polidor/Piram se déplace de la sphère privée vers la sphère publique[16]. Tantôt Polidor critique leurs rapports inter-personnels et les difficultés de cohabitation en raison de la différence de classe. Tantôt il fait une critique sociopolitique de leurs conditions de vie. Ces confrontations s'étalent sur seize séquences qui déterminent la structure de la pièce.

Quant aux éléments de mise en scène indiqués dans le dialogue écrit, signalons que les changements de rythme sont marqués dans le texte par des blancs typographiques. À l'oral, ces ruptures se reconnaissent dans le changement de domaine (passage du personnel au politique et vice-versa). Pour reprendre l'analogie du jeu d'échecs, cette progression ressemble au déplacement du cavalier (saut de deux cases, suivi d'un déplacement latéral sur la colonne de droite ou de gauche et passage d'une case noire à une case blanche). Si nous conservons cette analogie, il devient évident que le principe de déplacement du cavalier rend parfaitement compte des changements thématiques et des stratégies didactiques de Polidor au cours de la pièce.

Par contre, Piram compare l'affrontement entre Polidor et lui à un match de boxe ou à un combat de coqs. Alors que l'image du jeu d'échecs demeure implicite, celle de la boxe est explicitée dans le texte par les répliques de Piram lui même : « Polidor ou gin anpil teknik pou rale moun sou kòd. Kwinse-yo nan dyagonnal ! » (p. 34). Certes, l'allusion à la boxe pourrait se discuter : « rale moun sou kòd. Kwinse-yo nan dyagonnal ! » pourrait s'interpréter comme « envoyer dans les cordes du ring et le coincer dans l'angle » ou bien, à partir de l'expérience haïtienne de la répression, « faire avancer de force [quelqu'un] après l'avoir attaché à une corde » et ainsi « lui ôter toute échappatoire ». Par contre, celle du combat de coqs est claire puisque Polidor répond aux attaques de Piram par l'image du « kout zépon » [coup d'éperons] (p. 35)[17].

Les allusions à un affrontement physique sont multiples. Ainsi, quand Polidor veut s'emparer de la poupée que Piram conserve précieusement près de son lit, Piram lui répond :

> Sé ou, sé mwin. Byin jwinn byien kontré. Bagèt ak tanbou frapé réponn, n-a troqué kòn. (p. 39)
> (Nous voilà face à face. Nous faisons la paire. La baguette frappe, le tambour répond, nous nous battrons.)[18]

Travailleur manuel et analphabète, Piram ne peut traduire l'affrontement que par des images terre à terre. Frankétyèn développe une poétique du trivial et du sordide pour dénoncer la pauvreté et l'exploitation des couches populaires de la société haïtienne. C'est d'ailleurs la crudité même de cette description de la réalité haïtienne qui permet à Piram de reprendre l'avantage sur Polidor. La séquence sur les mouches (p. 23-26) est une des plus célèbres de la pièce. Son succès s'explique par le fait qu'elle met en lumière la distance entre les élites politiques et intellectuelles du pays et les classes populaires dont elles ont toujours prétendu rechercher l'avancement. Elle dénonce également l'aliénation des intellectuels haïtiens (cf. la célèbre accusation de « bovarysme » lancée par Price-Mars en 1919) plus soucieux de beaux discours (en français) que d'action concrète. Piram marque des points puisque la justification de Polidor n'est guère convaincante, bien que ce dernier tente de faire sentir la dimension politique de l'interrogation philosophique :

> Gin sonjé chalè soley, sab lanmè [...] rara laplinn, mango fransik. Epitou, gin sonje pouki kòz lamadèl mouch kaye sou po vant timounn kwachyòkò, bagèt janm légédé, bouakou vlinvlin, chévé plim toutou. Pouki kòz, jou alé, jou vini, nyuit chaviré, lalìn pa janm chanjé katyé ? (p. 25-26)
> (Il y a le souvenir de la chaleur du soleil, du sable de la mer […] des raras dans la plaine, les mangues fransiques. Et puis, il y a le souvenir de la raison pour laquelle des quirielles [sic] de mouches s'agglutinent sur le ventre des enfants atteints de Kwashiorkor, aux jambes squelettiques, au cou maigrelet, aux cheveux roux et clairsemés de chiot abandonné, la raison pour laquelle le jour va, le jour vient, la nuit chavire, la lune ne change jamais de quartier ?)[19]

Cette réplique tombe à plat dans la pièce, car au lieu de répondre, Piram s'inquiète plutôt du café en train de bouillir (p. 26). La conversation bifurque et l'affrontement tourne à un sujet beaucoup plus personnel : les difficultés de la vie commune, soit un domaine où Polidor peut reprendre le dessus.

Élément essentiel justifiant la migration de Piram aux États-Unis, le rapport à l'argent joue un rôle-clé dans le rapport de classe et le rapport de force opposant Piram à Polidor. Bien qu'ils partagent tous les deux un appartement sordide dans un quartier ouvrier de New York, la différence de classe marque leur rapport à l'argent. Bien que tous deux vivent parcimonieusement, ils ne gèrent pas leurs finances de la même façon. Polidor fait ce qu'il peut pour tirer parti de ses maigres ressources, alors que Piram, incapable d'établir un budget, vit en parasite aux crochets de son compagnon. Il insiste sur le caractère éphémère de l'argent (vent, fumée, têtard, anguille). Polidor le traite de resquilleur (p. 18) et de rapiat (p. 35). Cependant, la vérité finit par éclater : Piram se prive de tout, non par avarice, mais pour pouvoir envoyer de l'argent à sa famille restée en Haïti. Le texte dévoile une des réalités de la migration populaire haïtienne aux États-Unis : subvenir aux besoins de ceux qui sont restés.

> Ponyèt-mwin djann pou mwin rédi travay poté chay lan Nouyòk pou fanmi-mwin pa mouri grangou lan Pòtoprins. (p. 43)
> (Mes poignets sont suffisamment solides pour me permettre de travailler dur comme portefaix à New York pour que ma famille ne meure pas de faim à Port-au-Prince.)

Nous apprenons ainsi que Piram fait vivre vingt personnes de son salaire d'ouvrier tout en reconnaissant la démesure de son espoir ainsi que les illusions dont se nourrissent ceux qui sont en Haïti (paradis, vie éternelle).

> Vin krétyinvivan ki konnin m-ap boulozé bayla lan paradi Nouyòk, k-ap tann-mwin tounin ak lavi étènèl pou yo tout … Adjé ! (p. 46)
> (Vingt personnes qui sont persuadées que je m'amuse au paradis de New York, qui attendent que je leur ramène à tous la vie éternelle à mon retour.)

La fameuse poupée de chiffons que Polidor croit être un « wanga » (charme magique, p. 37) est en fait la tirelire où Piram conserve précieusement l'argent durement gagné et qui lui permettra de regagner Haïti la tête haute.

Toutefois, la discussion fait apparaître que Piram ignore tout du lien entre les impôts ainsi que le paiement des charges (eau, électricité, chauffage) et le sens civique. Pour lui, le paiement des impôts autorise le gaspillage d'eau et d'électricité. Ainsi, quand Polidor lui reproche de laisser l'eau couler, il répond : « Valè taks m'ap péyé gouvènman péyi isit. Kité dlo-a koulé.» (Vu le montant des impôts que je paie au gouvernement de ce pays, laissons couler l'eau, p. 39). De même lorsque Polidor lui demande d'éteindre la lampe à cause de la lumière trop vive de l'ampoule de cent watts, Piram croit entendre un reproche et sa réaction indique sa méconnaissance des principes civiques:

> Sé pa ékonomi kouran ou vlé fè? Nou péyé lwayé fètéfouni. Blanan bosi anba kilowat. Chak mwa, yo klasé youn jérintyin sou travaymwin. An-n boulé kouran sou tèt kòb-nou! (p. 41)
> (Ne me dis pas que tu veux économiser l'électricité? Nous payons le loyer, charges comprises. Ces étrangers ont des kilowatts à n'en savoir que faire. Chaque mois, on effectue des prélèvements sur mon salaire. Consommons l'électricité pour notre argent.)

Les rêves bourgeois de Piram (p. 51) s'évanouissent alors que Polidor lui fait comprendre qu'il ne pourra jamais s'enrichir avec le type de travail qu'il est condamné à effectuer (travail rebutant et sous-payé dans les usines du capitalisme américain, p. 52-55). Ainsi, il établit une association négative entre l'argent «facile» et la richesse:

> Piram, ou pa lan lakobat politik; ou pa ganstè ansasin; ou pa lan maroday pikpòkèt; ou pa lan konminézon mafya; ou pa lan volé lougarou. Sé sou fòs ponyèt-ou ou ap viv. Kijan pou ta fè rich ak dégi jouk pou ta rantré al bay payèt Pòtoprins? (p. 54)
> (Pirame, tu ne fais pas des magouilles politiques, tu n'es pas un tueur à gages, tu n'es pas un pick-pocket, tu ne fais pas partie de la mafia, tu ne fais pas de sorcellerie. Tu gagnes ta vie à la sueur de ton front: comment pourrais-tu être riche au point de pouvoir rentrer et aller te pavaner et impressionner le monde à Port-au-Prince?)

Polidor, de son côté, marque son mépris de l'accumulation des biens matériels tout en gérant de manière très efficace ses maigres ressources suivant des principes «d'ordre et de discipline» (p. 39). À travers l'ascétisme du personnage, Frankétyèn touche du doigt un des points faibles des intellectuels haïtiens: le mépris affiché pour l'argent et les biens matériels qu'il permet d'acquérir. Point faible, car à cause de ce mépris, cette classe sociale n'a pas compris le rapport de l'économique au politique. Elle se révèle donc incapable de s'intéresser à la production agraire et/ou industrielle et de proposer à la classe politique haïtienne une alternative crédible. Ainsi Piram marque-t-il des points quand il ironise sur «le pur esprit» que veut être Polidor (p. 38).

En plus de l'organisation et de l'argent, Polidor et Piram s'affrontent encore au sujet de la nourriture, le premier reprochant au second sa gloutonnerie (p. 22, 26) et son manque de prévoyance (p. 22). On voit bien que nous sommes dans un appartement de célibataires puisque les deux hommes se nourrissent de conserves. Pourtant, l'essentiel n'est pas là. La question du «manger» est l'occasion d'un discours politique sur la conscience politique (p. 27) et la réussite sociale (p. 51). Dans les deux cas, l'asservissement politique (clientélisme) et la réussite individuelle s'articulent autour de la métaphore du repas. Le prolétariat et le sous-prolétariat haïtiens s'agglutinent sous la table du banquet politique pour essayer de récolter les miettes du repas (p. 27).

Karen McCarthy-Brown[20] a attiré l'attention sur l'importance de la symbolique du repas dans la culture vaudou haïtienne (manger-loa, p. 44). Elle a également montré comment ce symbolisme se diffusait dans le discours quotidien pour exprimer un état affectif et mental. Dans son analyse, McCarthy-Brown note :

Eating is more than a practical, life-sustaining activity. It is the means of identifying the in-group [...] Thus it is not surprising that food has become a metaphor for happiness and well-being. (p. 43, 44) (Manger représente beaucoup plus qu'une activité concrète visant à se maintenir en vie. C'est un moyen d'identifier l'appartenance au groupe. [...] Il n'est donc pas surprenant que la nourriture devienne une métaphore du bonheur et du bien-être.)

De son côté, Maximilien Laroche[21], reprenant l'analyse de Claude Souffrant, définit Haïti comme une «société de la faim» et rejoint finalement McCarthy-Brown en réfléchissant sur «la symbolique de la nourriture» en Haïti (p. 31.). Ce n'est donc pas un hasard si l'affrontement Polidor-Piram se cristallise sur le rapport à la nourriture. Appartenant à une couche sociale ayant connu la faim, Piram semble incapable de contrôler son appétit, tandis que Polidor, à l'inverse, est non seulement capable de contrôler son appétit mais encore de sauter un repas pour mieux réduire ses dépenses alimentaires (p. 35). Frankétyèn met en parallèle le contrôle de l'appétit et la maturité politique où l'opposition Piram-Polidor correspondrait à l'opposition boulimie-anorexie. Si les politiciens haïtiens exploitent le pays au détriment du peuple, c'est parce qu'ils ne savent pas contrôler leur(s) appétit(s) (p. 44). En fait, Polidor plaide pour une nouvelle génération d'hommes politiques qui seraient détachés des biens de ce monde et se mettraient au service de leur pays (p. 38). Comme le lui rappelle ironiquement Piram:

> Polidò, ou minm, ou di-il ak pròp bouch-ou, se sou do maléré manjé-a séparé ak bonkou diskou longpléying pou gargari gagann; min maléré blayi kokobé bèkchèch lan youn jwèt mò rèd pwinnfèpa. (p. 44)
>
> (Polidor, c'est toi-même qui l'as dit, le repas a été partagé au détriment des pauvres, accompagné de longs discours dithyrambiques tandis que les pauvres s'étalent, affamés, estropiés, dans ce jeu où ils se retrouvent complètement hors-jeu, n'ayant pas voix au chapitre.)

Par ailleurs, la métaphore de la nourriture permet d'opposer les États-Unis à Haïti suivant une dichotomie qui enrichit l'opposition lévi-straussienne du cru et du cuit puisque Frankétyèn y ajoute l'opposition du «frais/naturel» au «conservé/industriel». Nous avons déjà fait remarquer que nos deux célibataires ne cuisinent pas, ils consomment des conserves (p. 23) sans même les réchauffer («manjé tchaw», p. 34). Ce n'est donc pas un hasard si le rêve du retour au pays natal s'élabore autour d'un repas gargantuesque de trois jours et trois nuits (p. 51). L'abondance est marquée au niveau de l'énumération par l'absence de quantificateurs et la multiplication des points d'exclamation et au niveau de la diction de l'acteur par l'allongement des syllabes qui font étirer la liste:

> Boutey ronm! Griyo kochon! Bannann peze ak zabèlbòk! Bonm diri ak pwa! [...] Tomat, zonyon, sakatay piman bouk! Kabrit boukannin! Tou sa blayi sou youn tab dékoré ak choublak, vèvinn, loryé, fèy bazilik. (p. 51)
>
> (Des bouteilles de rhum! Du grillot de porc! Des bananes pesées et des avocats! Des chaudrons de riz aux haricots rouges! Des tomates, des oignons, des sakatay de piments! Du cabri boucanné! Et tout ça serait servi en buffet sur une table décorée d'hibiscus, de verveine, de laurier et de feuilles de basilic.)

Outre les privations matérielles, la perte du statut social constitue pour les deux hommes l'expérience la plus humiliante de la migration. La pièce insiste sur la non-intégration des migrants haïtiens dans la société américaine. Cette marginalisation est symbolisée par une impuissance sur le plan de la communication, car après trois ans aux États-Unis, Piram ne parle pas un traître mot d'anglais. Cependant, il n'en ressent pas le besoin, car personne ne lui adresse la parole:

Sa pou mwin fè ak lang-yo-a ? Koté m-ap travay-la, ni patron, ni bòs pa janm manké gadé-mwin. Aléwè pou yo ta adrésé mwin laparòl ; yo pa minm konnin ki lang mwin palé. (p. 53)
(Qu'ai-je besoin de leur langue ? À mon travail, le patron et le contre-maître ne m'ont jamais regardé même une seule fois. Quant à me parler, encore moins, ils ne savent même pas quelle langue je parle.)

Si pour une fois, Piram et Polidor sont d'accord sur la deshumanisation (p. 53) opérée par la société américaine, leur expérience ne se vit pourtant pas de la même façon.

Polidor souffre de sa déchéance sociale qui l'a transformé en une sorte de parasite dissimulé dans les interstices de la société américaine. Frankétyèn reprend les clichés généralement associés à Haïti, souvent présentés comme un foyer de maladies infectieuses : microbes gonocoques, bactéries parasites, gonocoques sans asile, « bèt akrékré » (cloportes ou scorpions, p. 32-33). Micro-organismes, ils sont ignorés du corps social américain qu'ils parasitent cependant. Polidor exprime la souffrance de sa condition à partir des oppositions binaires : espace ouvert/espace fermé, soleil/obscurité, air frais/air vicié, haut/bas, envol/stagnation (p. 33). Il oppose la campagne à la ville en se définissant comme un homme de la terre et il réclame une humanité debout (p. 33).

En revanche, Piram souffre de son « invisibilité » qu'il articule en fonction de la classe (l'ouvrier) et de la race (le noir). Nous y repérons la voix de Ralph Ellison quand il relève l'indifférence et le mépris que rencontrent le Noir américain et, tout au bas de l'échelle, l'Haïtien (p. 53). Par la métaphore du match de football, il exprime sa conviction que ses chances de réussite ont été minées dès le départ : « ... jwèt panko minm louvri, mwin monté térin ak twa gol lan kosay-mwin » (le jeu n'a même pas encore commencé et j'entre sur le terrain en ayant déjà encaissé trois buts, p. 53).

À lire *Pèlin tèt* aujourd'hui, on est surpris par la virulence des attaques politiques à peine voilées que contient la pièce. La dictature duvaliérienne ne s'y est pas laissé tromper, puisqu'elle a cherché à la censurer, forçant l'auteur à interrompre les représentations. Mais on se demande rétrospectivement comment elle a pu attendre si longtemps avant de réagir, après quarante représentations ! On peut penser que l'arrogance de la dictature jean-claudienne aveuglait les censeurs au point de ne pas craindre de se laisser asticoter. On peut également y voir son mépris des intellectuels, si coupés des couches populaires analphabètes, selon elle, qu'ils ne sauraient menacer la stabilité du régime. Or, *Pèlin tèt* a lancé un coup de semonce au régime, car la pièce a atteint un public populaire qui se reconnaissait en Piram.

Il est également possible que les attaques de Frankétyèn, apparemment centrées sur la trahison des intellectuels (p. 37) et le capitalisme américain (p. 27, 52-54, 61-63), aient pu mystifier la censure qui devait par la suite comprendre son erreur devant les réactions du public. Cet écart initial entre le texte (avant sa représentation) et son interprétation par le public nous invitent à évoquer le parler «daki» ou «andaki» pratiqué par Frankétyèn dès 1974 avec *Dézafi* (*Les affres d'un défi*, 1979) ainsi que l'utilisation de la «parabole» (p. 17) qui permet à Polidor d'expliquer des notions politiques abstraites. Ainsi quand il veut lui expliquer à Piram l'importance de la liberté, il a recours à l'image des singes enfermés au zoo, parvenant à s'échapper (p. 57). Souvent il utilise des images crues et terre-à-terre pour forcer Piram à réagir et donc faire avancer le processus de conscientisation.

Le parler «daki» ou «andaki» implique l'utilisation d'un langage codé (cf. Vilsaint, cité dans Hyppolite, 1995, p. 98)[22]. Ce code permet de parler publiquement d'un sujet alors qu'il s'agit en fait d'un autre sujet connu seulement des initiés. Nous sommes en présence d'un discours à double sens qui permet d'articuler le dit et le non-dit dans le même espace. Ainsi, quand Polidor annonce un soulèvement du peuple, il emploie la métaphore de la possession par les loas mondongues[23].

> Polidò. — [...] Abòdjò granfòma ap gayé tintin. Min, léjou lwa moudong kontraryé toutbon, il sélé chwal natifnatal, anpil zago ap voyé lan gran savann.
> Piram. — Ki lwa moudong?
> Polidò. — Lwa moudong ki té konn dansé lan tèt pèp-là. Yo gin lè soulé ap dòmi anba kèk pyé gonmyé, ki fè yo pa tandé jan mizisyin maron ap jwé méring kanaval mizik krabè sou do yo. Madigra ap fè lago tè anba lan lari. (p. 21-22)
> (Polidor. — [...] Les tout-puissants dispersent les plus faibles. Mais lorsque les loas mondongues se fâcheront pour de bon et posséderont leurs «chevaux», ça va chauffer dur.
> Piram — Quels loas mondongues?
> Polidor — Les loas mondongues qui avaient l'habitude de posséder le peuple. À croire qu'ils sont ivres-morts et endormis sous les gommiers et qu'ils n'entendent pas les mauvais musiciens qui

jouent la méringue de carnaval, de la musique ratée sur leur dos. Les masques jouent à cache-cache, la tête en bas, en pleine rue.)

De même, lorsque Frankétyèn veut dénoncer l'exploitation du travailleur immigré haïtien par le système américain, il emploie la métaphore de la « belle-mère ». Pour ceux qui connaissent le rôle joué par les États-Unis dans la politique haïtienne, l'allusion à la « marâtre » peut se lire aussi bien comme une accusation de cette puissance ou comme le pouvoir politique haïtien lui-même :

> Bèlmè kòché tout kò-nou ak rouchin ; il filangé po-nou ak rigoise ; [...] Nou pa ka bliyé [...] Nou pa ka bliyé méchansté bèlmè poutèt il ba-nou youn bòl soup lasibab prémyé janvyé, youn patalon twaka, youn vès dinaza zépòl krochi ak youn pè soulyé boutanbout. (p. 63)
> (La marâtre nous a écorché à coups de cravache, nous a tailladé la peau à coups de verges ; [...] Nous ne pouvons pas oublier [...] Nous ne pouvons pas oublier la cruauté de notre marâtre sous prétexte qu'elle nous a offert un bol de soupe de rien du tout le premier janvier, un pantalon trop court et une veste mal taillée et une paire de chaussures trop serrées.)

Ailleurs, le pouvoir est désigné par la référence à l'histoire coloniale, « mèt bitasyon / maître de la plantation » renvoyant au colon. L'aliénation mentale opérée par ce dernier est encore décrite par la métaphore de la nourriture et du gavage des animaux destinés à l'abattoir (p. 28).

Le témoignage de Piram et les commentaires de Polidor sur les conditions de vie de ce dernier visent à démythifier la migration vers l'Amérique du Nord. Le texte situe celle-ci dans le cadre de l'exploitation capitaliste (p. 27, 61-63). La machine capitaliste devient un formidable « yo » (ils/eux/on) anonyme, innommable et innommé, qui pousse le prolétaire au suicide. Ces « yo » ont préparé le gibet où se pendra le prolétaire :

> Ou ta pral pann tèt-ou lan né koulan saa, poutan, lòt bout kòd-la sé lan min-yo il maré. Se yo ki t-ap touyé-ou. Dépi ou fèt yo anchinnin-ou sou youn bourèt k-ap kannalé filé désann tout boulìn vìn lagé-ou tou gaga anba kòd lanmò saa. (p. 62)
> (Tu allais te pendre à ce nœud coulant. Or, l'autre extrémité de cette corde, elle est attachée à leur main. C'est eux qui allaient te tuer. Depuis ta naissance, ils t'ont enchaîné à un cabrouet qui roule, descendant la pente à toute vitesse pour venir te jeter, encore tout étourdi juste sous cette corde de mort.)

Le texte de Frankétyèn a des relents de « théorie du complot », le symbole du nœud coulant développé par Polidò acquiert une force poétique par la répétition du « yo » (les agents du capitalisme) et du « li » (la corde à pendaison). La longue tirade de Polidor frôle le psychodrame, puisque Piram invite Polidò à saisir cette corde à pleines mains pour mettre fin à ses jours. Bien que l'influence de Beckett se fasse sentir ici et que nous soyons loin de la distanciation réclamée par Brecht, la valeur didactique de cette tirade est incontestable. La mise en scène dépouillée ne vise pas simplement une re-création réaliste de la pauvreté des ouvriers haïtiens immigrés à New York. Elle veut rappeler symboliquement le statut social de ces immigrés (sous-sol = bas de l'échelle social). Elle permet en outre des métaphores sur leur condition. Ainsi, la « cave » est littéralement une chambre qui résonne de la vie de l'immeuble et dont les occupants sont des témoins auditifs, mais exclus (p. 32-33). Espace clos, elle rappelle la prison à Polidor (p. 33) tandis que pour Piram, elle constitue un lieu chaud et protégé (« base navale », p. 33). Leur vision divergente de l'espace nourrit l'opposition entre les deux personnages. En situant sa pièce en sous-sol, Frankétyèn étend le domaine d'affrontement entre Polidor et Piram à l'appréhension de l'espace selon une vision spiraliste, la dichotomie haut-bas, ouvert-fermé, ensoleillé (lumière naturelle)-sombre (lumière artificielle), sain-malade (p. 32-35) et elle nous projette dans un mouvement vers la lumière intérieure, vers une illumination qui emporte les personnages vers une prise de conscience de leur état d'être humain.

DPM Kanntè

Créée seize ans après *Pèlin tèt*, la pièce de Jan Mapou essaie de concilier les principes du théâtre créole défini par le Mouvement Créole de Robert Bauduy[24] et Marc F. David, à savoir un lieu de rencontre entre le théâtre en rond et le théâtre-participation, car le cadre matériel de la représentation (scène à l'italienne) ne se prêtait pas à leur mise en application. La mise en scène de *DPM Kanntè* illustre un effort d'accommodement esthético-théorique. Ainsi, Pyè Banbou[25] (Ernst Mirville) indique les principes utilisés pour faire éclater la distance acteurs-public que crée la scène à l'italienne (p. ix-x). Dans le premier tableau (le jeu de dominos), les joueurs sont placés sur l'avant-scène très près du public, pour tenter de reconstituer la situation traditionnelle du jeu de dominos. Dans le deuxième tableau, les candidats au départ surgissent en plusieurs points de la salle pour monter sur scène lors de l'embarquement. Certaines tirades sont dites face au public, le plaçant dans la situation d'interlocuteur direct.

DPM Kanntè est composé de sept tableaux retraçant chacun les différentes étapes de la migration illégale haïtienne. Le premier tableau, situé dans la campagne haïtienne, évoque l'organisation du départ, le recrutement des candidats à la migration, le coût de l'entreprise. Une fois de plus, nous retrouvons les passages obligés de la fiction concernant les boat-people haïtiens. Le désir de fuir une terre inhospitalière est encouragé par des affairistes sans scrupules comme Matyas. Le coût du passage (mille dollars) nous rappelle que ce ne sont pas les plus démunis qui partent. Le texte ne s'étend pas sur les efforts déployés pour réunir l'argent mais nous indique clairement le recours à l'emprunt hypothécaire (vente de la récolte sur pied, p. 24) ou le dépôt en gage de biens précieux (le service en argent pur hérité d'une arrière-grand-mère, p. 25). Le mode de recrutement privilégié reste le bouche à oreille (p. 24). Pourtant on se rend compte que le secret du départ clandestin est en fait un secret de polichinelle. Le désir de partir l'emporte sur le bon sens, puisque Toni décide de se joindre au groupe des voyageurs en dépit de ses doutes sur l'honnêteté de Matyas, le capitaine du bateau (p. 24-25).

Le tableau deux retrace l'embarquement et nous fait découvrir le cynisme du capitaine. Mapou situe la migration populaire dans le cadre des échanges commerciaux, illustrant le proverbe selon lequel « le malheur des uns fait le bonheur des autres ». Bien qu'ayant fixé un tarif pour le passage, Matyas est prêt à accepter n'importe quelle somme pour remplir son bateau. L'auteur nous le montre recevant les soldes dus par certains passagers sans même en vérifier le compte. Cet indice devrait suffire à signaler l'escroquerie, pourtant les passagers ne réagissent pas. Les didascalies soulignent l'anomalie de cette apathie :

Tout mounn yo rete kouche osnon tèt yo bese. Yo tankou youn bann mounn inoptize. Youn bann zonbi ki poko ka wè klè nan sa k'ap pase nan kozman Jolibwa ak dwounm dlo yo ki pa janm rive. Younn ap gade lòt. Younn di : dlo. Lòt la reponn : dlo ? kote dlo ? ... Younn

126

lòt di, youn lòt lreponn [sic]. Youn group kòmanse, youn gwoup reponn. Se kòmkidire yo t'ap dòmi, se nan rèv yo ye. (p. 41)
(Tout le monde s'allonge ou baisse la tête. Ils sont comme des gens hypnotisés. Un groupe de zombis qui ne peuvent comprendre ce qui se cache derrière cette histoire de Jolibois et de fûts d'eau qui ne sont pas encore arrivés. Ils se regardent l'un l'autre. Quelqu'un dit : de l'eau. Un autre répond : de l'eau ? Où est l'eau ? ... Un autre reprend, un autre lui répond. Un groupe commence, un autre groupe lui répond. Tout se passe comme s'ils dormaient, comme s'ils rêvaient.)

Lorsque les passagers finissent par se rendre compte de l'arnaque, ils se trouvent confrontés à un choix douloureux (tableau trois) : rentrer chez eux et repartir à zéro dans des conditions encore plus défavorables, ou bien s'en aller malgré tout. Les immigrants clandestins de Mapou finissent par découvrir qu'ils n'ont d'autre choix qu'un pari avec la mort. Rentrer chez eux et prendre le risque de se faire exécuter par les Macoutes (p. 47) ou bien se lancer sur les eaux et périr noyés (p. 48). Le tableau trois met en scène les débats qui entourent la prise de décision finale. Il permet à Mapou de faire la lumière sur les conditions qui poussent les Haïtiens à partir au risque de leur vie. Il lui permet également de dénoncer l'iniquité du traitement réservé à ces derniers par les services de l'Immigration américaine. La discrimination raciste entre Haïtiens et Cubains est également évoquée (p. 49-51). Les discussions entourant le départ montrent la solidarité entre les passagers du bateau et leur esprit d'entre-aide, jusqu'aux enfants (p. 35-36, 52) qui savent comment se rendre utile sur le bateau. Il révèle également les mythes qui entourent le voyage maritime (p. 53) et l'impréparation qui prévaut parmi les voyageurs, seuls dix passagers sur les quatre cents savent nager.

DPM Kanntè retrace une expérience collective. Les personnages constituent un échantillon représentatif des migrants haïtiens, hommes, femmes et enfants[26]. La courbe des âges, des quatre-vingt-trois ans de Petyon (p. 60) aux quelques mois du bébé de Man Lin (p. 62), est également caractéristique de la population des boat people. Même si de fortes personnalités se dégagent tout au long de la pièce, nous n'avons pas de héros à proprement parler. De ce point de vue, les scènes chorales viennent renforcer ce sentiment (p. 33, 41, 56, 58, 65, 70, 71, 72, 88). Robert Josaphat Large[27] ne s'y est pas trompé dans son compte rendu critique, « La pièce *DPM Kanntè* de Jan Mapou : un théâtre collectif », puisqu'il relevait que les douze acteurs présents sur scène représentaient quatre cents passagers. Par ailleurs, le texte abonde en didascalies précisant soigneusement les mouvements de groupe[28].

Le sixième tableau, qui se prête à un découpage en trois séquences, mérite que nous nous y arrêtions en raison de son importance dans la pièce. La première séquence évoque les raisons qui ont poussé les voyageurs à partir (p. 74-77). La deuxième relate une confrontation entre les femmes et les soldats (p. 77-82). Enfin, la troisième séquence marque la reprise de l'action avec le retour de la tempête, la naissance d'un bébé à bord et le naufrage final (p. 83-85). Au cours de ce tableau, deux séquences narratives fort longues attirent l'attention. Alors que la première dévoile les facteurs menant au départ, la seconde nous semble plus problématique. Un groupe de femmes raconte leur tentative infructueuse de conscientiser les soldats sur le lien social qui les unit aux classes défavorisées et non pas aux nantis (p. 81). Mapou fait ressortir la contradiction principale de l'armée haïtienne : ses membres exercent la répression sur ceux dont ils partagent les origines et souvent les conditions de vie. Cependant, nous restons perplexes quant à l'efficacité d'un tel discours, puisque les destinataires sont absents, la pièce ayant été montée à Miami devant un public d'immigrés. De plus, en tant que discours rapporté, ces tirades ralentissent le mouvement de la pièce, comme le confirme le commentaire de Claude Charles reproduit dans le dossier de presse de la pièce (p. 120). Pourtant certaines tirades déclenchèrent des salves d'applaudissements, comme en témoigne l'enregistrement vidéo de la pièce[29].

Nous retrouvons, dans le déroulement de *DPM Kanntè,* les différents épisodes du voyage et notamment la tempête, passage obligé de tout récit sur la traversée des boat people[30]. De ce fait, la trame narrative de ces récits est pratiquement la même : un départ sans histoire, quelques jours de calme, l'arrivée au grand large, la tempête (aux environs du Canal du Vent), le naufrage ou les avaries, la noyade ou l'interception par les gardes-côtes américains. Sur cette trame, les auteurs ajoutent, au gré de leur sensibilité et de leur intention politique et idéologique, les éléments dramatiques ou tragiques, une réflexion sur la vie et la mort, qui donnent une dimension métaphysique à leur fiction. En effet, au cours de nos lectures, nous avons pu nous rendre compte que les fictions sur les boat people haïtiens s'orientaient vers ce genre de réflexion à l'encontre des récits de la migration ouvrière des années 40 à 70. Ces derniers étaient centrés sur des préoccupations socio-politiques et racontaient des expériences de maturation politique où les travailleurs immigrés revenaient au sein de leur communauté pour la faire bénéficier de leurs « lumières » et devenir des instruments de changement. Cette dimension formatrice et messianique du voyage a disparu dans les récits sur les boat people, pour qui la traversée se joue sur un coup de dé, un pari contre la mort, souvent perdu ou quelquefois gagné in extremis.

En raison de ce flirt avec la mort, la migration des boat people acquiert une forte dimension religieuse. Alors que les enquêtes officielles font l'impasse sur les pratiques religieuses entourant la traversée (Jean-Claude Charles, 1982 ; Jean-Claude Icart, 1987),[31] la plupart des textes de fiction l'incluent, souvent en privilégiant le vaudou. Mapou, comme d'autres avant lui, n'ignore pas cette dimension. Bien plus, il innove en incorporant les trois composantes de la pratique religieuse haïtienne dans sa pièce, le catholicisme, le protestantisme et le vaudou. Le recours à Dieu et aux loas se manifeste bien sûr au moment du danger, au cours de la tempête. Nous avons noté l'unanimité avec laquelle les personnages ont recours aux loas au plus fort du danger (p. 65-69) tandis qu'une fois celui-ci passé, chaque groupe religieux retrouve les prières de sa confession pour remercier Dieu (p. 69-72). Bien sûr, ce serait un signe qu'au fond de lui même, l'Haïtien fait plus confiance aux loas africains qu'au Dieu chrétien, mais Mapou veut aussi marquer l'esprit œcuménique régnant sur le bateau (cf. didascalie, p. 69). Sur le plan théâtral, Mapou utilise danses et chants pour marquer la foi et la ferveur parmi les passagers. Il puise ainsi dans la culture populaire haïtienne les éléments qui lui permettront d'atteindre le « théâtre total » prôné par Robert Bauduy (1969). Chants, danse et musique s'inscrivent dans le déroulement de la pièce sans « redoubler » d'autres scènes. Cette utilisation ne se fait pas selon les principes brechtiens du « strict isolement des numéros musicaux » (T. 1, p. 434), mais selon une fluidité proche des pratiques culturelles haïtiennes (chants et danses vaudous, chants de coumbite, chants improvisés devant une situation inattendue). Ce faisant, Mapou se rapproche davantage de la pratique de Boal concernant l'emploi de formes populaires dans le théâtre de conscientisation. Ce dernier note, par exemple, que la musique « a — indépendamment des concepts — le pouvoir de préparer le spectateur à recevoir des textes simplifiés qui ne peuvent être entendus ailleurs que dans cette expérience raison/musique.» (1996, p. 59). Le dernier tableau de *DPM Kanntè* illustre bien cette analyse, puisque la noyade des passagers est marquée par un chant triste dont la musique est adaptée d'un hymne protestant. L'eau devient le symbole de l'origine de la vie (le liquide amniotique) et le lieu de l'initiation vaudou (le voyage sous l'eau). L'auteur élargit le symbole au cycle perpétuel de la vie et de la mort, par la naissance du bébé qui sera le seul survivant. La plupart des critiques ont lu cette survie presque miraculeuse comme un symbole d'espoir : une petite vie contre quatre cents perdues (Togiram, p. 105 ; Josaphat Robert Large, p. 126).

Outre la mise en scène, il faut mentionner quelques aspects du jeu des acteurs tel qu'il se révèle dans l'enregistrement vidéo de la pièce. Celui-ci fait ressortir un certain nombre de problèmes qui remettent en question la théorie du théâtre populaire, à savoir la formation technique des acteurs. Il ne s'agit pas de dénigrer le théâtre amateur. En effet, la situation économique d'Haïti est telle que le théâtre ne saurait suffire à assurer des revenus décents aux acteurs. Même un Hervé Denis, acteur et metteur en scène ayant reçu une formation et ayant atteint un haut niveau, exerce une autre activité professionnelle pour vivre. Dans la pièce de Mapou, l'enregistrement vidéo fait clairement ressortir l'inégalité des niveaux de jeu. Certains acteurs ont du mal à maintenir la cohérence de leur personnage. Par ailleurs, on sent le décalage entre les membres de la troupe ayant une grande habitude de la scène et les «débutants»[32]. À lire les comptes rendus enthousiastes de la représentation (dossier de presse en appendice du livret), nous pouvons assurer que les spectateurs n'ont pas été gênés ou ne se sont pas rendu compte de ces écarts (à l'exception du compte rendu d'*Haïti en marche*, 23-29 novembre 1994, reproduit p. 128-130). Il semble que nous touchons ici à un paradoxe du théâtre-participation tel que l'applique la *Sosyete Koukouy*. Même s'ils n'appartiennent pas à la même classe sociale que les boat people, les acteurs sont suffisamment proches de leur public et évoquent une réalité qu'ils connaissent bien, grâce aux contacts entre toutes les classes au sein de la communauté haïtienne de Miami (Little Haiti)[33]. De ce fait, le travail de Mapou et du groupe Koukouy se situe dans la même lignée que celui de Boal. Or, la représentation officielle, ouverte à un public plus large que celui visé par l'action mobilisatrice, remet en question la notion de participation puisqu'une partie du public se retrouve dans la situation de spectateur traditionnel (c'est-à-dire de passivité) si décriée par Boal (p. 47), bien que Mapou essaie de contrer cette situation en cherchant sinon à abolir, du moins à réduire la distance entre scène et salle. Il fait jouer le premier tableau sur l'avant-scène et en faisant venir les voyageurs directement de la salle pour s'embarquer[34].

Les effets spéciaux (éclairage et bruitage) contribuent à recréer les conditions de la traversée et à donner l'illusion du grand large puis de la tempête. Ils jouent à la fois sur le registre réaliste (l'aube, la tempête) et fantastique (apparition de la Sirène Dyaman). Ces effets (une des réussites de Jan Mapou) renforcent l'émotion du spectateur, mais sans faire appel à son sens critique. Il ne s'agit pas de rejeter le recours à l'émotion (Boal, p. 170), mais d'en faire un usage plus critique.

Enfin, il nous faut signaler l'utilisation du comique et parfois même du grotesque dans les deux pièces. Pas du tout évidents à la lecture des textes, ils se manifestent au cours de la représentation. Chez Frankétyèn comme chez Mapou, le comique et le grotesque accompagnent la montée de la tension dramatique ou tragique. Ainsi, lorsque Piram veut forcer Polidor à admettre les réalités sordides d'Haïti, il monte sur une table et martèle «Nou pa lévé lan mouch!!!...» (p. 25). De même chez Mapou, le moment le plus tragique (le naufrage du bateau) est précédé d'une scène grotesque où les passagers identifient la femme enceinte comme «la plus lourde» et la saisissent au milieu des cris de terreur pour l'envoyer par dessus bord (p. 84) afin d'alléger le bateau et accroître les chances de survie d'une minorité. Le rire suscité par les cris et par la résistance de la victime s'étrangle cependant dans la gorge du spectateur à la naissance du bébé et au naufrage qui s'en suit (p. 85).

En conclusion, il faut reconnaître que la pièce de Frankétyèn ne remet pas fondamentalement en cause la fonction de l'intellectuel. Même si l'autorité de ce dernier est critiquée, il reste pourtant celui qui a le pouvoir, le savoir et la mission d'éclairer le peuple. C'est sans doute pourquoi *Pèlin tèt* dénonce la collusion de l'intellectuel avec les forces politiques d'exploitation et de répression. La pièce réclame une prise de conscience de l'intellectuel et un «changement de bord» de sa part: qu'il choisisse le camp des opprimés, qu'il mette son savoir à leur service. De ce point de vue, les dernières tirades de Polidor sont très significatives. Nous passons du «je» et «tu» (p. 62) de l'affrontement au «nous» de la solidarité (p. 63) et de l'action commune, l'objectif final étant de mettre un frein à la migration irréfléchie du peuple haïtien vers les États-Unis. Mapou, de son côté, veut plutôt rendre hommage aux immigrants haïtiens disparus en mer. La dénonciation des conditions qui poussent ses compatriotes à risquer leur vie, la re-mise en cause de la politique discriminatoire américaine à l'égard des immigrés haïtiens, la critique de la situation sociale et politi-que haïtienne sont présentées sous la forme d'un récit adressé au public (tableau six (p. 74-82) / vidéo[35]). La migration des boat people apparaît comme une conséquence inéluctable de la dégra-dation des conditions de vie en Haïti. La chanson accompagnant le déroulement des crédits sur la cassette vidéo invite le public à se recueillir en souvenir de tous ceux qui n'ont pas réussi la tra-versée. Seize ans plus tôt, *Pèlin tèt* appelait les Haïtiens à rester au pays et à changer leurs conditions de vie pour empêcher la migration populaire. En 1994, *DPM Kanntè* recense les occasions manquées et n'offre que l'espoir d'une petite vie sauvée contre quatre cents autres sacrifiées. Seuls restent le chant et le recueille-ment de la prière pour conjurer le désespoir.

Notes

[1] Robert Cornevin, *Le théâtre haïtien des origines à nos jours*, Ottawa, Leméac, 1973.

[2] Augusto Boal, *Théâtre de l'opprimé*, Paris, La Découverte/Poche-Essais, 1977, rééd. 1996.

[3] Pradel Pompilus, «Les Chances du théâtre haïtien contemporain», *Con-jonction*, vol. XXIV, n° 2, p. 14-18, Port-au-Prince, Institut français d'Haïti, 1969.

[4] Cf. Anne Ubersfeld, *Lire le théâtre*. (4e édition), Paris, Éditions Sociales/ Messidor (1ère édition, 1977), 1982, p. 14.

[5] Hervé Denis, «Introduction à un manifeste pour un théâtre haïtien», *Nou-velle Optique*, Montréal, 1970. Repris dans Cornevin (1973). H. Denis est mort en mai 2002 lorsque nous préparions ce livre (A. Ruprecht).

[6] H. Denis, cité par Cornevin, *op. cit.*, p. 246.

[7] Boal a été très proche des travaux de Freire, s'occupant de théâtre au Centre de Culture populaire de Paulo Freire à Recife (cf. Boal, 1996, p. 206).

[8] Louis-Philippe Dalembert, «Profil du théâtre haïtien contemporain», *Notre Librairie*, n° spécial sur le Théâtre, n° 102, juillet-août 1990, p. 74-76.

[9] Frankétyèn (Frank Étienne ou Frankétienne, dit), *Pèlin tèt*, Port-au-Prince, Les Éditions du Soleil, 1978; Id., *Pèlin tèt*, Théâtre national d'Haïti, Cambria

Heights, N. Y, Antilles-Mizik (2 disques compacts) [Présente des variantes par rapport à la version écrite; Id., «*Pèlin tèt* (Quelques extraits et traduction)», traduction française de Michèle Montas en collaboration avec Pierre Bambou et Wilfrid Bertrand, *Conjonction.*, n° 141-142, février 1979, p. 74-83. Port-au-Prince, Institut français.

[10] Paris, Gallimard, 1987.

[11] Jan Mapou, (Jean Marie Willer-Denis, dit), *DPM Kanntè (Drèt pou Miyami Kanntè)*, Teyat Total, (The Plight of the Haitian Refugees), Miami, Edisyon Mapou, 1996, Koleksyon Koukouy; Id., *DPM Kanntè*, Vidéo-cassette (VHS/NTSC, 120 minutes), Réalisatrice Marie Élie, Production Sosyete Koukouy, Miami, 1995 [Présente des variantes par rapport à la version écrite].

[12] «Frankétienne, écrivain haïtien», *Dérives*, Paris/Montréal., n°s 53-54, 1986/1987.

[13] Colloque international sur les théâtres francophones et créolophones de la Caraïbe, Califa-Université d'Ottawa, Ottawa, 15-18 octobre 1997.

[14] Berthold Brecht, *Écrits sur le théâtre*, t. 1, texte français de Jean Tailleur, Guy Delfel, Béatrice Perregaux et Jean Jourdheuil, Paris, L'Arche (1963, 1972), 1989; *Écrits sur le théâtre*, t.. 2, texte français de Jean Tailleur et Edith Winkler, Paris, L'Arche (1963, 1979), 1979.

[15] Pièce adaptée et traduite de la pièce *Les Émigrés* (1975) de Slawomir Mrozëk, dramaturge polonais installé en France.

[16] Par «publique», nous entendons ici le domaine social et politique.

[17] Dans la culture haïtienne, le «kout zépon» (coup d'éperons) renvoie aux combats de coqs et non pas à l'équitation.

[18] L'expression «troké kòn» renvoie à l'affrontement des taureaux qui se prennent les cornes lorsqu'ils se battent.

[19] Traduction M. Montas et al., *Conjonction*, n° 141-142, p. 80.

[20] Karen McCarthy-Brown, *Mama Lola: A Vodou Priestess in Brooklyn*, Berkeley & Los Angeles, University of California Press, 1991.

[21] Maximilien Laroche, *Bizango: Essai de mythologie haïtienne*, Québec, Université Laval — GRELCA, n° 14, Collection «Essais». — Claude Souffrant, *Sociologie prospective d'Haïti*, Montréal, CIDIHCA, 1997.

[22] Michel-Ange Hyppolite, «La "Sosyete Koukouy" ci-devant "Mouvman Kreyol": Historique et Réalisations», *Zile nou: pwezi*. Version trilingue: *Notre île*, traduction de Maximilien Laroche; *Our Island*, traduction de Boadiba et Jack Hirschman, s. l. Québec, Édition Production Koukourouj 1995, p. 78-95.

Laraque, Paul, «Prefas — Préface — Preface.» Michel-Ange Hyppolite, *Zile nou: pwezi*. Version trilingue. *Notre île* Traduction de Maximilien Laroche. *Our Island* traduction de Boadiba et Jack Hirschman. s. l, Québec, Édition Production Koukourouj, p. II — XX, 1995.

[23] Loa moudong: loa Mandingue, du nom d'une ethnie africaine connue pour son esprit rebelle et guerrier du temps de la colonie.

[24] Robert Bauduy, «Aux sources du théâtre populaire haïtien», *Conjonction.*, vol. XXIV, n° 2, 1969, p. 24-29. Port-au-Prince, Institut Français d'Haïti, 1969.

[25] Pyé Banbou, (Ernest Mirville, dit), «Avangou: DPM Kanntè Jan Mapou, Youn Kreyasyon Operasyonalis», Préface de Jan Mapou, *DPM Kanntè*. Miami, Éditions Mapou — Collection Koukouy, 1996, p. vi-xi.

[26] Les quatre cents réfugiés sont répartis en cent cinquante hommes, cent trente femmes et cent vingt enfants. On compte cinq vieillards parmi les adultes.

Les chiffres pour les femmes et les enfants peuvent paraître élevés, car les boat-people sont en majorité des hommes (deux à cinq femmes pour vingt hommes en général sur les bateaux ayant abouti en Jamaïque par exemple en 1991, 1993, 1996). Les moins de quinze ans représentent en général un dixième de l'effectif.

[27] Josaphat Robert Large, « La pièce *DPM Kanntè* de Jan Mapou : un théâtre collectif », Jean Mapou, *DPM Kanntè (Drèt pou Miyami Kanntè)*, Teyat Total, (The Plight of the Haitian Refugees), Miami, Edisyon Mapou, 1996. Koleksyon Koukouy.

[28] Voir pages 30-31, 33, 40, 41, 47, 56, 57, 58, 63, 65, 69, 74, 82, 84-85, 88.

[29] Le tableau six est encore plus long sur l'enregistrement vidéo, car l'artiste invité, Papados, y récite son poème « Libèté ». Il contient en outre des tirades supplémentaires sur le manque d'union des Haïtiens et les efforts qui seraient à faire pour la reconstruction du pays.

[30] Tous les récits de boat people contiennent un épisode de tempête provoquant des réactions religieuses chrétiennes ou vaudou. Cf. *Passages* d'Émile Ollivier, *Children of the Sea* d'Edwidge Danticat, *Un goût de fiel* de Claude Dambreville, *Continental Drift* de Russell Banks.

[31] Jean-Claude Charles, *De si jolies petites plages,* Paris, Stock, 1982. — Jean-Claude Icart, *Négriers d'eux-mêmes*, Montréal, CIDHICA, 1987.

[32] Sur les vingt acteurs ayant participé à la représentation, cinq ont reçu une formation théâtrale « académique » (Société d'art dramatique) : Yolande Thomas, Ernst Mirville, Kiki Wainwright, Jean Jean Désiré et Jean Dorcely Dédé. Quatre se sont formés sur le tas, mais ont une longue pratique théâtrale : Jocelyne Charles, Ginette, Marlène Bastien, Jeannette Grégoire. (Entretien avec Jan Mapou, Miami, 14 novembre 1998).

[33] Yolande Thomas et Kiki Wainwright sont des travailleurs sociaux, Marlène Bastien et Jeannette Grégoire sont infirmières. Cf. Entretien avec Jan Mapou, Miami, 14 novembre, 1998.

[34] Cet aspect manque dans l'enregistrement vidéo. Par contre les mouvements de caméra permettent de mieux rendre l'impression de tangage. De même l'apparition de la Sirène Dyaman est filmée de façon à rendre la nature surnaturelle de l'événement.

[35] Dans la mise en scène, chaque acteur vient se placer au centre du bateau, sous le grand mât (poteau-mitan) pour dire sa tirade face au public. Certes il s'adresse à ses compagnons de voyage qui marquent leur approbation soit par leurs mimiques, soit en ajoutant « oui, c'est cela même », « ça c'est vrai » à la tirade de leur camarade. Ces commentaires ne figurent pas dans le livret publié.

Le théâtre engagé de Daniel Boukman : masques, chants et révolte dans la situation postcoloniale

HANS-GEORGE RUPRECHT

> Boukman ravive nos mémoires assoupies :
> c'est là une des fonctions éclairantes du poète.
> Édouard Glisssant[1]

Des multiples rapports que l'on pourrait établir, théoriquement et dans les faits, entre l'œuvre dramatique de Daniel Boukman[2] et l'espace socioculturel des Caraïbes, c'est sans doute sous le rapport de *l'air* et des *songes*[3] dans les îles Sous-le-Vent qu'il faut l'envisager. Car c'est là, en Martinique, que sa créativité d'écrivain de théâtre entreprend, originairement, sa démarche. Cela n'ira pas sans le carnaval antillais avec ses masques stylisés et ses chants irrévérencieux, dont les voix et les rythmes signalent, au niveau du discours théâtral de ce poète dramaturge, la forte présence de la culture populaire. Au fait, les qualités poétiques de l'oralité émanent indéniablement chez Boukman du souci de l'autre et de son écoute. Qu'est-ce à dire, sinon qu'une telle écoute a son origine, chez lui comme chez beaucoup d'autres écrivains antillais, dans la tradition dite orale. Évoquée par le poète guadeloupéen Guy Tirolien, elle consiste en la pratique, fréquemment nocturne, d'aller entendre les récits d'un conteur :

Écouter ce que dit dans la nuit
La voix cassée d'un vieux qui raconte en fumant
Les histoires de Zamba et de compère Lapin
Et bien d'autres choses encore
Qui ne sont pas dans les livres[4].

En effet, et pour le dire en termes bachelardiens, la force créatrice qui organise la richesse thématique de ce théâtre engagé autant que la mouvance transculturelle de l'imaginaire vers l'autre du moi qui anime l'univers des masques, ce sont là les qualités d'une œuvre qui se ressource aux Antilles comme aux multiples rapports qu'elle entretient avec l'Europe, avec les cultures africaines et d'autres traditions. Tout cela est chez Boukman d'une conscience sociale et éthique qui ne transige jamais avec sa préoccupation principale : la liberté et la dignité humaine, qui n'ont d'autres valeurs que celles liées à la justice sociale. C'est ainsi qu'il participe d'un courant majeur de la *littérature engagée* (au sens de Sartre). De fait, il est à certains égards, tant au niveau de la pensée transmise qu'au point de vue de la pratique théâtrale, proche des auteurs qui ont occupé le devant de la scène du théâtre engagé, comme Augusto Boal, Jean Genet, Vaclav Havel, Rolf Hochhuth et Peter Weiss, parmi beaucoup d'autres.

Le théâtre de Boukman sollicite et implique une conscience de soi qui s'engage, pour se dépasser, sur les chemins de la lutte contre l'injustice et l'oppression des hommes partout dans le monde. C'est ainsi que ce poète et écrivain antillais nous interpelle dès l'émergence de son œuvre. Apparaissant sur fond d'un monde dit *postcolonial*[5], elle ne cesse de nous mettre en question.

Au fait, c'est dans *Souffles* (n° 4, 1966), revue maghrébine de culture et de littérature jadis dirigée par Abdellatif Laâbi, que nous lisons une correspondance d'Alger, datée de novembre 1966 et signée Daniel Blérald, dont voici un extrait :

> Martiniquais, âgé de trente ans, je vis depuis 1962 en Algérie en attendant que les circonstances me permettent de regagner mon pays natal. Afin de me situer (littérairement parlant), je vous signale, disons comme référence de mes opinions, un article signé Boukman paru dans le dernier numéro de *Partisans,* consacré à l'Afrique et dont je suis l'auteur (il s'agit d'un article à propos du Festival des arts nègres de Dakar). Je m'intéresse particulièrement au théâtre. Dans le dernier numéro de la revue culturelle algérienne, *Novembre,* il a été publié un de mes textes : *Orphée nègre*[6].

Précisons que la revue d'Abdellatif Laâbi, établie à Rabat, reprend ce « texte » dans son numéro 6 de 1967. Ultérieurement appelé *Poème dramatique*, Boukman l'a dédié à son compatriote martiniquais Frantz Fanon. Si ce numéro retient notre attention ici, c'est parce qu'il met en avant un ensemble de thèmes et de textes qui témoignent d'une opposition indignée et de la colère devant la misère, l'injustice et l'oppression d'autrui dans le Tiers Monde. À ce propos, l'*avant-dire* éditorial de la revue est sans ambages :

> Le sang de notre génération ne pourra jamais rester froid devant cette guerre [la 3ᵉ guerre israélo-arabe dite de « six jours » en 1967] comme devant n'importe quelle boucherie du Viet-Nam, massacres dans les colonies portugaises, apartheid et racisme, extinction des voix révolutionnaires qui, d'Amérique du Sud, d'Afrique et d'Asie s'élèvent, de plus en plus décidées, pour s'opposer à l'arbitraire et à la loi de la jungle d'un siècle prétendu humaniste et civilisateur[7].

En vérité, c'est un numéro thématique portant sur « Albert Memmi et nous ». Outre le poème dramatique de Boukman, il y a un long poème d'Ahmad Bouanani, « L'Analphabète » ainsi que des essais. Est particulièrement remarquable celui d'Abdellatif Laâbi sur « La phase actuelle de la décolonialisation culturelle ». Il faut mentionner aussi le compte rendu du livre d'Arlette Roth sur le théâtre algérien paru chez Maspéro.

Comme on peut le constater, la création de l'œuvre dramatique de Boukman s'identifie à une position prise par de nombreux écrivains de sa génération. Simplifiant à l'extrême, on pourrait dire que l'acte créateur de s'identifier et de se réaliser ainsi se fonde sur la mise en question radicale d'un état de chose inacceptable. C'est une prise de position marquée par des relations historiquement cernables entre les instances individuelles d'une révolte énoncée et les projets d'émancipation collective qui soutiennent l'agir du dramaturge. Fonction de la distance toujours relative qui sépare la conscience engagée de l'écrivain des investissements faits dans l'acte d'écrire, cette relation entre révolte et émancipation, dans la mesure où elle a motivé en quelque sorte l'ensemble des poèmes dramatiques, impliquerait non seulement l'historicité de l'œuvre, mais aussi de multiples aspects événementiels qui lient ces *Chants*[8] (tels que Boukman les appelle) à l'histoire d'un pays, à la *Madinina île esclave,* comme le précise le sous-titre de l'édition la plus récente. Tel quel, ce paratexte renvoie explicitement « à l'archipel des Antilles nation future » à laquelle ces poèmes dramatiques ont été dédiés.

Dans ces textes, Daniel Boukman s'offre à nous non seulement par sa parole de poète et de dramaturge, mais aussi par ce qui lui est essentiel par-delà même les pulsions de vie et de mort qui rythment ses chants. C'est ainsi qu'il tend à se dépasser au-delà de l'auto-affirmation d'un révolté qui engage sa créativité dans et pour l'avancement de la culture plurielle de l'archipel. Bref, c'est une œuvre investie dans la mouvance des idées de liberté et de lutte. De fait, dans les images en lesquelles s'expriment ces idées s'actualise la pensée identitaire caraïbe.

Parallèlement, l'écriture théâtrale de Boukman vise tout autant le renversement de certains schèmes de pensée, dont celui de « la quintessence nègre » (p. 85) et des « murailles blanches de l'oppression » (p. 69) à travers lesquelles les paroles ne passent plus. Pour débloquer et faire évoluer la situation socio-culturelle dans la « Madinina », l'imaginaire doit s'appuyer sur le passé tout en réengendrant l'avenir. À ce propos, « La Voix » du prologue (précédant *Les voix des sirènes)* est tout à fait indicatrice de l'intention créatrice du dramaturge :

Il fait le moment
du voyage à rebours
sur les sentiers effacés du Passé...
Il fait le moment où
il convient d'écarter des montagnes de cendres
de ranimer de chants forts et frais
des Jours oubliés... (p. 11)

Comprendre comment les « chants forts et frais » peuvent susciter l'espoir dans le présent, c'est comprendre par la révolte qui s'exprime sur scène comment l'oubli s'implique dans le travail de la mémoire. « Certes, d'écrire Albert Camus dans un essai controversé, le révolté ne nie pas l'histoire qui l'entoure, c'est en elle qu'il essaie de s'affirmer. Mais il se trouve devant elle comme l'artiste devant le réel, il la repousse sans s'y dérober[9]. » Être devant et dans l'histoire, cela pourrait vouloir dire, selon le prologue de la pièce, que l'homme antillais doit faire face à son passé, à savoir l'envisager dans l'entre-deux des imaginaires africains et européens qui le scinde et le réconcilie avec ses origines multiples. Écoutons encore une fois « La Voix » du prologue (accompagnée d'un « Tam-tam au rythme plus lent, plus tragique », selon l'indication scénique) :

LA VOIX
[...]
Ce soir
Homme

le Passé
chevauchant le noir coursier de l'Espérance
le Passé
TON PASSÉ
monte te chercher... (p. 11-12, c'est Boukman qui souligne.)

Question aussi de se faire appeler en jugement et de s'y soumettre, car « un Tribunal est dressé... [et] La Justice va rendre son verdict » (p. 13), de nous dire Le Récitant A. Mais gare aux apparences ! Ce n'est pas une de ces occasions d'assister à un « cortège de lamentations » (p. 12), comme le précise le Récitant B. S'il y a lamentations, ce serait seulement par antiphrase, et ce, paraît-il, au sens détourné, implicitement questionné d'une lamentation psalmodique, comme celle du Psaume 69, v. 28 (Bible de Jérusalem) :

Charge-les, tort sur tort
qu'ils n'aient plus d'accès à ta justice ;
qu'ils soient rayés du livre de vie ;
retranchés du compte des justes.

Ce n'est donc que par ironie que « Tout est bien... », d'après le Récitant B, car dit-il, « [depuis] longtemps, longtemps, c'était écrit sur le Grand Livre de la Vie... » (p. 13). Mais quel est alors le sens et la portée symbolique de la métaphore du *liber vitae* dans les *Chants* de Boukman ? La réponse s'impose tout naturellement dès qu'on lit en sous-œuvre « le Grand Livre de la Vie » dans l'hypotexte apocalyptique de Jean, ch. 20, v. 14, qui prophétise — faut-il le dire encore ? — qu'au jour du Jugement dernier les peuples et les nations seront jugés selon leurs œuvres.

Si l'on accepte cette interprétation du rôle de l'histoire dans les poèmes dramatiques de Boukman, il s'ensuit que la parole adressée à l'Homme (antillais et universel) par La Voix du prologue déjà citée, n'est pas seulement celle d'un homme seul, mais tout autant l'expression d'une pensée contestataire très répandue à l'époque dite de l'avant-mai 68. Objectera-t-on alors qu'une telle remise en contexte des conditions de production du texte d'auteur cède trop à la tentation nostalgique ? Après tout, la « chienlit » n'est plus qu'un souvenir — hélas ! oui ! — qu'on a célébré en 1998. D'où parlais-tu, camarade ? Or, notons que c'est Boukman lui-même qui nous met en garde contre cette tentation. En effet, quelques années seulement après « el triunfo de la Revolución » à La Havane, la Voix Tentatrice IV dans *Des voix dans une prison,* pièce datée «Guadeloupe, mai 1967» et dédiée «[aux] victimes de la répression coloniale», nous renvoie avec une ironie foudroyante à «ces guérillas que vous lancez contre les soldats pacifiques de la Civilisation» (p. 110). Certes, le mot «guérilla» restera pour toujours consocié[10] dans l'imaginaire des peuples révoltés en Amérique latine et dans les Caraïbes avec les traits transfigurés de Che Guevara, exécuté le 9 octobre 1967 dans la Vallegrande bolivienne — image inoubliable d'un gisant, image de «CUBA, l'Indomptable» (p. 111) évoquée à la fin des *Chants*. Dans la mesure où cela constitue tout un ensemble de représentations[11] collectives, il n'est que trop évident que l'énonciation textuelle d'une des paroles de la Voix Consolatrice dans la pièce déjà citée pourrait fort bien être interprétée, par l'énonciation scénique, tel un salut adressé au Commandante disparu. Écoutons-la:

VOIX CONSOLATRICE
[…]
Hélas!
Tu ne goûteras pas aux fruits de l'Arbre
toi le semeur!
Mais jamais, camarade, jamais nous n'oublierons
le tribut par toi versé à la cause commune…
Adieu, frère, et que vive la liberté. (p. 108)

Quoi qu'il en soit, qu'il s'agisse du mythe du guerillero invincible, lâchement assassiné, ou qu'il s'agisse d'un camarade tombé dans la lutte, toujours est-il que dans le feu de l'action sur scène — «(Explosion… Rumeurs… coups de sifflet… sirène de police…)» — il est consolant (peut-être seulement à l'époque) d'entendre dire ceci:

VOIX CONSOLATRICE
Et cela, tu le savais, camarade, bien avant l'acte
Que tu exécutas, la tête froide…
Un soir, les frères t'ont désigné pour la besogne.
Il fallait répondre au sang par le sang, rallumer,
par-dessus la plaine des échines courbées, le signal
écarlate annonciateur des temps nouveaux…
Alors, sans trembler, sur ces salauds, tu as lancé l'engin.
(p. 107-108)

Écrire pour le théâtre à cette époque-là, pour se faire jouer en tant que dramaturge antillais dans la métropole ou ailleurs et ce, bien entendu, pour y «prendre position» — comme l'a fait, par exemple, en 1962 l'Organisation de la jeunesse anticolonialiste de la Martinique — cela voulait dire, nous semble-t-il, de s'embarquer dans une direction de recherche théâtrale déjà post-brechtienne. Tout indique que c'étaient des projets d'écriture qui se référaient à un horizon non pas d'attente public (au sens des théoriciens de la réception), mais de rupture avec une certaine tradition. Ce fut l'horizon d'extrêmes contrastes, tracé pour ainsi dire par *Les damnés de la Terre* (1961). S'il en est ainsi, dédicacer *Orphée nègre* à Frantz Fanon, décidément c'était sans doute, pour Boukman, beaucoup plus qu'une marque de vénération.

Nul doute, les *Chants pour hâter la mort du temps des Orphée* se font l'écho des idéologèmes caractéristiques des années 60. Qu'en serait-il alors, face au texte d'auteur, de la pertinence heuristique de notre savoir à ce sujet ? Si l'on veut maintenir à tout prix un quelconque rapport entre l'écriture de Boukman et les discours idéologiquement marqués qui traversent ses textes, ne faudrait-il pas tenir compte, de même, de la Primera Conferencia Tricontinental qui a eu lieu à Portocarrero (Cuba), en 1966, signalant aux peuples d'Afrique, d'Asie et de l'Amérique latine une nouvelle solidarité révolutionnaire ? Après tout, Boukman y renvoie dans *Les voix des sirènes*. Une chose est certaine, la clef de voûte des *Chants,* c'est-à-dire le «potentiel radical» comme dirait Herbert Marcuse[12], réside effectivement dans le refus de toutes les tentations et consolations qui s'affirment, aux yeux de Boukman, dans la situation postcoloniale. Situé dans la perspective symbolique d'une mise en scène, le potentiel de résonance d'un tel refus pourrait être considérable, comme l'indique Mariane dans *Les voix des sirènes*.

> MARIANE
> Pourquoi enfoncer plus avant le dard qui fait mal ?...
> Oui, nous sommes seuls !... Comment appeler cela ?
> Entêtement, aveuglement, rêverie ?...
> Je ne sais ! Nous serons écrasés, broyés comme grains de café...
> Qu'importe ! Le refus, notre ultime refuge ! (p. 33-34)

Immanent au monde imaginaire de *Madinina île esclave,* «le dard qui fait mal» est tout un répertoire de gestes et d'actions violentes, allant du «châtiment exemplaire» (p. 32) ou sacrificiel comme dans *Les voix des sirènes*, à la «lapidation» (p. 90) comme dans *Orphée nègre,* en passant par l'exécution «sur la place publique, décapité pour l'exemple» (p. 95) comme dans *Des voix dans une prison.* Autrement dit, l'acte illocutoire du refus est enchevêtré dans les situations dramatiques d'une violence extrême. C'est comme s'il s'agissait, à l'instar des pratiques artaudiennes, de «doubler la vie» (Artaud) afin de mieux saisir, de dévoiler et de mettre à nu l'humanité en sa situation dite postcoloniale. D'une manière générale, «ce qui complique *la situation*», au dire de Sartre (et je souligne), «c'est qu'elle est historique, c'est-à-dire justement qu'elle est déjà vécue et pensée par d'autres[13]».

On admettra donc volontiers qu'aux yeux du lecteur les situations et les matériaux transtextuels et polyrythmiques de ces pièces font évidemment appel à une interprétation sur scène des plus modernes. Tout bien considéré, la composition des *Chants pour hâter la mort du temps des Orphée* participe des ruptures et des stratégies de renouvellement du théâtre engagé en France et ailleurs. Pour ce qui est de la seule saison 1966-1967, on pense, par exemple, à *L'Opéra noir* de Gabriel Cousin, à *V comme Viêtnam* d'Armand Gatti ou encore à la pièce de Yacine Kateb, *Les Ancêtres redoublent de férocité*. En d'autres endroits durant la même saison, les feux de l'actualité théâtrale furent braqués sur *Les Plébéiens répètent l'insurrection* de Grass, *Les soldats* de Hochhuth et *Le Chant du grand épouvantail lusitanien* de Weiss.

Parmi les rapports qui définissent la recevabilité des textes théâtraux de Boukman, il convient d'évoquer la distance de médiation intertextuelle entre l'exotopie du point de vue d'un lecteur et l'endotopie d'un spectateur antillais. Dans *Orphée nègre*, on est d'entrée de jeu pris à témoin, voire pris comme témoin à charge en ce qui concerne «la mort occidentale» et, par métathèse syntaxique, témoin de «l'occident mort» tout court. Or sont essentiels à cette distance l'écart et le rapprochement entre deux champs de références — africaines et européennes — qui renferment des identités mythiques et littéraires distinctes. Mais comment faut-il alors se situer par rapport à cette mort, étant donné ses surdéterminations multiples? En voici à ce sujet un passage assez indicatif:

LA MORT OCCIDENTALE
    Cavernes de la nuit
    moi
    la Mort occidentale
    vous ordonne de restituer à sa lumière
    Orphée

Chantre de la Négritude
Eurydice retrouvée
(Musique de flûte.)
Le Troupeau nègre
veut brouter des pâturages empoisonnés.
De criardes mouettes de mort
assombrissent la mer
et sur ton île
Orphée
mollement retombe
un rideau de pluie
rouge sang.
(Musique de flûte.)
Lève-toi Orphée
Lève-toi et comme Lazare
reprends place au banquet.
(La mort se fige dans l'attente de la résurrection. Feux de
projecteurs sur une sellette où apparaît le marchand de jour-
naux.)
(p. 67-68)

Il serait bon de se rappeler le mythème central de la *Fabula di
Orfeo*, pour reprendre le titre d'Angelo Poliziano qui fut le premier à en faire une pièce de théâtre (1480)[14], soit le fameux regard
en arrière à cause duquel Orphée perd à jamais sa bien-aimée. Or,
dans l'univers mythique, on le sait, ce sont toujours des oppositions homologables et des rapports entre formes, thèmes et structures qui se transforment sous l'effet des « actions accomplies »
(au sens classique de la *Poétique* (1450 b 5) aristotélicienne).
Dans *Orphée nègre,* l'axiologie du récit classique (selon Ovide,
Métam., X, 1-105 ; XI, 1-66 ; Virgile, *Géorg.* IV, *Buc.,* III, *Én*, VI,
etc.)[15] a été inversée : c'est Eurydice qui devance Orphée, le con-
duisant vers la mort. C'est une inversion des valeurs pour laquelle
il encourt la vive désapprobation de la « Négritude, négresse de
grande beauté » (p. 76) :

LA NÉGRITUDE
Vous !
Arrière la chienne occidentale !
Cours rejoindre ton paradis. (ibid.)

En effet, Orphée est condamné à l'enfer parmi les vivants… et
exécuté sur la place publique non pas par les Bacchantes comme
chez Ovide, mais par ses semblables. Point de fait : il se fait « lapi-
der » (p. 90) par des ouvriers noirs, puis poignarder au coutelas

(p. 90) par un docker, pour être assommé, enfin, par un coupeur de canne. Tout cela parce que Orphée, le «Chantre de la Négritude» (p. 67), «papa Orphée» (p. 88) — et comment ne pas y voir par ricochet le bon papa Aimé Césaire? — n'est qu'un traître, déloyal envers la cause des Noirs opprimés.

LE MILITANT

    Camarades, Orphée vous a trahis. Je dis bien VOUS,
    Vous qui travaillez la terre, vous les ouvriers des distilleries,
    vous les pêcheurs, vous les artisans des villes et des communes,
    vous les dockers...
    Pourquoi? parce qu'il a toujours chanté l'Homme nègre,
    la Splendeur nègre, la Beauté nègre, l'Agilité nègre...
    tellement chanté, tellement chanté
    qu'il a bondi vers les étoiles, et de là-haut, camarades,
    pas moyen de voir le nègre des Antilles, cassé en deux
    dans le champ de cannes... pas moyen d'entendre
    dans les cases les petits enfants qui pleurent parce qu'ils ont faim.
    Pas moyen non plus de savoir exactement ce que c'est
    qu'une lessiveuse râpant ses mains, comme du manioc,
    sur une roche de la rivière. (p. 86, Boukman souligne.)
    [...]
    Alors, camarades, le temps des Orphée est mort!
    [...]
    LA LIBERTÉ, c'est avant tout, de vos mains qu'elle sortira,
    camarades, de vos mains, et de rien d'autre...
    Nous n'avons plus besoin d'Orphée!
    (p. 89, Boukman souligne.)

Il n'est que trop évident qu'avec cette pièce Boukman fait œuvre de démolisseur — ou faut-il plutôt dire que ses *Chants pour hâter la mort du temps des Orphée* tendent à décoloniser l'imagination antillaise[16]? Quoi qu'il en soit, s'il reprend le mythe, c'est justement pour regarder en arrière, pour déranger le silence des bien-pensants de la négritude face à la misère dans l'île: «l'exploitation des colons, le chômage huit mois sur douze, l'exil pour chercher du travail, notre misère bleue, c'est ici, dans cette île, qu'elle se trouve», pour le dire avec le Militant (p. 88-89). Aussi n'est-il pas étonnant que le regard en arrière comprenne une visée critique sur la notion de la négritude et ce, paraît-il, eu égard aux idées largement connues des maîtres penseurs de ce concept. Il y a aussi une certaine récurrence thématique entre l'*Orphée noir* de Sartre[17] et l'*Orphée nègre* de Boukman, dans la mesure où le dramaturge inverse le rapport de force entre Orphée et Eurydice. Si Sartre, de concert avec d'autres critiques, pense de cette notion que «la Négritude est pour se détruire, [qu'] elle est passage et non aboutissement, moyen et non fin dernière» et qu'à l'instant même «les Orphées noirs embrassent le plus étroitement cette Eurydice, ils sentent qu'elle s'évanouit entre leurs bras» (ibid.), Boukman, de son côté, ira plus loin. Employant un mot-clé du philosophe, à savoir le sens propre et figuré de «délivrance» dans *Orphée noir* — «Et quand un poète noir prophétise à ses frères un avenir meilleur, c'est sous la forme d'un rythme qu'il leur dépeint leur délivrance[18]» — le dramaturge martiniquais fait dire au Militant ce qui le met le plus en colère:

LE MILITANT
    Et toi camarade, quand le béké t'a jeté à la porte de son usine,
    comme un paquet de linge sale,
    est-ce que la «Délivrance Nègre» de compère Orphée
    a donné à manger à ta femme et à tes enfants?
UN OUVRIER
    Han!
LE MILITANT
    Répondez, camarades!
    Est-ce Orphée qui a reçu les balles des C. R. S lors de la
    grève?...
    Est-ce que ses belles phrases ont tiré de la geôle
    les emprisonnés de décembre?
    (*Silence.*) (p. 88)

En réalité, faut-il vraiment chercher à présent un lien de parenté entre ce «compère Orphée» et le Maire de Fort-de-France, député de la Martinique et auteur du «Discours sur le colonialisme» de 1955? Or, nous ne pensons pas nous aventurer trop en nous imaginant ce que Boukman voulait dire quand il dédie sa pièce *Les voix des sirènes* «Aux victimes de la répression coloniale» (Martinique, décembre 1959). Qui sont-ils alors, ces «emprisonnés de décembre» mentionnés dans la pièce? Laissons la question ouverte et soulignons dans le texte que la désignation d'Orphée est plutôt risible, étant donné la similitude de rapports entre ce personnage ainsi dénommé et certains personnages que l'on trouve dans les contes populaires antillais, comme par exemple compère Lapin, compère Chouval et compère Cabritt, qui figurent tous dans *Les voix des sirènes*. Il convient d'ajouter que dans cette pièce, les personnages fortement typés autant que l'espace scénique à

l'intérieur duquel ils évoluent, tiennent de la nature ambiguë du
« trop-plein de rires et de jeux[19] » carnavalesques (par opposition à
ce qui manque durant le temps de carême) et ce, non seulement
parce qu'il y a des rôles comme celui du Diable et de la Diablesse,
de Pierrot et d'Arlequin (« brandissant sa batte », p. 21), comme il y
a des personnages allégoriques tels que la Mort, le Passé ou
l'Écho. En fait, la temporalité du carnaval, son *avant* étant inversé
pour la durée d'un moment au bout duquel est imposé ce qui vient
après, ce temps limité des réjouissances collectives correspond,
dans la pièce *Des voix dans une prison*, à la courte durée d'une
scène de torture dont l'issue fatale semble être prévisible pour le
prisonnier. C'est comme s'il s'agissait d'inverser la logique de la
temporalité carnavalesque, l'euphorie de la fête se transformant
en une expérience dysphorique des plus violentes. En voici les
enjeux :

VOIX TENTATRICE II
    Jamais plus ne liras le message des étoiles
    et dans la mémoire des vivants
    lentement tu finiras lentement
    lentement toi lumignon de chapelle oubliée...
    (*Tambour en fond sonore.*)
VOIX TENTATRICE III
    Terminé le bal !
    Mais, pour toi seul, camarade !
    [...]
    (*Tambour, ti-bois.*)
    Écoute,
    La Diablesse enfourche son cheval-trois-pattes.
    Carnaval ouvre une cage d'oiseaux masqués.
    (*Tambour, ti-bois, cloche crescendo.*)
    Et
    les reins
    les cuisses
    les épaules
    les mains
    les sexes
    les yeux
    Sont des serpents de feu qui dansent.
    (*La cellule est envahie de danseurs, danseuses travestis ;*
    Ils dansent avec frénésie sous une lumière irréelle.
    Lorsqu'éclate la voix du Passé, musique, danse, lumière
    disparaissent.*)
    (p. 105-106)

146

Visiblement, l'inimaginable paroxysme de la douleur physique du torturé se concrétise, si faire se peut, dans la frénésie avec laquelle s'exécute « sous une lumière irréelle » la danse des travestis. Ainsi l'intolérable se présente comme une mauvaise farce, comme un travestissement par lequel se constitue, dans l'imagination du spectateur, la *persona* du prisonnier politique.

Dans *Orphée nègre*, certains personnages prennent des attitudes, énoncent des opinions toutes faites comme pour s'exhiber dans une mascarade, faisant même parade de l'art du déguisement. Ces opinions sont des stéréotypes, voire des masques sonores, comme dirait Walter Benjamin. Qu'il suffise de prêter l'oreille à quelques-unes des platitudes d'un goût douteux que prononcent certains personnages imbus de négrophilie. Ils les disent à l'unisson et avec bonhomie, comme si ces personnages formaient un cortège carnavalesque entourant Orphée le bon nègre. C'est comme un défilé de masques, ou comme précise Boukman par une indication scénique, c'est une « succession d'apparitions flash » tout en ajoutant que « les personnages qui suivent sont des Blancs » (p. 78) :

UNE PUTAIN
Moi, je les aime bien, mes clients nègres ! En amour,
Ils se défendent comme des lions !
UNE CONCIERGE
Dans l'immeuble où je suis concierge, il y a un nègre,
Un étudiant, je crois. Eh bien, je n'ai jamais rencontré un garçon
aussi bien élevé, et ordonné avec ça !
UN PASTEUR
Les Noirs sont des hommes, nos frères en Jésus-Christ.
Il faut donc les aimer pour l'amour de Dieu.
UN MISSIONNAIRE
J'ai passé vingt-cinq ans dans la brousse africaine.
J'affirme que les Noirs ont des leçons à donner au monde civilisé.
La philosophie bantoue, par exemple, une somme de sagesse !
UN ETHNOLOGUE
Au fond, les Pharaons, c'étaient des nègres.
UN DISCOPHILE
Et le jazz. (*Il fredonne un air.*)
UN INTELLECTUEL
Savez-vous tout ce que doivent à l'Art nègre, la littérature,
la peinture, la sculpture contemporaine ?
UN PHILOSOPHE
Rien d'étonnant ! L'émotion est nègre comme est hellène la
Raison.

UN ANCIEN ADMINISTRATEUR DES COLONIES
    Mais, tous les nègres sont-ils vraiment des hommes?
TOUS
    Sortez-le! raciste! (p. 79-80)

Touché! Sans blague! Comment ne pas y voir en effet une démonstration par récurrence et combien ironique de ce que c'est qu'un préjugé racial primaire, bon enfant. Mais en considérant cette suite d'énoncés comme un procédé théâtral, on pourrait également soutenir que cette «succession d'apparitions flash» — pour reprendre la directive du dramaturge — se déroule sous nos yeux comme des plans cinématographiques de très courte durée. En fait, vus sous cet angle-là, les masques sonores se présentent comme des spots déjà vus. Tels quels, ils font tilt dans l'esprit du spectateur qui aura sans doute, selon ses expériences, encore d'autres associations d'idées. Car, que l'on admette ou non qu'il s'agit d'un procédé emprunté au cinéma et qui se rapproche de la pratique carnavalesque du défilé des masques, l'idée de base qui structure cette succession de stéréotypes est qu'il y a du même dans le multiple. Notons, suivant Bakhtine, que le multiple est en l'occurrence hétérologique (vu la caricature des couches sociales, du bas peuple au plus haut niveau culturel) et hétérophone (vu la diversité dans l'expression). De fait, tout tient à l'énoncé et à la manière de proférer le mot «nègre».

Mais il y a plus. Tout indique en effet que l'emploi de ce mot dans cette suite d'énoncés renvoie à d'autres textes. C'est en ce sens qu'il y a, au niveau du *texte spectaculaire* — «le spectacle comme texte, par rapport à ses régularités internes [et] à ses aspects co-textuels» comme le définit Marco De Marinis[20] — qu'il y a là, il est vrai, un dialogisme à l'œuvre, qui met en relation intertextuelle le dit et le non-dit, les énoncés *in prasentia* au niveau des paroles dites sur scène avec des énoncés *in absentia*[21] produits ailleurs. On peut noter à ce propos que le passage cité de *Orphée nègre* se lit comme une réplique dialogique que Boukman donne à l'interdiscours dont Césaire a montré l'efficace poétique dans le *Cahier d'un retour au pays natal*:

les nègres-sont-tous-les-mêmes, je-vous-le-dis
les vices-tous-les-vices, c'est-moi-qui-vous-le-dis
l'odeur-du-nègre, ça-fait-pousser-la-canne
rappelez-le-vieux-dicton: battre-un-nègre, c'est-le-nourrir[22]

Par ailleurs, il n'est pas difficile d'imaginer comment certains spectateurs de la pièce de Boukman s'amuseront à entendre un missionnaire dire que « La philosophie bantoue, par exemple, [est] une somme de sagesse », puisque cette remarque renvoie évidemment à l'ouvrage, fort discutable et néanmoins assez influent, que le père Placide Tempels fit paraître sous ce titre au Congo belge en 1945[23]. Et que dire de cet ethnologue qui s'aventure à dire que « les Pharaons, c'étaient des nègres » ? Or, pour discuter de cette question, les spectateurs avisés penseront probablement à l'ethnologue allemand Leo F. Frobenius (1875-1938), dont les théories dites diffusionnistes des civilisations africaines sont bien connues. Mais dans le cas de cet intellectuel qui s'interroge au sujet de « l'Art nègre » et des arts contemporains, il est clair que le dialogisme repose entièrement sur la compréhension de cette expression. Tout comme l'*enthymème*, au sens grec du terme (i. e. ce qu'on a dans la pensée) que Bakhtine reprend, *l'art nègre* : « C'est comme un "mot de passe" que seuls connaissent ceux qui appartiennent au même horizon social[24] », c'est-à-dire celui des intellectuels connaisseurs de l'art moderne. L'étendue des connaissances, à ce sujet, est vaste. Cela peut par exemple inclure le fameux texte d'Apollinaire « À propos de l'art des noirs » dans le catalogue de la première exposition d'art nègre et d'art océanien organisée par Paul Guillaume à Paris (1919), ainsi que *Le musée imaginaire de la sculpture mondiale* de Malraux (1952-54), sans oublier le Festival des arts nègres de Dakar au sujet duquel Boukman a publié un article dans la revue *Partisans*[25]. Or, puisqu'il faut toujours sous-entendre chez lui certains signes de connivence postcoloniale, sinon l'effet intentionné d'un trait d'esprit ironique, remarquons enfin qu'il était aussi question d'art nègre lors de l'Exposition coloniale de 1931[26].

Après avoir évoqué le rapport entre le jeu des masques, le rire en quelque sorte carnavalesque qu'ils provoquent, et les implicites contenus dans les relations interdiscursives — encore qu'on puisse souhaiter entrer dans les détails de ces relations, — il faut encore une fois souligner qu'avec *Orphée nègre*, Daniel Boukman engage effectivement une polémique avec les tenants de la négritude, fussent-ils « césairiens » ou « senghoriens »[27]. C'est ainsi que, déjà au début des années soixante, le jeune écrivain martiniquais se démarque — comme les René Ménil, Ezekiel Mphalele et un peu plus tard Wole Soyinka[28] — des initiateurs du mouvement.

Rien d'étonnant à cela. Résolu à mettre «le colonisé en question[29]», Boukman s'obstine à voir au-delà, et ce «pour ranimer l'espoir», comme il dit dans sa lettre d'Alger, de novembre 1966, à la revue *Souffles* déjà citée[30]. Pour préciser sa démarche, il suffit de voir comment il se sert du procédé de l'intertextualité citationnelle pour façonner le masque, voire la *persona*, de la négritude dans *Orphée nègre* :

LA NÉGRITUDE
Ma négritude
c'est aussi l'arracheur
des masques blanc
sur les peaux noires
et dans mes mains
des lambeaux de chair
et d'âme. (p. 82)

Visiblement, l'effet poétique de cet énoncé relève de l'opposition pertinente entre deux composantes du paradigme des concepts de la négritude. En fait, tout tient à la relation entre deux formants intertextuels[31]. D'un côté, c'est l'assertion inclusive qui va à l'encontre des effets rhétoriques du *locus a contrario* chez Césaire, comme «ma négritude n'est pas une pierre», «ma négritude n'est ni une tour ni une cathédrale[32]», et de l'autre, c'est évidemment le renvoi explicite au livre de Fanon, *Peau noire, Masques blancs* (1962).

Par ailleurs, c'est dans *Délivrans! Une farce sérieuse*[33], pièce avec laquelle Boukman reprend le thème sartrien de la «délivrance nègre» que réapparaît, sous les riants auspices d'une allusion au déguisement de carnaval antillais, le jeu des masques blancs :

HORTENSE
Madanm té en Fwans… I viré épi anlo bagay !
(Madame était en France ; elle est revenue avec plein de choses.)
Attends,
Man Dédé, ferme les yeux, je vais te montrer !
(*Elle revient avec sa perruque blond platiné, se déhanchant et chantonnant.*)
HORTENSE
«Douce France, beau pays de mon enfance… »
MAN DÉDÉ
Fout ou ganmé, mafi ! Mé, dapré mwen… kannaval pôkô wouvè !
(Quelle élégance, ma fille ! Mais d'après moi, tu es en avance sur le carnaval.)

(p. 14, avec la traduction en français des phrases en créole par Boukman.)

Indéniablement, cela a son charme quand Hortense, la domestique de Mme Cupidon, cause chiffons avec la mère de M. Cupidon, Man Dédé, passant du créole au français. Mais ce qui est encore plus frappant chez Hortense, c'est l'inversement tout à fait carnavalesque de l'être et du paraître. À vrai dire, cet inversement marque une rupture aliénante entre l'être du colonisé et le paraître du colonisant.

Il est sans doute facile d'éclairer dans ce dialogue la fonction sémiotique du titre de la célèbre chanson de Charles Trenet. Pour le dire en deux mots, il y a évidemment une relation de complémentarité sur l'axe paradigmatique entre l'achat des fringues en France et l'acte de chantonner ensuite le «Douce France» de Trenet, comme il y a sur l'axe syntagmatique une relation translative entre ce formant intertextuel (le titre de la chanson) et son fonctif, soit les effets de l'aliénation. Et inutile de préciser que la brave Hortense n'a pas eu une enfance dans la douce France au sens où l'entend le compositeur et chanteur français. Mais il y a plus. Pour saisir les enjeux de la portée trans- et inter-textuelle de ces renvois, notamment dans *Orphée nègre,* il faut comprendre la relation discontinue que Boukman établit, dans ce poème dramatique, avec l'expression des croyances, des valeurs et des attitudes dites *nègres* telle qu'elle se diffracte, par exemple dans l'œuvre poétique d'Aimé Césaire, en une multitude de sémantismes[34].

Enfin, voilà. Nous avons dû laisser de côté de nombreux aspects de l'œuvre dramatique de Daniel Boukman. Et ce serait sans doute risquer, injustement, de produire n'importe quelle impression générale sans nuances que de vouloir conclure prématurément, après avoir pris notre analyse de quelques passages choisis par les abords les plus frappants. Vu sa créativité en perpétuel devenir — de *Ventres pleins, ventres creux* et *Les négriers* du début des années soixante-dix à la grande pièce *Et jusqu'à la dernière pulsation de nos veines*[35] d'il y a peu, pièce «de solidarité d'un Antillais avec la lutte du peuple palestinien», de préciser l'auteur, — il faudra certainement relancer la discussion en ce qui concerne l'apport incontournable, bien au-delà de la situation dite postcoloniale, de cette œuvre somme toute essentielle pour le théâtre des Caraïbes.

Notes

¹ Édouard Glissant, Préface, *Zizing Pawòl*, un coffret de 50 poèmes-particules de Daniel Boukman, illustrations d'Alain Salevor, Paris, Éditions mabouya, s. d. ; voir notamment <http://perso.club-internet.fr/bambiyo/pawol-syel.htm>.

² Pour une présentation succincte des œuvres poétiques et dramatiques de Boukman, y compris des textes inédits, voir Bridget Jones & Sita D. Dickson Littlewood, *Paradoxes of French Caribbean Theatre. An Annotated Checklist of Dramatic Works : Guadeloupe, Guyane, Martinique, from 1900*, London, Department of Modern Languages, Roehampton Institute, 1997, p. 29-32, ainsi que l'article d'Alvina Ruprecht, « Stratégies d'une dramaturgie politique ; le théâtre anticolonial de Daniel Boukman », *L'Annuaire théâtral*, Revue québécoise d'études théâtrales, n° 28, automne 2000, p. 59-72.

³ Nous faisons allusion à Gaston Bachelard, *L'air et les songes. Essai sur l'imagination du mouvement*, 1943.

⁴ Guy Tirolien, « Prière d'un petit enfant nègre », dans L. Sédar Senghor, *Anthologie de la nouvelle poésie nègre et malgache de langue française*, précédée de *Orphée noir* par Jean-Paul Sartre, Paris, Presses Universitaires de France, 2ᵉ éd., 1969, p. 87. Ralph Ludwig a récemment insisté sur « l'oralité comme parole de nuit » dans son introduction au recueil *Écrire la parole de nuit. La nouvelle littérature antillaise*, Paris, Gallimard, 1994, Folio essai.

⁵ On lira avec intérêt l'analyse critique des emplois controversés du terme de post-colonialisme proposée par Anne McClintock, « The Angels of Progress, Pitfalls of the Term "Post-Colonialism" », *Colonial Discourse and Post-Colonial Theory : A Reader*, (sous la direction de Patrick Williams & Laura Chrisman), New York, Columbia University Press, 1994, p. 91-304.

⁶ *Souffles*, n° 4, 4ᵉ trimestre 1966, p. 48 ; cité d'après le site suivant : <http://lang.swarthmore.edu/clicnet/souffles/s4/13.html>.

⁷ *Ibid.*, p. 4.

⁸ Nous citons désormais (indiquant les pages dans le texte) l'édition suivante : Daniel Boukman, *Chants pour hâter la mort du temps des Orphée* ou *Madinina île esclave*, Paris, L'Harmattan, 1993.

⁹ Albert Camus, *L'homme révolté*, Paris, Gallimard, 1951, p. 358.

¹⁰ Précisons que le terme de « consociation » et ses dérivés sont employés ici au sens de la « Konsoziation », telle que le sémanticien Hans Sperber l'entend dans son *Einführung in die Bedeutungslehre*, Leipzig, 1923, qui fut fort apprécié par Freud. Cf. Michel Arrivé, *Linguistique et psychanalyse*, Paris, Méridiens Klincksiek, 1987, p. 105-119.

¹¹ Hans Sperber, *ibid.*, emploie le terme de « Vorstellungskomplex » (un ensemble de représentations).

¹² Pour Herbert Marcuse, critiquant l'esthétique marxiste, « le potentiel radical de l'art réside précisément dans son caractère idéologique, dans son rapport transcendant avec la "base". L'idéologie n'est pas toujours pure et simple idéologie, fausse conscience. La conscience et la représentation de vérités qui apparaissent abstraites par rapport au procès de production établi sont aussi des fonctions idéologiques. L'art présente une de ces vérités. En tant qu'idéologie, il s'oppose à la société donnée. », *La dimension esthétique*, Paris, Seuil, 1979, p. 27-28.

¹³ Jean-Paul Sartre, *Cahiers pour une morale*, Paris, Gallimard, 1983, p. 63.

[14] Cf. Pierre Brunel, *Dictionnaire des mythes littéraires*, Paris, Éditions du Rocher, 1988, p. 1093-1103.

[15] Cf. Eva Kushner, *Le mythe d'Orphée dans la littérature française contemporaine*, Paris, Nizet, 1961.

[16] Cf. Jan Nederveen Pieterse & Bhikhu Parekh (eds.), *The Decolonization of Imagination. Culture, Knowledge and Power*, London, Zed Books Ltd, 1995.

[17] C'est évidemment le texte de Sartre dans l'anthologie de Senghor; voir ci-dessus la note n° 4. Toutes nos citations de Sartre ont été prises dans l'édition mentionnée.

[18] *Ibid.*, p. xxxv.

[19] Michel Feuillet, *Le carnaval*, Paris, Les Éditions du Cerf, 1991.

[20] Marco De Marinis, « Vers une pragmatique de la communication théâtrale », *Versus, Quaderni di studi semiotici*, n° 30, septembre-décembre 1981, p. 71-86.

[21] Rappelons pour mémoire que cette distinction a été introduite par R. Jakobson, puis, fort utilement rapprochée du dialogisme bakhtinien par Tzvetan Todorov, *Mikhaïl Bakhtine, le principe dialogique* suivi de *Écrits du Cercle de Bakhtine*, Paris, Seuil, 1981, p. 97.

[22] Aimé Césaire, *La poésie*, édition établie par D. Maximin et G. Carpentier, Paris, Seuil, 1994, p. 32.

[23] Placide Tempels, *La philosophie bantoue*, trad. du néerlandais par A. Rubens, préf. d'E. Possoz Elisabethville (Lubumbashi), Éd. Lovania, 1945; rééd. Paris, Présence Africaine, 1949.

[24] T. Todorov, *Mikhaïl Bakhtine, op. cit.*, p. 68.

[25] Boukman mentionne ce fait dans sa correspondance avec la revue *Souffles*. Voir la note n° 6.

[26] Cf. *Art nègre: sculptures africaines ayant figuré à l'exposition coloniale de 1931*, Paris, J. Roudillon, 1984; voir aussi *De l'art nègre à l'art africain: l'évolution de la connaissance de l'art africain des années trente à nos jours*, 1er Colloque européen sur les arts d'Afrique noire, Paris, 10 et 11 mars 1990 au Musée des arts africains et océaniens, Arnouville, Éd. « Arts d'Afrique noire », 1990.

[27] Voir Maryse Condé, « Négritude césairienne, négritude senghorienne », *Revue de littérature comparée*, 48e année, juillet-décembre 1974, p. 409-419; et Lilyan Kasteloot, *Négritude et situation coloniale*, Washington, Black Orpheus Press, 1972; et Jacqueline Leiner, « Négritude caraïbe — Négritude africaine », dans l'Annexe de son livre *Aimé Césaire / le terreau primordial*, Tübingen, Gunter Narr Verlag, 1993, p. 153-172, (Études littéraires françaises, n° 56); et Belinda Elizabeth Jack, *Négritude and Literary Criticism: The History and Theory of "Negro-African" Literature in French*, Westport (Conn.) Greenwood Press, 1996.

[28] Voir l'étude de J. Leiner, *op. cit.*, pour les références bibliographiques.

[29] Frantz Fanon, « Le Colonisé en question », in *Pour la révolution africaine*, Paris, Maspéro, 1964.

[30] Voir note n° 6.

[31] Pour une définition élaborée de ce terme, voir H.-G. Ruprecht, « The Reconstruction of Intertextuality », in Heinrich F. Plett, *Intertextuality*, Research in Text Theory n° 15, Berlin / New York, de Gruyter, 1991, p. 60-76.

[32] A. Césaire, *La poésie, op. cit.*, p. 42.

[33] Paris, L'Harmattan, 1995. Sa publication théâtrale la plus récente, *La véridique histoire de Hourya*, écrite en 1965, a paru à Paris, chez Nex Legend Éditions, 2001.

[34] Cf. Gloria Nne Onyeoziri, *La parole poétique d'Aimé Césaire. Essai de sémantique littéraire,* Paris, L'Harmattan, 1992.

[35] Daniel Boukman, *Et jusqu'à la dernière pulsation de nos veines,* Paris, L'Harmattan, 1993.

Dramaturgie et histoire :
la représentation de *Dessalines,*
de Vincent Placoly

MARIE-AGNÈS SOURIEAU

Romancier et essayiste, Vincent Placoly est aussi et avant tout un homme de théâtre. Si l'on en croit la bibliographie du numéro spécial de *Tranchées*[1], publié en son hommage après sa mort en janvier 1993, Placoly compte à son actif quinze pièces dont la plupart ont été représentées sur scène ou adaptées pour la télévision martiniquaise. Mis à part *Dessalines*[2] et *Don Juan*, les autres textes sont apparemment épuisés ou toujours à l'état de manuscrit, donc difficilement accessibles. Mais si l'on considère le titre de ses pièces et si l'on se souvient que Placoly était un engagé politique authentique, le lecteur ou le spectateur « averti » saura que cette œuvre est habitée par la recherche d'une vérité, celle d'un humaniste animé par un projet social global, celle d'un intellectuel antillais qui se sent intrinsèquement solidaire de son peuple.

Je dis lecteur « averti », parce que la démarche de ce militant du Groupe Révolutionnaire Socialiste ne se donne pas d'emblée, elle ne se pare pas de l'éclat démagogique que d'aucuns pourraient attendre d'un tiers-mondiste qui se reconnaît comme tel. S'il y a un projet subversif au cœur de la réflexion placolienne, il défie la bonne conscience idéologique. Dévoiler le monde, l'appréhender derrière les fausses évidences, dénoncer les mensonges séculaires, établir les responsabilités, telle est la perspective « révolutionnaire » qu'il se donne.

> Si nous ne voulons pas que le ciment des villes aujourd'hui nous ferme la bouche, nous devons d'abord chercher en nous-même [...] de quoi irriguer un geste différent — et j'irais même jusqu'à dire

une geste différente — en suite de ceux qui nous sont proches, accepter les ponts de fraternité sociale[3].

Or à la lecture des œuvres et particulièrement des essais, il apparaît que cette recherche d'une geste autre vient buter sur le rapport complexe de l'écrivain à la parole. La quête placolienne à travers l'écrit, et d'abord à travers la révélation théâtrale qui nous occupe ici, passe par l'invention d'un langage nouveau. C'est ce que rappelle le groupe des écrivains guadeloupéens dans leur texte d'hommage «Pour Vincent» lorsqu'ils déclarent: «Pour lui, l'esthétique devait se confondre avec une éthique, celle qui refuse les compromis, les modes et les coteries pour tenter de sauvegarder l'essentiel» (*T*, p. 21)[4]. Et l'essentiel pour ce «galérien des mots», c'est de créer une littérature qui soit un lieu de résistance.

Dès 1969, dans «le créole, langue de théâtre», postface quelque peu ambiguë d'un drame intitulé *La fin douloureuse et tragique d'André Aliker*, Placoly affirme que le théâtre, «parce qu'il est révélation [...] ne souffre pas qu'on y emploie une langue faite de clairs-obscurs et d'ombres[5]». Or aux Antilles, le rôle de la langue est d'autant plus complexe qu'elle se trouve placée dans un dilemme entre le créole du peuple et le français officiel des salons, du bureau, de l'autorité. «La discrimination entre ces deux théâtres se méfie du naturel comme de la peste. Et ni la propagande ni le combat ne se mènent avec les seules armes de la nature» (15)[6]. À maintes reprises et jusqu'à la veille de sa mort, il reviendra sur la «contradiction» qui oppose le français et le créole et sur la nécessité qu'il y ait de la transcender. Au cours d'une entrevue accordée au journal *France-Antilles*, à l'occasion de la remise du prix Frantz Fanon pour son dernier ouvrage *Une journée torride* (1991), il déclarait:

> Pour moi [...] il faut créer un langage nouveau [...] Contrairement au Colombien et au Trinidadien qui écrit, nous avons, nous, le problème du français et du créole. Le Trinidadien qui écrit en anglais a deux niveaux, le niveau soutenu comme on dit, et le niveau populaire sans qu'il change de langue [...] Nous, quand on passe au populaire, il y a le créole. Le créole et le français sont des langues étrangères l'une à l'autre, donc [il faut] trouver une langue littéraire qui tiendrait compte de ce genre de problème.

Il concluait en déplorant le risque de «marginalisation» que courent les tenants actuels de la créolité, tout en mettant en garde les inconditionnels du français classique contre un retour au «doudouisme». Écrivain de langue française, non pas par choix mais par «une réalité qui résulte de la constitution des empires coloniaux», Placoly prend conscience, dès qu'il se met à l'écriture, que «l'universalité de la langue n'est pas donnée dans le simple fait de la formuler», mais qu'il s'agit, pour révéler la vérité d'un monde autre, de la refaçonner à partir de l'articulation grammaticale donnée[7]».

Ce renversement d'optique de Placoly sur l'emploi de la langue dans l'écriture et sur les composantes de la culture survient lorsque, de retour en Martinique au début des années 1970, il découvre son américanité. Il n'a alors de cesse de rappeler la dimension américaine de Saint-John Perse, de Césaire et de Glissant, qui pendant longtemps restera largement ignoré par la critique. À maintes reprises, et notamment à l'occasion de la remise du prix de la Casa de las Americas pour sa pièce *Dessalines* (1983), il déclare sa «conviction du caractère américain de [sa] culture» et dénonce les «pièges de la langue française en matière d'histoire et de géopolitique» qui ignore que les Antilles participent d'une civilisation métissée et d'une communauté d'histoire reliant les deux Amériques (*T*, p. 73-74). C'est pourquoi, souligne-t-il, les fondateurs des nations américaines, et Dessalines en particulier, ont joué un rôle majeur dans la fondation de notre civilisation. Dessalines «appartient à la compréhension originelle de notre monde que partageaient à la fois Washington et Martí de l'unité historique des deux hémisphères», c'est-à-dire de leur compréhension de la cohérence de leur univers (*T*, p. 74). Placoly tient à rappeler que de nombreux Haïtiens participèrent à la fondation des États-Unis ainsi qu'à la révolution vénézuélienne, et que c'est en Amérique que s'est développé un *nouveau concept de liberté*, problème philosophique qui ne cessera de hanter le dramaturge et que le personnage de Dessalines lui permet d'explorer (*T*, p. 43). Ainsi dans la pièce, le héros de l'indépendance haïtienne se nomme lui-même «couturier de drapeaux de la révolution», «chef d'orchestre des hymnes nationaux», «traceur», pour Mirando, de la conduite à tenir pour libérer le Vénézuela immense, vengeur de l'Amérique, et encore «Prométhée, porteur du flambeau du nouveau-monde» (*D*, p. 78).

Quel passé national, lié à la réalité actuelle, le personnage historique haïtien qu'est Dessalines évoque-t-il pour le public martiniquais à une époque d'apathie politique et d'espoirs déçus?

L'auteur de *Dessalines* veut-il éveiller la conscience nationale de ses compatriotes toujours placés sous la domination coloniale ? Il apparaît que la démarche du dramaturge s'inscrit dans celle de Glissant, qui déclare dans *Le discours antillais* que le théâtre doit avoir pour fonction « une réinsertion historique », qu'il doit être « le moteur (dans son domaine) d'une dynamique collective à réamorcer inlassablement[8]. »

Ainsi, Aimé Césaire et Édouard Glissant mettent en œuvre cette « dynamique collective » dans leur dramaturgie en choisissant d'élucider la signification de la révolution haïtienne à travers Henri Christophe pour le premier, et Toussaint Louverture pour le second[9]. La révolution de Saint-Domingue s'avère donc être pour l'ensemble de la Caraïbe l'événement historique le plus important, figurant avant la révolte jamaïcaine de 1865, et avant même toutes les révolutions d'esclaves aux Amériques. Or les écrivains antillais, à l'exception des Haïtiens, privilégient Toussaint Louverture et le roi Christophe plutôt que Dessalines[10].

Avec *Jean-Jacques Dessalines ou la passion de l'indépendance* (1983), Placoly choisit, quant à lui, de représenter le général empereur haïtien, « chef suprême des indigènes », le premier véritable homme d'État d'Haïti, l'un des premiers révolutionnaires nationalistes du Nouveau Monde. Un héros certes, mais aussi un homme de guerre sanguinaire, un tyran au parcours si controversé que ses biographes sont demeurés peu nombreux. En choisissant le fondateur de l'indépendance haïtienne et en comblant le silence malaisé de ses confrères écrivains, Placoly fait acte réparateur. Mais surtout il cherche, à partir de cet être d'exception, à entamer une réflexion sur l'esthétique dramaturgique dans ses rapports avec l'histoire. Comment reconstruire un personnage historique sur lequel existent très peu de documents authentiques et dont l'image a été, avec le temps, transfigurée — et défigurée — en mythe ? Quels facteurs font de cet individu un héros singulier de tragédie ? Comment concilier la mise en œuvre de l'esthétique de la tragédie et le respect de la vérité historique ? Placoly aborde ces questions dans une communication intitulée « Un portrait de Jean-Jacques Dessalines », qu'il prononce à La Havane en 1991, plusieurs années après la publication de la pièce, indiquant par là combien ce personnage continue à le hanter. Les nombreuses recherches qu'il a effectuées avant de rédiger sa pièce n'ont eu pour résultat, dit-il, que d'« accumuler les pages du dossier de la résistance américaine contre l'envahisseur, l'esclave contre son maître, le peon contre l'haciendadero, le nègre marron contre son habitant» (*T*, p. 30). En effet, à partir du XVIᵉ siècle, le Nouveau Monde a connu un marronnage incessant, une succession continuelle d'insurrections d'esclaves cherchant à réclamer leur liberté.

> Comment alors concevoir l'unicité d'une destinée tragique parmi des personnages historiques dont les passions ont fini par devenir le lot de chacun et de tous, à cause de la présence répétitive et mécanique de cette hydre à deux têtes que constitua l'oppression que tous eurent à combattre de la même façon ?

se demande le dramaturge (p. 30). Il faut que, face à une situation extrême, un personnage s'élève par son sacrifice, ses dons et ses vertus, au-delà des sphères communes. C'est ce qui s'est passé pour cet individu « ordinaire » qu'était Dessalines : à un moment donné, il a refusé de « subir la logique de l'histoire » qui lui était imposée, et a choisi « la voie royale de l'imaginaire », grande libératrice d'énergie surhumaine (p. 32). Ce moment historique a marqué à jamais la conscience d'un peuple.

C'est ce facteur exceptionnel de métamorphose de l'homme en héros de tragédie que le dramaturge entend explorer en prenant pour exemple trois œuvres majeures, *La tempête* de Shakespeare et l'adaptation qu'en a faite Aimé Césaire (*Une tempête*), et *Macbeth*. Il cerne dans ces tragédies trois défis auxquels le héros est confronté. Le premier défi consiste à « civiliser la sauvagerie pour que, par opposition, la civilisation apparaisse aux yeux de tous comme criminalité primitive ». Le deuxième défi consiste à

> exorciser les pouvoirs du maître [...] Il s'agit, en effet, de ce phénomène mystérieux par lequel l'être inférieur est d'abord porté malgré lui à s'identifier à celui qui possède aussi bien son corps que sa pensée,

et la troisième défi vise à « imposer au chaos du monde actuel le langage de demain» (p. 32-33). La construction du Dessalines de Placoly répond à ces trois défis : le fondateur de l'indépendance répond à la violence abjecte des Français par une violence encore plus terrible ; il mime l'ancien ordre des Français pour tenter de l'exorciser, et enfin il tente de forger un langage adaptable à la libération du Nouveau Monde. Quelle est la portée de l'œuvre dessalinienne selon la vision de son créateur ? L'histoire a-t-elle un sens au double sens du terme, c'est-à-dire une signification et une direction ?

La pièce *Dessalines* a une architecture d'ensemble classique. Elle se compose de trois actes mettant en scène les derniers mois du général empereur haïtien, juste avant son assassinat à Pont-Rouge dans une embuscade tendue par ses officiers supérieurs. Placoly reconstruit ce personnage historique à travers les ambiguïtés et les incohérences des légendes populaires transmises jusqu'à nous et des quelques témoignages écrits qui ont subsisté. Il tente de faire de cette figure si controversée qui oscille entre la férocité, la légèreté, l'arbitraire et les éclairs de vision fulgurante, le symbole humain, politique et métaphysique de la liberté. Si le dramaturge respecte les cadres historiques et géographiques ainsi que les données compilées par les historiens (faits de guerre, mesures administratives, mécontentement et opposition croissante des compagnons d'armes et du peuple), aucune référence datée ne vient justifier la période représentée. Selon Placoly, c'est en lui enlevant tout repère daté qu'un auteur réussit à faire qu'un événement situé dans l'immuable succession du temps entre dans l'histoire universelle puis, après le passage dans la mémoire, dans la sphère de l'expression littéraire (*T*, p. 48). En effet, écrit le dramaturge,

> ce ne sont pas le temps et la succession qui constituent la littérature [...] Fixer l'éternité de l'instant, telle est l'exigence première, même si l'instant considéré par la littérature ne peut se donner que dans cette forme paradoxale que revêt la succession logique de l'écriture. (T, p. 47)

Le texte de *Dessalines* est parsemé de paroles et de déclarations qui ont été attribuées au fondateur de l'indépendance soit par des historiens contemporains, soit par la légende. L'écrivain récupère ces données et les transcende pour montrer que si l'histoire ne peut se réduire à un être considéré de façon individuelle, aussi charismatique et génial soit-il, l'existence obscure et misérable du peuple dont il est le chef de file ne peut prendre forme que grâce aux instants de lucidité de cet individu. Et en quoi consiste cette lucidité ? En « la croyance que toutes nos destinées sont absolument semblables », qu'une spiritualité essentielle longtemps reléguée par « l'esprit de raison » lie, depuis l'origine, l'ensemble de l'humanité (T, p. 53). C'est l'intuition fondamentale du héros de Placoly qui déclare :

> J'aurais voulu élever ma pensée à la hauteur des siècles qui viendront. Je n'ai pas de culture et les mots se prennent dans ma gorge

comme misao... Mais je veux dire, simplement, que notre bonheur consiste à répondre aux battements du cœur des hommes. (*D*, p. 50).

Dès le début de la pièce, la question du lien entre la parole et la mémoire, entre la transmission orale et l'écriture de l'histoire apparaît fondamentale. La conquête, la traite, le colonialisme ont enlevé aux Antillais leur passé, leur culture et leurs symboles. L'exploitation systématique de leur corps comme des machines à rendement intensif a eu pour conséquence de détruire leur langue maternelle, dépositaire et moyen de production de la pensée. Les créoles, langues « naturelles » de résistance, sont « nés fondamentalement de la négation, de l'oppression de la faculté de penser, de ces mondes où l'humain, se faisant commerçant, ne pouvait plus dialoguer », écrit Placoly dans un article sur l'étude des créoles (*T*, p. 39). C'est pourquoi, lorsque les Haïtiens acquièrent la dignité d'êtres humains libres, c'est-à-dire qu'ils deviennent maîtres de leur histoire, formuler cette dernière devient une nécessité urgente, tout comme l'est celle de « ré-écrire » l'histoire de l'ancien oppresseur. C'est ce que Dessalines ordonne de faire à son historiographe Coquille :

> De notre pensée d'esclaves, relèves-en la sauce pour moi, et recherche depuis le jour où notre drapeau flotte sur le pays, tous les faits, chroniques et réalisations pour hausser notre histoire au niveau des plus grandes. Élimine la France de l'histoire. Remets Bonaparte à sa place. *D*, p. 35).

La pièce repose sur deux problématiques liées entre elles : celle de la langue de transmission du discours de la nouvelle nation, et celle de la maîtrise de l'interprétation du nouvel ordre du monde. Si, comme le dit Placoly, la colonisation a supprimé le dialogue, soit l'échange égalitaire entre les humains, on comprend pourquoi dans la pièce le fondateur de l'indépendance haïtienne, reproduisant les structures d'autorité de l'ancien colonisateur, s'exprime principalement par monologues et ordonnances, ces dernières ne tolérant aucune réplique. Et si le créole est « l'expression de la soumission feinte et de la résistance », on comprend aussi qu'après la victoire, Dessalines ait choisi « naturellement » la langue française, seul outil de communication reconnu internationalement qu'il ait à sa disposition (*T*, p. 39). Dans *Dessalines*, Placoly expose la relation conflictuelle qui persiste jusqu'à nos jours entre la langue française, instrument du pouvoir lié à l'écrit, et la langue créole, médium naturel du peuple, essentiellement oral.

Coquille, écrivain public, annonce qu'il «exerce le dur» métier d'«enjôleur de paroles, ciseleur de phrases, trouvère, [...] trouver tout, tout dire, avec des mots choisis dans le dictionnaire, s'il vous plaît» (*D*, p. 7). Coquille, reprenant l'héritage de son maître Lhérisson «qui chanta les prouesses de Tousssaint Louverture», est l'historiographe officiel de Dessalines. Il «fixe l'immortalité du moment présent», et ce qu'il dit «appartient désormais à l'histoire» (p. 35). Dès l'ouverture de la pièce, le spectateur est confronté à l'ironie cruelle de la situation linguistique d'Haïti nouvellement libérée. L'historiographe de celui qui restera comme le grand vainqueur qui a éliminé les Français, s'efforce de tourner ses phrases dans le style le plus châtié des anciens oppresseurs. À qui Dessalines s'adresse-t-il lorsqu'il ordonne à Coquille de «graver» à tout jamais dans ses livres «les mots sortis de [sa» bouche» dans un français d'une pureté irréprochable? La majorité des révolutionnaires ne comprenaient pas le français et Dessalines, analphabète, ne pouvait qu'à peine signer son nom[11]. L'oraison funèbre qu'il prononce pour le soldat tombé au combat aurait pu l'être aussi bien par un Danton ou un Robespierre quelques années plus tôt (p. 10-11). Le premier chef d'état haïtien ne peut consacrer sa gloire de vainqueur, c'est-à-dire être entendu de l'ancien maître, qu'à travers la rhétorique de ce dernier. En effet, comment pourrait-il témoigner de sa «civilisation» nouvellement acquise, sinon à travers la langue même de ces «barbares qu'il a exterminés»? En s'emparant du français, langue du pouvoir, l'empereur d'Haïti renverse l'ordre du monde. Il abaisse les Français à une sauvagerie bestiale: «à ces gueules fardées comme des culs de babouins», à des «mangoustes», «singes», «sacs à saindoux», et il élève le peuple mené par lui, général nègre, au niveau de «toute l'humanité» chargée d'exterminer du monde la souillure des Français (p. 15-16). En même temps, il exorcise la partie française qui l'habite en dépit de lui-même. Ne fait-il pas remarquer à plusieurs reprises que tout son être — corps et âme — porte l'inscription de l'histoire, l'incarne même? «Voyez mon corps, s'écrie-t-il, couturé par l'histoire de France...» et «n'ai-je pas hachuré toutes les facettes de mon âme»? (p. 45, 81). Le lyrisme de l'ensemble de l'œuvre ainsi que sa violence s'accompagnent d'un comique de la parole, voire d'un sarcasme d'une profonde portée. À la volonté de se montrer à la hauteur des nations «civilisées» s'ajoutent le besoin de paraître, une certaine prédilection pour l'ostentatoire et la pompe, soit la forme au détriment du fond, qui marqueront à la suite d'Haïti la plupart des anciens états colonisés dans les premiers temps de leur indépendance.

Coquille, écrivain professionnel, exprime remarquablement combien l'expression est complexe et artificielle à travers un médium d'emprunt, combien est vertigineux le maniement de la langue française enserrée dans sa rigidité absolue. Trouver «la façon des paroles» et «le moule de la phrase» s'avère être une entreprise périlleuse, puisque dire dans une autre langue cesse d'être un acte instinctif (*D*, p. 36). Transmettre l'histoire de Dessalines exige que Coquille échange la spontanéité, la souplesse et le naturel de sa langue de poète/chansonnier, essentiellement orale, pour l'abstraction du français qu'il doit apprendre à maîtriser. Coquille se moque de l'obsession française du style, des belles tournures de phrases qui vident le discours de son contenu (p. 60). C'est par la chanson en créole qu'il préférait parler de la nation «attelé(e) à la charrue de l'histoire» (p. 62).

Pour hausser l'histoire haïtienne «au niveau des plus grandes», le libérateur d'Haïti se trouve confronté au problème de la dualité entre la transcription officielle de «faits, chroniques et réalisations» en français et la transmission orale, principalement en créole, qui avait prévalu jusqu'alors par l'intermédiaire des chansons et des fables. La pièce rend admirablement compte de cette tension qui passe du discours officiel en français classique, aux dialogues en créole et aux chansons. Dessalines veut fixer par l'écrit les événements non seulement pour les rendre immortels, mais aussi pour en contrôler l'interprétation. «Il faut, à partir d'aujourd'hui, coffrer l'existence que nous menons dans le marbre et le bronze», ordonne-t-il à Coquille, car «l'histoire et la chanson ne font pas bon ménage» (p. 35, 55). Et pourquoi cela? Parce que la prose — soit l'histoire — et la poésie — soit la chanson — sont de natures opposées. Ainsi que l'écrit Cioran, «la prose demande une certaine rigueur, un état social différencié, et une tradition: elle est délibérée, construite; la poésie *surgit*, elle est directe, ou alors totalement fabriquée; apanage des troglodytes et des raffinés, elle ne s'épanouit qu'en deçà ou au-delà, toujours en marge de la civilisation. Alors que la prose exige un génie réfléchi et une langue cristallisée, la poésie est parfaitement compatible avec un génie barbare et une langue informe[12]». C'est dans une langue rigoureuse que doit être écrite l'histoire d'Haïti à l'aurore d'une tradition. De plus, souligne Dessalines, les chansons et les fables qui embellissent la réalité de «dorures», de «fauves», d'«incarnat» et de «clair-obscur», finissent par l'enterrer. Avec le temps, la transmission orale transforme la réalité en mythe. Or, il est primordial que la nouvelle patrie soit, pour la postérité, un modèle d'héroïsme et de grandeur émouvante, qu'elle demeure une leçon d'histoire hautement morale pour l'humanité à venir, et un reproche constant pour les nations impérialistes.

> Coute, Coquille[...] Je veux que tu noircisses l'histoire
> de mon règne des couleurs les plus sombres [...]
> Ne ménage pas la boue des tranchées.
> Ajoute du sang. Fais pleurer les femmes en abondance.
> Fige les enfants... (p. 55)

Le héros de Placoly, suivant la tradition occidentale, entend dominer l'histoire, en façonner le cours, en modeler la signification.

Dessalines a conscience qu'une fois la libération achevée, sa tâche la plus révolutionnaire sera de trouver le vocabulaire adapté à la nouvelle nation. Il sait qu'un «mot, plus qu'une charge de poudre», peut changer le destin des hommes; les mots «tissent» l'avenir et une parole mal dite entraîne la mort (p. 41). Il s'agit tout d'abord de sortir de l'anonymat en nommant, et «malheur à qui bégaye», prévient-il, car si les esclaves d'hier n'avaient pas de nom, aujourd'hui les combattants se sont forgés leur propre identité à travers le nom d'Ayti «qui résonne comme le tremblement de la terre. Qui pourrait nous le voler?», s'écrie-t-il, faisant écho au roi Christophe de la tragédie de Césaire[13]. Par la nomination, la prise de position physique du pays devient effective. De façon ironique encore, cette nomination est consacrée par un rite de la religion du colonisateur, rite forcé, car le Code noir de 1685 stipulait que le baptême des esclaves était obligatoire.

C'est principalement à travers l'administration du pays que Dessalines fixe l'histoire et témoigne de la nouvelle terminologie de son régime. «Chacune de mes lois, déclare-t-il, constitue un chapitre du registre de l'Empire» (p. 48). L'un des chapitres les plus importants a trait à la redéfinition de la race haïtienne, pierre angulaire de la Révolution. Aux doléances d'un officier noir qui soutient que «la race était fille de l'histoire, à l'exclusion des mulâtres et des jaunes», Dessalines réplique: «il n'y a plus de race dans le monde que je connais, nous sommes des êtres humains...» (p. 43). Mais la couleur de la peau reste essentielle, principalement celle qui «ressemble à l'uniforme de la trahison», c'est-à-dire la peau blanche des fils des exploitants d'hier (p. 51). La «guerre de nègres» que l'empereur entend poursuivre, c'est celle de l'esclave, de l'exploité, contre la «race» maudite des Français. Par le langage, le fondateur d'Haïti dilue la situation raciale problématique de la nouvelle nation qui se compose des «anciens libres» qui étaient «gens de couleur» (mulâtres et leurs descendants) et des «nouveaux libres» (principalement noirs). En cela, il apparaît comme chef d'état visionnaire: il avait conscience que l'alliance entre «les noirs et les jaunes» était indispensable à l'avenir d'une Haïti indépendante comme était indispensable le partage équitable des terres entre tous les Haïtiens et l'exclusion des étrangers.

Dessalines est conscient de la fatalité qui pèse sur lui. C'est par son nom, devenu synonyme «d'étouffoir de la liberté», de tyrannie, qu'il tombera, victime de la nation qu'il a libérée (p. 27, 55). Placoly montre que la volonté du héros d'émanciper son peuple de l'esclavage est indissociable de son ambition du pouvoir. De cette fatalité résulte l'impossibilité absolue de la liberté. Le libérateur est devenu tyran, appelant d'autres tyrans à sa suite. On connaît la série de dictatures qui se sont abattues sur Haïti. La leçon d'histoire que doivent tirer les spectateurs de *Dessalines* est-elle alors que la liberté n'est qu'illusoire? Les peuples asservis ne font-ils qu'échanger une oppression contre une autre? Il serait tentant d'appliquer à Haïti l'aphorisme sarcastique de Cioran: «Ne nous parlez pas des peuples asservis ni de leur goût pour la liberté; les tyrans sont assassinés trop tard: c'est là leur grande excuse[14].»

Au cours de la dernière année de la Révolution, une vivandière accompagnait les troupes de Dessalines. Connue sous le nom de Défilée-la-Folle, c'est elle qui, selon la chronique, donna une sépulture au corps démembré de l'empereur à Point-Rouge. Mère nourricière de l'armée et amante de Dessalines, elle est restée dans l'histoire haïtienne une figure controversée, considérée à la fois comme putain au service des soldats et compagne fidèle du chef de l'État, victime de la révolution et martyre, raffinée et inculte. Contrairement aux femmes du théâtre de Césaire qui sont absentes ou marginales par rapport au projet révolutionnaire, Défilée joue dans *Dessalines* un rôle sinon essentiel, tout au moins notoire, en assumant pleinement le destin de la nation. Cette héroïne vient ainsi combler «l'absence tangible des noms et des représentations des femmes dans les reconstructions historiques tant de la Révolution haïtienne (1786-1804) que des évènements principaux du colonialisme d'après l'indépendance[15] ».

Que signifie la présence de cette femme, et quel est son rôle par rapport au héros de la pièce ? Joan Dyan note dans sa remarquable étude sur Haïti et l'histoire que « le thème du couple formé par la "négresse" indigente ou folle et le "noir" tout-puissant est devenu une constante aussi bien dans les textes contemporains haïtiens qu'antillais en général[16]. » À travers le personnage de Défilée, Placoly récupère, lui aussi, un mythe traditionnel antillais. La femme folle représente la terre d'Haïti et par extension l'ensemble de l'archipel des Caraïbes, violé par l'Europe[17], exploité, pillé, pour être finalement abandonné dans sa misère et sa souffrance. Ainsi le roman de Jacques Stephen Alexis, *Compère général soleil*, débute par une métaphore de la pauvreté décrite comme une femme folle, enragée, décharnée, tout à la fois sorcière et mère de putains et d'assassins[18].

« On dit que je suis folle », dit Défilée, « mais je suis de la folie grimpante et belle de l'orchidée sauvage » (*D*, p. 33). Défilée se décrit comme emblème de la terre, symbole régénérateur de la nation, reflet de la conscience nationale. La « route » de Défilée, cantinière illettrée qui « lave le linge ensanglanté du peuple-soldat » rencontre celle de Coquille. Mais si Coquille joue le rôle de porte-parole de l'âme populaire haïtienne, Défilée *est* cette âme « immortelle ». « Folle-Sa-Yo… ô mon pays », s'exclame Dessalines qui la décrit comme étant la source même de la vie, la sève et l'eau d'Haïti, toute sa nature vivante (p. 74). C'est par des chansons en créole que Défilée redonne à ses compatriotes la voix qu'ils avaient perdue pendant la traite et la colonisation. Et c'est elle qui clôture la pièce en chantant la célèbre chanson d'adieu à son « Jacquot », éloge funèbre au fondateur de l'État haïtien[19]. Cette chanson, qui dans la version placolienne débute en français et se termine en créole, traduit le syncrétisme culturel de la nouvelle nation : le patrimoine africain et l'héritage français.

Contrairement aux héroïnes folles des œuvres de fiction antillaises, à partir des années 1960, qui symbolisent l'échec identitaire, l'invisible, le silence, Défilée-la-Folle s'inscrit dans *Dessalines* comme véritable sujet qui reflète la mémoire du peuple, celle que le discours officiel de l'historiographe Coquille ne peut représenter. Alors que celui-ci est chargé des transcriptions officielles, Défilée articule la tradition orale de la nation naissante. L'occurrence modérée du créole, de la musique et de la danse attire l'attention du public sur la validité fondatrice de cette femme, tout en évitant une folklorisation du texte.

Le Dessalines de Placoly assume sa destinée antillaise jusqu'au sacrifice de lui-même, comme Toussaint avant lui, comme Christophe après lui. Et c'est dans le tragique de sa condition, reflet du tragique de son peuple, que semble résider jusqu'à nos jours toute l'ambiguïté de l'aliénation de la nation haïtienne et du blocage de la société martiniquaise. Il s'agit, à mon sens, de l'un des messages essentiels de *Dessalines*. Si le peuple haïtien s'est libéré de l'esclavage et de la domination politique de la France, il n'a pas su se départir de son assujettissement à un autre despotisme, celui représenté en la personne de Dessalines. Les Haïtiens n'ont pas été capables de fonder leur légitimité nouvelle sur le droit naturel moderne, sur la philosophie des Droits de l'homme que venait de consacrer la Révolution française. On peut affirmer, en empruntant l'analyse de Jacky Dahomay sur la « logique insurrectionnelle » des esclaves, qu'il y a eu en Haïti une lutte pour la *libération* (des esclaves), mais pas une lutte pour la liberté (politique).

Le philosophe écrit à ce propos que « la libération peut être la condition de la liberté, mais elle ne conduit pas forcément à celle-ci. [...] Le véritable contenu de la liberté est une participation aux affaires publiques, l'admission dans le domaine public. Si la Révolution avait visé seulement à garantir les droits civils, elle n'aurait pas voulu la liberté, mais la simple libération[20]. » À partir de leur libération, la plupart des paysans haïtiens « rentreront dans une problématique d'évitement de l'État », alors que les Martiniquais consentiront que le pouvoir politique reste aux mains de la puissance coloniale, acceptant ainsi d'être « assimilés à et par la France[21] ». À travers *Dessalines*, Placoly s'inscrit dans une perspective engagée, celle qui vise à fonder ou à redire, si besoin est, la conscience collective des Martiniquais, celle qui cherche à contrarier le processus de dépersonnalisation dans lequel est engagé son peuple, « coincé dans un impossible[22] ».

Notes

[1] *Tranchées — Revue politique et culturelle du Groupe Révolution Socialiste (Section Antillaise de la IVe Internationale)*, numéro hors-série, janvier 1993, p. 81. Désormais T dans le texte.

[2] Vincent Placoly, *Dessalines*, Case-Pilote, Martinique, l'Autre mer, 1994 (seconde édition). La première édition fut publiée sous le titre *Dessalines ou la passion de la liberté*, La Havane, Cuba, Casa de las Americas, 1983. *Dessalines* a été représentée trois fois au Théâtre municipal de Fort-de-France lors du XXIIIe Festival d'été en juillet 1994. Henri Melon assura la mise en scène, Élie Pennont a joué le rôle de Dessalines et Mina Placoly celui du Défilée. Désormais D dans le texte.

[3] «Présence de Vincent Placoly», *Antilla s*, n° 465, 20 décembre 1991, p. 30.

[4] Ce texte, signé par Maryse Condé, Daniel Maragnès, Daniel Maximin, Simone Schwarz-Bart et Ernest Pépin, déclare notamment: «Avec Vincent Placoly, disparaît un des grands écrivains des Antilles, hanté par le rêve d'habiter une littérature exigeante et passionnée. Son œuvre, au delà de l'insularité, s'est nourrie aux cultures de toutes les Amériques. C'est ce qui donne à son projet littéraire une densité particulière, soucieuse du poids du temps et de l'écho de nos espaces. Le souci du mot juste, la recherche d'une pensée droite, la volonté de faire de l'écriture une quête de l'histoire, ont guidé jusqu'à sa fin sa démarche, à la fois solitaire et solidaire [...] Nous retiendrons qu'il osa être le plus guadeloupéen des Martiniquais, et par delà, un homme de la Caraïbe, des Amériques, et de l'Université», p. 21.

[5] Éditions G. R. S., Martinique, 1973, p. 15.

[6] Je remercie M. Séguin-Cadiche, président de l'Association Vincent Placoly, de m'avoir fourni le manuscrit de ce texte.

[7] «Inventer sans cesse un langage», *France-Antilles*, mardi 7 janvier 1992.

[8] Édouard Glissant, *Le discours antillais*, Paris, Seuil, 1981, p. 411.

[9] Aimé Césaire, *La tragédie du roi Christophe*, Paris, Présence africaine, 1963; Édouard Glissant, *Monsieur Toussaint*, Paris, Seuil, 1961; C. L. R. James, *The Black Jacobins: Toussaint Louverture and the San Domingo Revolution* (1938), revised ed., London, Allison and Busby, 1980; Derek Walcott, *Henri Christophe — A Chronicle in Seven Scenes*, Barbados, Advocate Co., 1950; «Drums and Colours», in *Caribbean Quarterly*, vol. 7, n°s 1-2, mars-juin 1961.

[10] Parmi les pièces de théâtre sur Dessalines écrites par les Haïtiens, citons: Masillon Coicu, *L'empereur Dessalines: drame en deux actes, en vers*, Port-au-Prince, Imprimerie Edmond Chenet, 1906; Dominique Hippolyte, *Le torrent: drame historique en trois actes* (1940), Port-au-Prince, Presses nationales de Haïti, 1965; Hénock Trouillot, *Dessalines ou le sang du Pont-Rouge*, Port-au-Prince, Imprimerie des Antilles, 1967; Jean Métellus, *Le Pont-Rouge*, Paris, Éditions nouvelles du Sud, 1991.

[11] D'après les historiens Ardouin et Madiou, Dessalines rejetait tout ce qui lui rappelait les Français: leurs «bonnes manières», leurs coutumes et surtout leur langue. Cité par Joan Dayan, *Haiti, History and the Gods*, Berkeley, University of California Press, 1995, p. 26.

[12] Cioran, *La tentation d'exister* (1956), Paris, Gallimard, 1994, p. 63.

[13] *La tragédie du roi Christophe*, Paris, Présence africaine, 1995, p. 37.

[14] Cioran, *Syllogismes de l'amertume (1952)*, Paris, Gallimard, 1995, p. 126.

[15] Voir l'article d'Annie Dominique Curtius.

[16] «The trope of "long-suffering or mad *négresse* and powerful *noir*" became a routine coupling in contemporary Haitian as well as Caribbean texts», Joan Dyan, *op. cit.*, p. 46.

[17] Ainsi Antonio Benitez Rojo écrit: «The Atlantic is the Atlantic [...] because it was once engendered by the copulation of Europe — that insatiable solar bull — with the Caribbean archipelago.» in *The Repeating Island; The Caribbean and the Postmodern Perspective*, trans. James E. Maraniss, Durham, Duke U. P., 1992, p. 5.

[18] «La misère est une femme folle, vous dis-je, je la connais bien la garce, je l'ai vue traîner dans les capitales, les villes, les faubourgs de la moitié de la terre», Jacques Stephen Alexis, *Compère général soleil*, Paris, Gallimard, 1955, p. 7-8.

[19] Jean Fouchard, *La méringue : danse nationale d'Haïti*, Montréal, Leméac, 1974, p. 78.

[20] Jacky Dahomay, «L'esclave et le droit: les légitimations d'une insurrection», *Les abolitions de l'esclavage. De L. F. Sonthonax à V. Schoelcher, 1793, 1794, 1848*, Paris, Presses Universitaires de Vincennes et Éditions UNESCO, 1995, p. 44.

[21] Dahomay, *op. cit.*, p. 45.

[22] Glissant, *op. cit.*, p. 31.

III

LA PRATIQUE SCÉNIQUE

Traduire et mettre en scène
An tan revolisyon en Amérique

Freda Scott Giles

Lorsqu'on m'a proposé de mettre en scène *An tan revolisyon* de Maryse Condé, je n'étais pas au courant de la controverse dont la pièce avait fait l'objet lors de sa création française en novembre 1989 en Guadeloupe. Je ne connaissais pas non plus son auteur, Maryse Condé. Je fus, par conséquent, très heureuse de connaître la pièce et de me rapprocher de son auteur lors de sa création en anglais[1]. Doris Kadish, directrice du département des Langues romanes de l'université de Georgie à Athens, et co-traductrice de la pièce avec Jean-Pierre Piriou, m'avait invitée à réaliser cette mise en scène dans le contexte d'un colloque qu'elle organisait sur le thème « Périphéries et Centres : Études françaises du XIXᵉ siècle », colloque qui comprenait aussi un séminaire intitulé « L'esclavage dans le monde francophone ». La mise en scène d'*An tan revolisyon*, résultat d'une collaboration entre le département des Langues romanes et le département d'Arts dramatiques, devait être l'apogée de cette rencontre interdisciplinaire.

En tant que femme de couleur, metteur en scène, membre du corps enseignant au département d'Arts dramatiques et à celui d'Études afro-américaines, et réalisatrice de nombreuses pièces dans le cadre universitaire, j'étais la personne indiquée pour un tel projet. Après une lecture rapide du manuscrit, texte qui comportait des notes et des explications nombreuses, je me rendis compte que la représentation posait des défis importants. Il fallait adapter une œuvre conçue pour un espace en plein air avec une distribution d'une soixantaine de comédiens, à une salle de théâtre configurée selon le rapport frontal à l'italienne, avec une distribution très réduite. Il fallait ensuite s'adresser à un public composé de gens d'origines diverses qui connaissaient mal l'histoire de la Guadeloupe. *An tan revolisyon* reconstitue en effet les événements qui se déroulaient en France, en Guadeloupe et en Haïti entre le début de la Révolution française et la montée au pouvoir de Napoléon. Connaître le passé *lucidement*, savoir ce qui est positif, ce qui est négatif, faire la distinction entre ce qu'on doit en garder et ce qu'on doit oublier, c'est une manière d'abord de savoir se comporter dans le présent et c'est peut-être aussi une manière d'éviter des erreurs qui ont déjà été commises, et d'aller de l'avant[2].

À l'origine, Maryse Condé avait été chargée par le président du Conseil Régional de la Guadeloupe d'écrire une pièce dans le cadre des fêtes du Bicentenaire de la Révolution française. Le metteur en scène Sonia Emmanuel, une Martiniquaise, avait fait appel à la troupe de José Jernidier, T. T. C. + Bakanal, et au musicien Kafé[3] pour réaliser la partition.

> Si je devais écrire une pièce avec mes propres émotions, cette dernière devait être accompagnée de quelque chose qui appartenait à notre époque. Il y fallait inclure une grande part de modernité. Ainsi, Kafé [...] composa une musique traditionnelle qui avait en même temps des allures de jazz [...] Ainsi la pièce entière était unifiée par les sons et la musique[4].

Un deuxième groupe, un orchestre traditionnel, représentait la musique européenne. La pièce, dont les intertitres reflètent les trois années marquantes de cette période, est répartie en trois actes. Premier acte : 1789, les événements en France et en Guadeloupe qui mènent à la prise de la Bastille le 14 juillet 1789. Deuxième acte : 1794, juxtaposition de la Révolution haïtienne, l'impact de la Terreur en France, la première abolition de l'esclavage en Guadeloupe et la réponse britannique contre l'émancipation des esclaves. Troisième acte : 1802, restitution des îles à la France, la montée au pouvoir de Bonaparte qui rétablit l'esclavage et se venge sur Toussaint Louverture[5]. Les épisodes sont racontés par Zéphyr, personnage mort près du fort Fleur-d'Epée, censé avoir vécu cette histoire en Guadeloupe. Il devait raconter ce que je pensais de la situation en Guadeloupe et en Martinique, la pièce se faisait à partir d'idées toutes faites, de stéréotypes inspirés des données historiques et des références locales[6].

Les mythes de la Révolution française, la légende de Toussaint Louverture et les exploits des héros guadeloupéens sont réexaminés et déconstruits, pour montrer que les principes des Droits de l'Homme, enchâssés dans la version originelle de la Constitution américaine dans ses dix premiers amendements, n'étaient pas respectés quand il s'agissait des esclaves noirs, même pas par ceux qui les avaient libérés. Même Toussaint, le Libérateur, avait un côté malveillant qui le poussait à des actes aussi cruels que ceux qu'avaient commis les esclavagistes blancs. Derrière les noms qu'apprennent à l'école les enfants guadeloupéens, tels ceux de Delgrès[7] ou d'Ignace, existent de fortes personnalités marquées de graves défauts. Il est clair que Maryse Condé ne voit aucune raison de fêter le Bicentenaire de la Révolution, puisque ses principes n'ont encore été réalisés ni en Haïti, ni en Martinique, ni en Guadeloupe. Selon D. Kadish, en plus de démythifier l'héroïsme et d'exposer le véritable héritage de l'esclavage, l'auteur voulait mettre en lumière la contribution des femmes à la lutte pour l'émancipation. Puisque peu de femmes figurent parmi les héros de la Révolution, Maryse Condé propose sa propre lecture de l'histoire pour les y inclure. Vers la fin de la pièce, les femmes sont incarnées par le personnage de Solitude, la guerrière enceinte, figure légendaire qui a combattu aux côtés de Delgrès et qui est morte avec lui à Matouba (Basse-Terre). Ce sont les femmes qui déclenchent, sans succès, le mouvement de réforme agraire. Ce sont les femmes qui se joignent aux combattants de la liberté ; ce sont elles qui, après les massacres, expriment leur deuil par la danse et la prière. Toutefois, malgré cette présence féminine imposante, Maryse Condé refuse l'étiquette de féministe. Elle s'explique à ce propos en insistant sur le fait qu'il était moins important de montrer une femme-guerrière que de représenter «l'amour, la tendresse, et le pouvoir guérisseur qui caractérisent la présence féminine[8]».

Le scénario de Maryse Condé situe la représentation dans deux lieux principaux : la France et la Guadeloupe. Faute de moyens budgétaires, contraints par une scène à l'italienne, le scénographe Don Massey et moi-même avons eu recours aux praticables pour délimiter l'espace du jeu. Par ailleurs, la scène devient un plateau neutre qui peut, au besoin, se transformer par la projection de diapositives sur le mur du fond. D. Massey a fait construire des marches entre la scène et l'auditoire pour en faire un espace qui intègre la salle et le parterre devant la scène. Les musiciens, quatre percussionnistes qui travaillaient avec la chorégraphe

Ellen Bleir, occupaient une rangée entière de fauteuils dans la salle.

Après de longues consultations avec Constance Campbell, responsable des costumes, nous avons choisi une scénographie inspirée des mass du Carnaval[9]. Le recours aux masques et à certains costumes de la tradition carnavalesque nous permettait de mettre en évidence la nature construite des différences historiques, raciales et sexuelles. Chaque acteur portait un collant noir qui se mariait facilement aux nombreux accessoires, selon les rôles joués. Ainsi, j'ai pu faire jouer une soixantaine de personnages par dix-sept comédiens. Chaque acteur a joué en moyenne six rôles. La race et le sexe du personnage ne correspondaient pas toujours à ceux de l'acteur, mais il fallait bien assortir le masque au visage, en tenant compte du fait que les masques n'avaient pas tous la même taille ni ne recouvraient le visage de la même façon. Ces multiples rôles imposaient une lourde responsabilité aux jeunes comédiens, mais ils se sont acquittés de la tâche avec beaucoup d'enthousiasme, et je leur en suis très reconnaissante.

Il fallait ensuite trouver une musique convenable. Le titre originel *An tan revolisyon* faisait allusion à une chanson d'enfant : « *elle court, elle court, la liberté* ». La chanson, qui ne figurait pas dans le texte, faisait référence à un jeu où des enfants poursuivent un petit animal. Cette référence à la révolution en tant que jeu de poursuite fut rendue par le titre : *In the Time of the Revolution : Chasing the Greased Pig of Freedom*. L'idée est proche de l'original, mais puisque l'image n'avait pas la même connotation en français, nous avons abandonné la chanson en cours de travail. Il y avait également, dans la version écrite, des références à deux chansons de la Révolution française : *La Carmagnole* et le *Ça ira*, de même qu'un renvoi à une chanson vaudou traditionnelle *Oh-ho Papa Damballah*.

Avec l'aide de Laura Mason, professeur d'histoire et auteur d'un livre de chants de la Révolution française, j'ai pu retrouver la musique française de l'époque et la musique traditionnelle haïtienne et guadeloupéenne indiquées dans les didascalies, avec les paroles en créole. Les scènes qui se passaient à la cour de France étaient accompagnées de musique de clavecin d'époque et tout était pré-enregistré. Dès que la musique et les mouvements chorégraphiques furent sélectionnés, nous avons dû faire face à un autre défi : comment traduire les distinctions entre le français et le créole dans le contexte d'une œuvre en anglais ? Remplacer le créole par un américain dialectal (le dialecte noir par exemple) s'avérait difficile puisque les mots n'avaient pas les mêmes connotations. Nous avons donc laissé les quelques expressions créoles qui pouvaient être mises en scène sans trop de difficulté, pour symboliser les distinctions essentielles entre le français et le créole, mais d'autres nuances significatives que le public guadeloupéen aurait pu apprécier ont été éliminées.

Certaines étapes du processus de travail sont mieux saisies par une description chronologique de la mise en scène. L'image agrandie du tableau de François Biard, *L'abolition de l'esclavage dans les colonies françaises en 1848*, projeté sur grand écran au fond de la scène, a servi de prologue et d'épilogue. Ce même tableau a été aussi utilisé comme image publicitaire. Dès les premiers moments de la pièce, tous les comédiens arrivent en dansant au rythme d'une musique zouk, vêtus de costumes qui correspondent à la première scène ; certains comédiens portaient des masques. Tout d'un coup, tous s'arrêtent, remarquent l'image projetée sur le grand écran et la contemplent. À ce moment-là, Zéphyr fait son entrée et arrête le mouvement de la foule en frappant le sol trois fois de son bâton pour annoncer le début de la représentation, selon la tradition française. Subitement, l'image de fond disparaît et le titre du premier acte, 1789, apparaît à l'écran ; par ce procédé de mise en abîme, nous entrons dans le monde scénique de Maryse Condé.

Les événements se déclenchent par l'intervention de Zéphyr qui fait un recensement de la population de la Guadeloupe de l'époque : 109 639 habitants dont 13 969 Blancs de diverses souches, la plupart étant engagés dans la traite ; 3 125 personnes libres de couleur, dont certains possèdent des esclaves ; et 82 978 esclaves bossales (nés en Afrique). En France, en revanche, il y avait 26 millions d'habitants gouvernés par une population de 350 000 aristocrates et un clergé de plus de 120 000 âmes. Alors que Zéphyr nous rappelle que ces statistiques étaient citées par les écoliers à l'époque, un prêtre entre pour annoncer aux paysans français que le roi Louis XVI acceptait les Cahiers de doléances, nouvelle fêtée par la chanson *Ça ira*. Nous passons immédiatement en Guadeloupe où les blessures d'un esclave fouetté sont enduites de poivre pour aiguiser la douleur. L'esclave se retrouve ensuite seul avec le mulâtre, fils du maître. Celui-ci réussit à vaincre la méfiance de l'esclave et à obtenir son appui pour mener à bien la révolte. À Paris, le roi s'adresse à ses ministres, affirmant son autorité absolue; les paysans affamés répondent en dansant *La Carmagnole* et en se rassemblant pour préparer la prise de la Bastille. Des coups de feu interrompent le jeu et nous transportent en Guadeloupe où les négriers parlent des conséquences des événements en France, de l'avenir de l'esclavage et du statut des mulâtres dans les colonies. La déclaration culminante du débat : «les mulâtres ne sont pas de véritables Français, car ils n'ont jamais vu la France», a provoqué des rires de la part des francophones dans l'auditoire. Les maîtres découvrent rapidement un début de complot et réagissent en exécutant l'esclave et le mulâtre rebelles. Maryse Condé crée des parallèles scéniques entre l'oppression des paysans français et celles des esclaves caribéens. Les cadavres jonchent la scène alors que des femmes enveloppées de blanc, portant des bougies, se déplacent lentement au son d'une musique funèbre, suppliant l'aide de Damballah. Des Neg Mawons implorent ces porteuses de libations de croire à l'immortalité des défunts. L'absence d'une référence précise m'a permis de choisir cette ballade révolutionnaire de l'époque :

> Or écoutez Petits et Grands
> L'histoire d'un roi de vingt ans
> Qui va nous ramener en France
> La bonne humeur et l'abondance...

Nous passons ensuite en France alors que l'Assemblée Nationale, en plein délire, vote des réformes qui aboutissent à la fameuse déclaration : «Tous les hommes naissent et demeurent libres et égaux; les distinctions sociales ne peuvent être établies que pour le bien commun.» Personne n'écoute le roi qui essaie de manifester son désaccord, tandis que le député Necker, qui réclame un débat sur la question de l'esclavage, se fait chahuter par les députés. Le grand cri «Tous les hommes naissent et demeurent égaux» se prolonge dans l'espace guadeloupéen où le cri est capté par des esclaves et des maîtres. Là où la mise en scène le permettait, j'ai inscrit une chanson révolutionnaire intitulée «la Liberté des nègres» :

> Le savez-vous, Républicains,
> Quel sort était le sort du nègre,
> Quand son rang parmi les humains
> Un sage décret réintègre,

Il était esclave en naissant
Puni de mort, pour un seul geste.
On vendait jusqu'à son enfant.
Le sucre était teint de son sang.
Daignez m'épargner tout le reste,
Daignez m'épargner tout le reste.

Tout à coup, un messager annonce que Louis XVI avait accepté de porter la cocarde tricolore. Cette nouvelle provoque une grande agitation parmi les paysans français et parmi les esclaves guadeloupéens. Brusquement, les lumières s'éteignent et on entend des coups de feu. Le premier acte se termine sur un commentaire cynique de la part de Zéphyr: «La Révolution, c'est comme une femme: on en fait à sa guise», et il continue son analogie en comparant les fruits de la Révolution française à un enfant avorté.

Le deuxième acte, 1794, commence avec un groupe d'esclaves assis en rond, qui chantent *O-Ho, Papa Damballah*. Toussaint Louverture arrive et s'adresse aux esclaves en les priant de le suivre. Zéphyr fait remarquer ironiquement que le meneur des chevaux est devenu un meneur d'hommes et un faiseur de miracles: «Que penserait Toussaint s'il revenait à la vie et voyait son pays mis aux enchères, abandonné à la rage des Tontons Macoutes[10]?» Tandis que Zéphyr parle, Toussaint contemple une photo de Papa Doc et de son fils Bébé Doc. Zéphyr raconte ensuite l'emprisonnement de la famille royale, la mise à mort de Louis XVI, l'assassinat de Marat et l'exécution de Marie-Antoinette. Nous nous déplaçons vers la Guadeloupe où des esclaves discutent en secret sur la montée de leur rébellion et sur l'invasion anglaise qui va freiner leur révolte. Une autre grande bataille, représentée par une mise en scène sonore, est suivie de la déclaration de Victor Hugues[11], selon laquelle les Français abolissent l'esclavage dans les colonies (1794) pour la première fois. Cependant, cette liberté nouvellement acquise doit être défendue par une autre bataille. Les comédiens se dirigent en file vers le Fort Saint-Charles (Guadeloupe) en chantant *La Marseillaise*. Leur victoire est suivie d'une très courte célébration, interrompue par les troupes françaises. Les difficultés économiques avaient ramené la pratique de l'esclavage et Zéphyr décrit comment Victor Hugues, le nouveau gouverneur, est devenu «le Robespierre des tropiques». Une guillotine installée en permanence à la Place Sartine, devenue la Place de la Victoire, fonctionne jour et nuit sans arrêt.

Toussaint arrive pour mettre un terme aux réformes agraires par des mesures draconiennes. Du coup, Zéphyr perçoit la révolution autrement : « J'avais tort. La Révolution n'est pas une femme, elle est une sorcière qui se nourrit de sang frais qu'elle répand sur tous ses bijoux en se léchant les doigts. Puis, dans les heures incolores qui précèdent l'aube, elle accouche des monstres. Les espérances de 1789 sont loin, très loin. » Zéphyr continue cette chronique de la Terreur qui se termine par des fusillades, des mises à mort violentes et un entracte.

Le troisième acte mène le récit à sa conclusion. Zéphyr raconte la montée au pouvoir de Napoléon et ses préparatifs pour imposer de l'ordre dans les colonies françaises. Le chaos dans lequel se trouvent les forces militaires et politiques en Guadeloupe est représenté par des rencontres entre des conscrits noirs et des esclaves de plantation qui discutent des mérites de cette pléthore de gouverneurs coloniaux et de commandants militaires. Une foule s'assemble pour écouter Ignace qui annonce l'invasion des troupes napoléoniennes. Une proclamation de Delgrès, commandant de Basse-Terre, est présentée au public qui écoute perplexe. Il s'agit d'une déclaration extravagante et fleurie que la foule traite de « français des Blancs ». Alors que la foule se rue vers Basse-Terre pour repousser les troupes de Napoléon, Solitude se lève pour les suivre. Elle proclame : « C'est mon ventre qui me donne la force et le courage ! Je ne veux pas qu'elle vive ce que nous avons vécu. Car mon enfant sera une fille. C'est ainsi que je le souhaite. Je l'appellerai Aimée ! »

Ici, Maryse Condé avoue une intention féministe : « Nous voulions présenter Solitude, personnage important de l'histoire de la Guadeloupe, enceinte, et qui annonce à tous qu'elle savait qu'elle attendait une fille. D'habitude, ces situations symboliques renvoient à la naissance d'un garçon, mais [...] nous voulions insister sur le fait [...] que son enfant soit une fille[12]. » La scène entière était jouée devant un immense portrait de Solitude, projeté sur le grand écran à l'arrière-plan. Solitude, Joséphine et Sergelius font face à la mort à Basse-Terre sur un fond de bruit de bataille, tandis que Zéphyr raconte le dénouement tragique des événements de Matouba. Un interlude très bref nous apprend l'emprisonnement de Toussaint en Haïti pendant que les Haïtiens, sur un fond de tambours, se ralliaient derrière Dessalines. Plutôt qu'une ambiance macabre provoquée par la mort des chefs, une ambiance de fête victorieuse reflète la volonté populaire de saluer l'indépendance. Ce jeu est mis en relief par la chanson créole proposée par la chorégraphe Bleier : «Ayaman ibo lele, ou pele pem pa du pa don ». La pièce se termine en Haïti où les réfugiés désespérés, rejetés sur les côtes de l'île, arrivent de la Guadeloupe. Les indications scéniques font état des mouvements dansés qui précèdent la dernière tirade de Zéphyr, mais j'ai choisi de remettre à la fin la danse guerrière, exubérante. C'est Zéphyr qui a le dernier mot: «Cela eut lieu en 1802! Puisque nous connaissons tous la suite de cette histoire, c'est à vous de juger si les promesses faites cette année-là furent tenues, si les rêves se sont concrétisés ou si l'avenir reste toujours enfoui dans le ventre de la mère, en attendant le moment de son accouchement. » Derrière l'acteur, j'ai fait projeter une photo d'Abner Louima, l'Américain d'origine haïtienne, sauvagement sodomisé avec un manche à débouchoir par des policiers dans un poste de police à Brooklyn. Pour moi, la souffrance de Louima symbolise la distance qu'il nous reste à parcourir pour arriver au lendemain souhaité par les révoltés.

Maryse Condé, José Jernidier et Micheline Damico, la styliste de la création française, ont tous assisté à notre première et ont voulu rencontrer les comédiens. Le lendemain, nous nous sommes tous retrouvés autour d'une table ronde pour analyser la représentation. Damico avait apprécié nos costumes, quoiqu'elle ait opté pour une approche un peu plus postmoderne en ce qui concerne la scénographie en Guadeloupe. Elle nous a expliqué que Sonia Emmanuel avait eu recours aux éléments de l'uniforme des joueurs de football américain : des casques avec mentonnières, des coudières et des genouillères ; le tout baignait dans le rouge pour mettre en relief la violence. Jernidier a fait remarquer que le choix des acteurs qui jouaient des personnages du sexe opposé aurait pu être mal reçu en Guadeloupe, car « en Guadeloupe, donner le rôle de Delgrès à une femme aurait certainement créé un malaise. » Quoique satisfaite de l'ensemble de la production et de la réaction positive du public, Maryse Condé a reposé, lors de la table ronde, le problème des références culturelles qui transforment inévitablement la portée d'une œuvre dans un contexte « autre ». Par exemple, le fameux discours de Delgrès est un morceau de bravoure que tout le monde connaît en Guadeloupe et en Martinique.

«Je suppose que vous connaissez mal Delgrès ici, [...] certains effets scéniques et textuels, destinés à un public guadeloupéen, n'ont pas fonctionné ici.»

Malgré les pertes inévitables à cause de la traduction, la mise en scène d'*An tan revolisyon* en anglais fut une expérience enrichissante pour nous tous. Sa déconstruction de l'histoire officielle, son élan épique et son appel à la mise en pratique des principes qui fomentèrent la révolution à la fin du dix-huitième siècle, donnent à cette œuvre théâtrale une résonnance tout à fait moderne et nous étions heureux de partager cette expérience avec le public américain.

Notes

[1] La création anglaise a eu lieu le 17 octobre 1997, à l'Université de Georgie, Athens.

[2] Maryse Condé, entretien avec Nick Nesbitt, Columbia University, le 12 avril 1997.

[3] Kafé, musicien guadeloupéen, trompettiste et fondateur du groupe Kafé. Un des créateurs du Gwo ka moderne.

[4] Maryse Condé, table ronde, Athens, Géorgie, 16 octobre 1998.

[5] Voir Laënnec Hurbon, *Les mystères du vaudou*, Paris, Gallimard, 1993, p. 48-49 ; C. L. R. James, *Les Jacobins noirs*, Paris, Éditions caribéennes, 1983.

[6] M. Condé, table ronde, *op. cit.*

[7] Delgrès et Ignace appartiennent à la nouvelle génération de mulâtres qui ont marqué l'histoire de la Guadeloupe pendant la période révolutionnaire. Voir Jacques Adelaïde-Merlande, *Delgrès. La Guadeloupe en 1802*, Paris, Éditions Karthala, 1986.

[8] Table ronde, *op. cit.*

[9] Voir bibliographie, Michèle Montantin, *Vie et mort de Vaval.*

[10] M. Condé avoue : «Je voulais me moquer de Toussaint Louverture en le comparant à des dictateurs africains ; c'est pour cette raison que nous l'appelons Osagyefo, le nom porté par Kwame Nkrumah. J'étais enchantée de remarquer que Freda avait choisi un acteur africain pour jouer le rôle de Toussaint Louverture, parce qu'il me semblait qu'elle avait deviné exactement ce que je voulais représenter par le personnage de Toussaint.»

[11] En 1794, Victor Hugues, commissaire envoyé par la Convention révolutionnaire, arrive en Guadeloupe, porteur du décret d'abolition de l'esclavage, tout en étant soucieux d'éviter la montée du pouvoir des Noirs.

[12] Table ronde, *op. cit.*

Ton beau capitaine / An tan revolisyon, à bâtons rompus

MICHÈLE MONTANTIN

Le cyclone Hugo du 19 octobre 1989 ayant tout mis à terre, il fallut tout remettre sur pied et reconstruire à la base. La Guadeloupe devint ainsi le terrain privilégié d'innovations techniques, celui qui possède le réseau de communication le plus moderne des Départements français d'Amérique (D.F.A.) et de la Métropole. Les communications facilitées avec le monde, les images multiples et multipliées des télévisions ont profondément modifié la vie et les comportements locaux. Le peintre Michel Rovelas, sous l'influence du carré télévisuel d'images, peindra de nombreuses œuvres cadrées figurant à la fois l'ouverture et les limites de la télévision. La culture créole à la fois se soumet et résiste aux multiples influences que facilite la mondialisation des moyens et des médias de la communication.

C'est certainement dans ce double mouvement d'ouverture et de résistance qu'il faut situer les questions que les créateurs guadeloupéens se posent sur eux-mêmes et sur l'objet de leur travail. La plus classique d'entre elles est de savoir si l'on peut parler d'un théâtre guadeloupéen[1]. Sans vouloir répondre à une question qui enfermerait le théâtre dans une conception uniquement identitaire, il faut relever les fondements, les outils et les constantes de ce que l'on peut nommer la «dramaturgie créole».

Il est couramment admis que la tradition orale des veillées de contes en créole a constitué la base du «nouveau» théâtre en Guadeloupe, dans les années 1970[2]. On constate également l'influence importante et pérenne du *gwoka*. On y voit une gestuelle sexuellement et socialement codée. Le théâtre d'Arthur Lérus met en évidence une gestuelle théâtrale forte. Quelques postures sont éloquentes, comme la course en ramassée de jupes chez les femmes, tournoiements, assises ouvertes, ventilations de jupes, les mains en position de « quant à soi » pour l'affirmation de soi et de la parole ; pour les hommes, paumes appuyées sur chaque hanche. Pour marquer l'hésitation, l'interrogation, le trouble, les doigts sont posés sur la bouche ou la joue. Les mouvements de tête, en opposition avec la direction du corps, traduisent la dualité qui habite les personnages, et l'action de partir (quitter le groupe, la scène, l'histoire, l'île) s'exprime dans cette contradiction de la posture du corps qui s'en va tandis que la tête est encore présente et hésite à le suivre. Dans la dernière création de Lérus, *Karata*, présentée en juin 1998 au Centre des Arts à Pointe-à-Pitre, la danse *ka* se présente comme la base culturelle première et plus encore comme un rituel qui fonde l'individu dans sa culture. Malgré son intérêt, ce travail qui cherche à identifier le théâtre comme guadeloupéen, tend à enfermer les comédiens dans les stéréotypes du jeu. À cela s'ajoutent une permanence d'interaction du monde des morts et du monde des vivants, et la présence du rêve, rêve prémonitoire ou rêve qui révèle à la conscience ce qui est caché, ce qui est non-dit.

La langue

Que le théâtre utilise uniquement le français ou uniquement le créole ou qu'il utilise les deux, le poids de la langue est primordial dans ce théâtre. Par exemple, dans le théâtre de recherche identitaire, l'utilisation du créole a une signification politique selon qui le parle ou qui ne le parle pas et selon la personne à qui les interlocuteurs s'adressent. Ainsi, dans les premières créations du *Théâtre du Cyclone* d'Arthur Lérus, on note une utilisation assez systématique de ce procédé, l'usage théâtral du français montrant et dénonçant le personnage comme « colonisateur » ou du moins assimilé, en perte de son identité. Dans une direction différente, on a vu ces dernières années se développer un théâtre majoritairement parlé en créole, théâtre de mœurs et de critique sociale qui trouve son public dans le théâtre de José Jernidier.

L'espace de jeu

Le théâtre en Guadeloupe n'échappe pas à l'influence du théâtre européen dans l'espace de la représentation scénique. Un théâtre de pit-à-kok[3] aurait pu investir ces arènes circulaires couvertes, construites spécifiquement pour assister aux combats de coqs. En Angleterre, ces mêmes lieux furent, pour les troupes de théâtre et la populace chassés du centre de Londres, les premiers théâtres fixes, et certainement à l'origine de la scène élisabéthaine. La nécessité d'un lieu techniquement performant pour le théâtre fut très rapidement une exigence des gens de théâtre en Guadeloupe. Ce n'est donc pas le lieu de la représentation qui confère ici au théâtre son identité[4]. J'aimerais examiner le travail de Simone Schwarz-Bart et de Maryse Condé pour montrer comment deux auteurs femmes, de culture guadeloupéenne, conçoivent cette dramaturgie créole.

Ton beau capitaine

En 1983, j'exhorte Simone à écrire pour le théâtre. En 1986, dans un petit café de Basse-Terre, accompagnée d'André son époux, elle me montre le manuscrit de *Ton beau capitaine*, sa première et unique pièce de théâtre jusqu'à présent, que je produis en Guadeloupe en création mondiale le 28 avril 1987. À l'occasion de cette création, l'auteur donne des interviews et parle de ses influences théâtrales : elle cite Tchekhov et le théâtre Nô. Au moment où la production est en train d'être montée, commencent des discussions entre l'auteur, le metteur en scène haïtien Syto Cavé et moi-même, sur la question de la présence ou non sur scène du personnage de Marie-Ange. Sur une feuille où je tente de rédiger un résumé de la pièce, Simone me rédige le texte suivant :

> La pièce se joue sur une donnée objective : analphabètes, les paysans haïtiens travaillant à l'étranger et leurs familles demeurées au pays correspondent au moyen de cassettes, généralement livrées par des compatriotes. Nous sommes en Guadeloupe, dans la case d'un ouvrier agricole haïtien qui vient de recevoir une telle « lettre » de son épouse. Nous avons donc deux personnages sur le plateau : l'homme et la cassette. Le sujet apparent de la pièce est l'émigration, donnée universelle. Mais ce qui se joue en profondeur est un duo d'amour. Voix de la femme invisible qui déroule ses hésitations,

finit par reconnaître l'impossibilité de vivre seule ; et voix bien présente de l'homme qui se défait progressivement de toutes les comédies humaines pour nous apparaître dans sa nudité. On entend également des chants imaginaires, des musiques d'un autre temps, d'un autre monde, aux sons desquels l'homme se met à danser. L'intérêt scénique de la pièce est peut-être le suivant : par le jeu du visible et de l'invisible, du réel et de l'imaginaire, mettre en présence deux êtres et deux mondes réduits à leur plus (sic) simple expression. Un humour discret, tout en sourdine, parcourt le texte et lui donne sa pleine résonnance. La mise en scène peut éventuellement revêtir la voix féminine d'un corps[5].

Ainsi, l'auteur donnait son accord à une mise en scène qui envisageait la présence de Marie-Ange sur scène. Le personnage de Marie est représenté non seulement par l'actrice, mais surtout par une chanson en créole haïtien : «Moin n'aime danser, moin n'aime chanter», qu'elle entonne au tout début de son enregistrement[6]. Elle la reprend dans le tableau trois (TBC, p. 37) quand elle avoue être enceinte et n'avoir pas pu faire passer l'enfant. Enfin sa voix déformée, chantant ce même chant, viendra visiter Wilnor un court moment après avoir décidé d'enregistrer son «pardon» à Marie-Ange (TBC, p. 52 et 53).

On note la présence importante du ti-bois. Cette percussion légère est un idiophone fabriqué à partir de deux morceaux de bois, d'environ 20 cm chacun, que l'on entrechoque pour obtenir un son. Dans *Ton beau capitaine*, le ti-bois joue un rôle prépondérant que l'on pourrait qualifier d'agitateur de Wilnor : il lui dicte ses mouvements et son rythme à travers une gestuelle et un tempo précisément écrits par l'auteur et qui ont pour fonction principale d'exprimer les doutes et les angoisses qui habitent le personnage. À travers ces indications chorégraphiques, il faut voir la tentative d'imprimer à la pièce l'influence du Nô dans une mise en scène à la créolité japonisante. Dans le deuxième tableau, alors que Wilnor, qui a interrompu la cassette, s'interroge sur la nouvelle que Marie-Ange se prépare à lui annoncer, Simone Schwarz-Bart indique dans les didascalies :

Il fait trois pas en direction d'une bouteille posée à terre, semble soudain trébucher, se retenir d'un bras à une corde invisible, tendue en l'air, et l'on entend quelques mesures de ti-bois qui semblent descendues du ciel ; il trébuche encore une fois à gauche, à droite, au rythme du ti-bois (TBC, p. 23-24).

Dans le troisième tableau, l'homme se livre à une véritable écriture chorégraphique pour manifester son agitation et sa fureur : il « revient à la petite table en respirant fort, essoufflé, comme s'il avait couru. À mi-chemin, un son de ti-bois, un soubresaut à gauche, à droite, les bras horizontaux (p. 35). On reconnaît là les pas et la posture *ka* d'un personnage souvent interprété par les danseurs hommes dans les *lewoz*, mais sans l'accompagnement des tambours. Les volte-face qui s'effectuent par une pirouette sur un pied et qui placent brusquement le danseur face au tambour marqueur, se pratiquent communément dans la gestuelle *ka*, mais ici sous la seule direction du ti-bois qui rythme le silence. Dans le quatrième tableau, le ti-bois revient dans son rôle provocateur, poussant l'homme à exprimer par la danse le sentiment tragique qui l'habite. À la fin du tableau II, lorsque Marie-Ange finit par lui dire qu'elle l'a trompé ou plutôt qu'elle a pris l'odeur de son mari sur le jeune homme, l'auteur fait appel de manière encore plus précise à la gestuelle *ka* :

> L'homme fait quelques pas en avant, chancelant, prononce « assez les dieux ! », puis le chancellement se transforme en danse (petits sauts de côté, comme les mouvements du *lewoz*), les bras se soulèvent comme pour planer (p. 30-31).

Plus loin, au moment de sa plus grande dérision, c'est la danse du quadrille[7] qui l'aide à exprimer sa douleur et les sentiments opposés qui l'envahissent :

> Comme appelés par ce geste, on entend les premières notes, venues d'ailleurs, d'un sacrément joyeux quadrille créole… il danse le quadrille en compagnie de trois partenaires invisibles (p. 43).

Dans le dernier tableau, alors que Wilnor s'apprête à enregistrer son pardon et sa vérité pour Marie-Ange, l'auteur écrit : « L'homme est assis, songeur, il émet une série de sons philosophiques de l'arrière-gorge et secoue la tête en souriant de tout ce qui a pu lui arriver dans l'existence » (p. 49). Les sons que l'auteur qualifie ici de « philosophiques » sont produits du fond du palais et servent à exprimer de manière rythmique l'approbation, la négation, la dénégation, la réflexion, l'interrogation, ici la surprise. Ces sons phatiques sont couramment utilisés par les comédiens et davantage encore dans le conte. Dans la vie de tous les jours, même lorsque le créole n'est pas utilisé, les sons philosophiques rythment les conversations.

Dans le premier tableau, Marie-Ange raconte un rêve, image de l'inexistence physique du souvenir. Ce rêve anticipe sur le résultat de la séparation et sur la nécessité de remplir la chemise vide d'une présence. En Guadeloupe, le rêve est souvent dans la vie de tous les jours la référence qui soutient le réel et lui donne du sens.

An tan revolisyon

En 1988, lors de la création de sa pièce *Pension les Alizés,* que je l'invite à présenter en Guadeloupe, Maryse Condé répond :

> Je vais peut-être faire de la peine à des gens, mais contrairement à une mode actuelle, le théâtre qui m'intéresse n'est pas une dramatisation du conte. En effet, je pense que le conte est une chose magnifique, et qu'il faut le reconnaître et le valoriser, mais je n'ai pas envie de répéter le passé[8].

Quand on l'interroge sur les influences théâtrales qui l'ont marquée, elle cite Brecht avec *Le cercle de craie caucasien*, Artaud, Peter Brook, Trevor Rhone, et les dramaturges noirs américains tels que Lorraine Hansberry (*Raisin in the Sun*) et elle affirme que «Le théâtre noir américain est porteur d'une langue nègre américaine et d'une dramaturgie tout à fait moderne[9]». Parlant de *Pension les Alizés*, une pièce sur l'exil qui curieusement, un an après la sortie de *Ton beau capitaine*, raconte la rencontre à Paris d'un exilé haïtien et d'une artiste vieillissante originaire de la Guadeloupe, elle explique :

> C'est un huis-clos... Bien que profondément antillaise, cette pièce dure, cruelle parfois, tourne résolument le dos à cette tradition qu'on ne cesse d'invoquer pour mieux la travestir, l'affubler d'oripeaux semi-exotiques et en fin de compte, la trahir (*CACG*, p. 21).

On reconnaît bien la volonté provocatrice d'un auteur qui refuse une écriture folklorisante.

An tan revolisyon, elle court elle court la liberté est une pièce de commande, écrite par Maryse Condé en 1989, dans le cadre des commémorations du bicentenaire de la Révolution française. Elle est destinée à être jouée à Fort Fleur-d'Epée, place forte et lieu historique sur les hauteurs de Gosier (Guadeloupe), dominant la mer. L'espace de jeu est cerné, en fond de scène, par le mur d'enceinte du fort. Une trentaine d'acteurs et de figurants jouent sur les deux scènes (podiums) — côté cour et côté jardin — reliés par un escalier. Les emprunts à *1789* d'Ariane Mnouchkine du Théâtre du Soleil sont notés par l'auteur. L'écrivaine bâtit une fresque historique en trois époques : 1789 — Révolution française, Liberté-Égalité-Fraternité, sauf pour les noirs et les mulâtres de Guadeloupe ; 1794 — décret du 16e jour de pluviôse an II de la République française : la Convention nationale déclare que l'esclavage des nègres dans toutes les colonies est aboli ; 1802 — l'esclavage est rétabli par Bonaparte, sacrifice de Delgrès à Matouba. Le conteur Zéphir, sorti de la mort pour raconter l'histoire et la commenter, fait le lien entre les différentes époques.

Dans le manuscrit utilisé par les acteurs lors de la création de la pièce, mise en scène par Sonia Emmanuel, Maryse Condé fait figurer quelques indications en introduction à la première époque, indications qui ne figurent pas dans la version publiée de la pièce :

1. La pièce doit être jouée sur le mode bouffon. Elle ne doit jamais être traitée sérieusement, surtout lorsqu'il s'agit des événements de la Révolution en France, survenant sur le podium de droite. Étant donné que la représentation aura lieu en Guadeloupe, j'ai pensé à la réalisation la moins compliquée. Toutefois, il serait envisagé que le roi, les députés de l'Assemblée nationale soient représentés par d'énormes marionnettes ou qu'ils portent des masques outranciers. Les acteurs doivent donc « jouer travestis ».
2. L'accumulation de textes, de citations historiques et dérisoires est destinée à donner l'impression de la confusion, du désordre qui règnent dans les esprits et les lois de l'époque, tant à la Guadeloupe qu'en France.

En introduction au tableau 1802, troisième époque, elle indique :

Évidemment, cette époque est moins bouffonne que les deux premières ; néanmoins elle ne doit jamais être jouée tragique. Au contraire, très sec. À l'exception de la courte scène entre Solitude, Joséphin et Sergélius, il ne doit y avoir aucune émotion.

Dans la deuxième époque (1794), afin de décrire les scènes de liesse provoquées par la première abolition, Maryse Condé indique l'utilisation du *gwoka*, où les femmes dansent des figures du *gwoka*. Dans la dernière époque (1802), l'on se trouve en Haïti à l'évocation par Bonaparte de l'arrestation de Toussaint Louverture et nous apprenons que « les hommes soufflent dans des conques de lambi, d'autres frappent sur des tambours, rythme de combat. » Condé utilise le tambour à plusieurs reprises pour soutenir les cris

189

de la foule, assurant de sa solidarité les rescapés guadeloupéens. La scène finale se termine par le cri de la foule : « Liberté, Indépendance ! » Ici, danses collectives, numéros de femmes et surtout, battements de *gwoka* très sonores pendant quelques bonnes minutes.

Quant au créole, Maryse Condé indique « l'utilisation du créole partout où l'on voudra sauf pour le conteur ». Alors que le conteur, dans le conte traditionnel, ne conte qu'en créole, Maryse Condé réalise une inversion spectaculaire : son conteur, se voyant refuser le créole, est sommé d'utiliser la langue dominante. Le conteur n'est plus porteur de contes, mais porteur de l'histoire qu'il analyse et commente. C'est lui qui fait apparaître et disparaître, à la manière d'un illusionniste ou d'un marionnettiste, les personnages qui illustrent les événements.

D'aucuns pourraient penser que les recommandations que l'auteur fait à son conteur indiquent un mépris pour le créole. Il s'agit plutôt de s'assurer que le point de vue du conteur soit compris surtout par les non-créolophones. Puisque les autres protagonistes ont la possibilité de s'exprimer en créole, cela ouvre aux acteurs le champ de l'improvisation et facilite l'identification de la part du spectateur créolophone.

Par contre, dans les scènes qui se déroulent en Haïti devenu indépendante, si Dessalines emploie le français, il arrive que ses soldats répondent en chœur et en créole. De même, lorsque Victor Hugues donne lecture du décret d'abolition : « Lib ? ou vlé di nou lib ou vlé di nèg lib ? »

De cette première approche d'une dramaturgie créole à travers ces deux œuvres, on peut confirmer que la langue créole, les tambours et la gestuelle *ka*, les chants et les danses créoles font partie des outils de cette dramaturgie. Cependant, bien que Simone Schwarz-Bart et Maryse Condé empruntent toutes deux ces outils, les usages qu'elles en font et leurs niveaux d'utilisation aboutissent à une théâtralité toute différente dans l'un et l'autre cas.

Chez Maryse Condé, le tambour et les danses *ka* servent à illustrer des scènes de groupe, d'adhésion populaire et ont pour fonction de signifier l'appartenance des personnages à une culture, à un combat. Par ses indications sur la brièveté des interventions, des chants et des danses, par ses recommandations de jouer la dérision, Maryse Condé refuse tout sentimentalisme nationaliste et tend à une vision brechtienne du théâtre.

Simone Schwarz-Bart, quant à elle, utilise les outils de la dramaturgie créole pour traduire l'intériorité des personnages et non pas leur appartenance à une culture spécifique. On a vu comment elle utilise des rythmes et des gestuelles empruntés au *gwoka* et au quadrille dont elle rompt chaque fois les tempos afin d'installer la théâtralité du Nô. La créolité de *Ton beau capitaine* n'est pas, comme on pourrait le croire en première lecture, dans une référence plate à la culture créole, mais bien dans la distorsion obtenue.

Notes

[1] La question du « théâtre guadeloupéen » se pose particulièrement dans les années 1970 et 1980 avec la montée du nationalisme politique et culturel qui a pour slogan « on sèl chimin, on sèl langaj », sous le double signe du créole et de l'indépendance.

[2] Racontée dans les veillées mortuaires qui rassemblaient la famille et les amis la nuit suivant la mort du défunt, chants, mimes, dictons, proverbes, devinettes et fables se succédaient. Le conteur ouvrait l'espace du conte par la question rituelle :

Est-ce que la cour dort ?

Les participants :

Non ! La cour ne dort pas.

Le conteur lançait alors son :

Yé Krik !

Les participants

Yé Krak !

Le conteur :

Yé Mistikrik

Les participants :

Yé Mistikrak.

Dans la suite du conte, les « Krik » du conteur rythmaient l'histoire et avaient pour effet de tenir éveillée l'assistance sommée de répondre par ses « Krak ».

[3] Créolisation probable du « puits à coqs » anglais. Le pit à kok ou gallodrome sert spécifiquement aux combats de coqs qui font l'objet de paris d'argent.

[4] La Guadeloupe possède au Centre des Arts et de la Culture, construit dans les années 1970 par la ville de Pointe-à-Pitre, une salle de 300 places et une autre de 1100 places. À Basse-Terre, à la suite d'un combat que j'ai mené à partir de 1983 à la tête du Centre d'Action Culturelle de la Guadeloupe, le Département et l'État ont construit un théâtre de 500 places et un plateau de répétition important pour la Scène nationale de la Guadeloupe, dénommée l'Artchipel.

[5] Selon Claude Philogène, auteur du *Nô de karukéra, compactifie pré-bruits art techniques*, Karlbergsvagen 45, 11334 Stockholm (Suède), 1984. L'Association du Théâtare Nô-Ka international avait pour objectif « d'établir des bases nouvelles pour un transfert motivé par l'éthique, des technologies de pointe à

travers le monde. Art, éthique et technologie pré-bruits compactifiés, sont les instruments avec lesquels nous travaillons au Théâtre du Nô de karukéra, afin d'aider à mieux comprendre et de servir les sociétés dans lesquelles on choisit librement de vivre». Le Nô de karukéra est construit d'analogies sonores de termes créoles et japonais. Ainsi, le Waki, acteur secondaire du Nô, et le Shite, sons rythmés de gorge et de poitrine secondant les chants sans appui de tambour dans la tradition musicale en Guadeloupe, sont largement exploités.

[6] Simone Schwarz-Bart, *Ton beau capitaine*, Paris, Éditions du Seuil, 1987, p. 12. Désormais TBC et la page dans le texte.

[7] Le quadrille de la Guadeloupe débute par un morceau appelé «entrée», suivi généralement d'une valse. En outre, le quadrille guadeloupéen présente plusieurs particularités : la présence du commandeur, l'utilisation d'instructions émises en créole, l'utilisation de syncopes et d'instruments à percussion, l'usage de l'improvisation et de motifs de quatre mesures fonctionnant par parties avec variantes, la conclusion du quadrille par une biguine.» Alex et Françoise Uri, *Musiques et Musiciens de la Guadeloupe*, p. 72.

[8] Maryse Condé, Interview accordé au *Magazine du Centre d'Action Culturelle de la Guadeloupe*, n° 2, avril-juin 1988, p. 21. Archives de Michèle Montantin.

[9] *CACG Magazine*, n° 2, avril-juin 1988, p. 21. Archives de Michèle Montantin.

Du *ka* au langage scénique :
fondement esthétique

LUCIE PRADEL

Des praticiens de la scène expérimentent depuis longtemps en
Guadeloupe des formes de théâtre qui soient l'expression d'une
spécificité culturelle locale. Parmi ceux-ci, citons Arthur Lérus
(Cyclone), Harry Kancel (Pawol a neg soubarou) et José Jernidier,
représentants les plus prolifiques d'un travail sur la gestuelle et
sur les formes scéniques orales. Actuellement, des praticiens mais
surtout des acteurs contribuent à l'enrichissement du répertoire
de langages en rendant plus évidents les liens entre les rituels
populaires et une esthétique de la scène de source européenne.
Cette forme de création « métissée » pourrait-on dire, englobe un
ensemble de pratiques qui reposent sur un rapport particulier entre
l'acteur, le public, l'espace de jeu : rapport sous-tendu et déterminé
par la musique, le chant, la danse dans le cadre de la performance.

Dès lors que l'on admet que le théâtre en tant qu'art s'est développé sur la base des rituels, l'élément de base, le *ka* qui nourrit la
pratique musicale, chorégraphique, poétique, dramatique *gwoka*,
devient profondément chargé de significations pour ceux qui cherchent à enrichir le langage de la scène. Il existe un rapport évident
entre les conventions du théâtre et les performances issues du *ka*,
comme le *lewoz* et les performances afférentes à la *véyé*.

Précisons, pour les non-initiés, que ces termes ont des significations variées mais aisément identifiées selon le contexte de leur
emploi. Ainsi le *ka* désigne le tambour, mais aussi le jeu ou les
rythmes créés par cet instrument. Le *gwoka* renvoie à l'ensemble
varié de danses et de rythmes traditionnels qui se décline en
toumblak, gwaj, mendé, kaladja, padjembel, woulé, lewoz. Le

193

terme générique *lewoz* désigne à la fois une soirée ludique consacrée au *gwoka* et la performance de danse théâtralisée ainsi que le rythme musical. Quant au terme *véyé*, il désigne la veillée mortuaire.

À l'origine, le *lewoz* est un culte dont la pratique est liée à des sociétés secrètes et dont les adeptes furent les instigateurs de révoltes. Il est, à notre avis, le fondement de l'activité scénique. J'essayerai d'élaborer une typologie non exhaustive de formes de jeu et d'expériences théâtrales récentes, dérivées de multiples manières de réinventer le *lewoz* et la *véyé,* en tenant compte des conventions de la scène actuelle et dans le cadre d'une formation hybride de l'acteur.

Performance *lewoz*

En dépit de son allure ludique et profane, la soirée *lewoz* animée par des musiciens et danseurs de *gwoka* se révèle riche en indices pour qui cherche résurgences ou valences du culte ancien. Dans un espace circulaire délimité par une poignée d'étoiles, acteurs et spectateurs interagissent et se confondent par l'entremise de la *wonn* (ronde). Le *lewoz* accueille différents performeurs, en leur attribuant une fonction précise. Quand le spectateur quitte la circonférence de l'aire scénique où, en compagnie du «public», il chantait et battait des mains, il devient en se plaçant au centre de la *wonn* (ronde) performeur. Selon les règles du culte ancien, il vient incarner l'ancêtre-visiteur. Pendant la durée de sa performance, l'acteur/danseur/performeur fait revivre tel personnage mythique dont il peut avoir revêtu les attributs vestimentaires et porter les accessoires, soit la tenue des champs : chemise nouée sur la poitrine, pantalon retroussé sur les genoux, bottes, chapeau de paille, canne en rappel des divinités agraires, soit une veste militaire, et des lunettes noires en mémoire des dieux de la guerre. Des postures suggestives et sensuelles, des mouvements des hanches, une gestuelle propre aux performeuses évoqueront les rites de fécondité. Le critère majeur d'identification d'un dieu étant la danse, le langage chorégraphique apporte les signes distinctifs de reconnaissance de l'esprit-visiteur.

Face au danseur se tient le *makè* (marqueur, percussionniste leader) qui transcrit en jeu sonore la rhétorique corporelle de l'acteur. Entre eux, s'établit un dialogue semblable à celui manifesté dans des traditions théâtrales, comme celles du Nô. Aux côtés du *makè*, se tiennent les *boulariens* qui amplifient la rhétorique en exécutant des phrases musicales récurrentes qui renforcent l'état émotionnel de l'acteur. Ce dernier déclame avec tout son corps devenu instrument de médiation, tandis que le tambourinaire codifie ce langage en sonorités musicales. Le *makè* entre ainsi en synergie avec son partenaire, il déchiffre l'écriture de son «corps-partition» et partage sa jubilation corporelle. Son expression est porteuse d'une grande lisibilité dramatique. Le performeur déclame sans recours à la voix. Seuls le chanteur et les répondeurs engagés dans un dialogue lyrique sous forme responsoriale élèvent la pluralité de leurs voix.

Théâtre *ka*

À l'origine du dire théâtral, des praticiens situent le dire poétique des chanteurs de *gwoka*, tels Loyson ou Germain Calixte. Le premier fit ses débuts artistiques en tant que lutteur[1]. Au cours du *lewoz*, le chanteur assume le rôle directeur en sélectionnant les chants, en décidant de l'enchaînement des rythmes, en choisissant les tonalités, en réglant le tempo. Il donne le départ aux *tambouyé* et la rime aux *répondè*. C'est au rang de personnage mythique qu'il est promu dans la pièce *Post-Mortem* (1997) d'Alain Verspan. Le chanteur est sanctifié dans un geste syncrétique mêlant chants, danses et poésie *ka*. *Post-Mortem* se veut «un essai artistique qui puise sa substance et sa force dans la tradition mythique et mystique.» Enorgueilli par sa verve, la troupe Poetika voit en Loyson son mentor. La découverte de l'artiste et de son écriture musicale a donné une impulsion à l'activité scénique de la troupe. Activité en prolongement et en parallèle aux expériences musicales et chorégraphiques du *lewoz*. Ces expériences servirent de préalable ou de passage obligé vers la quête de référents nécessaires à la création de leur répertoire poétique et dramatique. Par sa structure, la pièce *Bato pé rivé a pa rantré* (*Le bateau rentrera-t-il au port ?* de 1999) s'inspire de la forme responsoriale du chant. Des phrases récurrentes, rappelant les phrases musicales des boula, émaillent la pièce: «*Ban mwen on lajan*» (*Faites que je sois riche !*), implore un protagoniste, croyant ainsi combler son vide culturel et existentiel. Au montage poétique est invité le *boulagèl*[2] ou *banjogita*, ces sons gutturaux qui s'émettent sans mouvoir les lèvres. Ramené sur scène, le *boulagèl* traduit l'insoumission, la rébellion intérieure, le refus de se soumettre à la parole du maître quand il ordonna de casser les tambours. Ainsi, le désir de ramener la parole vers un lieu fondateur inspire le répertoire poétique. Aux côtés de Calixte et de Loyson, consacrés premiers poètes locaux, se retrouvent Césaire, Gontran-Damas, Depestre.

Outre la poésie lyrique, de certains chants germent les premières trames théâtrales : il peut s'agir d'un récit linéaire, particulièrement adaptable au théâtre. On y trouve le plus souvent une unité de temps : la journée. C'est le cas de *endi mamman en kalé mayé* (*J'ai informé ma mère de mon mariage*) de Robert Loyson, dont le découpage s'avère propice à la mise en scène. Ce chant associe texte, indications scéniques et réactions des acteurs. L'aspect anecdotique est important, la recherche du détail est révélatrice. Loyson fait preuve d'une minutie du détail à la manière d'un metteur en scène. Il s'agit en fait d'une parole chantée et théâtralisée empreinte d'un grand réalisme.

Au nombre des formes de jeu dérivées du *lewoz* appartient le « texte écrit *gwoka* ». Cette performance collective s'instaure dans le cadre d'un happening Il s'agit d'une écriture traversée par l'inspiration et la vibration du tambour appuyée sur la technique du *makè*. Tableau en place et feutre en mains, les performeurs notent et élaborent à tour de rôle des « paroles foup wap[3] » (onomatopées pour décrire la rapidité et la précision d'une action). La production du texte écrit portée par les battements du tambour devient alors geste purement physiologique, réaction aux retombées des vibrations et des sonorités du *ka*, geste accompli dans l'espace qui englobe la totalité du corps, non plus activité intellectuelle transmise par des signes linéaires, sur une feuille de papier. La pédagogie à partir du *lewoz* transforme totalement l'acte d'écrire. Selon ses créateurs, il s'agirait d'une démarche surréaliste d'écriture automatique improvisée : « Notre écriture est la vérité du subconscient, indique Patrick Rilcy[4], elle est plus importante que la recherche consciente du mot. Le marqueur n'a pas de partition, mais va exprimer sa vérité, ses états d'âme. » De cette écriture résultent souvent des fragments de textes à la manière du jeu du Cadavre exquis.

Le mime des travaux agricoles participe des conventions théâtrales issues du *lewoz*. D'ailleurs la scène qui suit, décrite par Roger

Fortuné, montre la frontière ténue entre réalité historique et performance artistique : « En première ligne s'avançaient les amareuses, les lieuses et les porteuses de gerbes ; ensuite marchait le *ka*, le tambour, avec un crieur ou une crieuse, loué spécialement pour mener la chanson [...] Du côté le plus rapproché de la vallée retentissaient le roulement sourd et fondu d'un tambour *bêlai* et le refrain d'une chanson africaine. Les ouvriers descendaient lentement en double file, ils chantaient tous et, de leurs bêches, ils battaient la mesure au rythme des tambours. » Cette activité cannière engendre le *toumblak*, de la transformation du manioc en farine dérivent le *graj*[5] et le *woulé*. Cette gestuelle qui préserve la connaissance du savoir-faire et du quotidien paysans, nourrit danses et formes de jeu.

Expériences hybrides

À la polyphonie du *lewoz* plusieurs s'initient et parmi eux nombre d'acteurs. Significative est la volonté affichée par une majorité d'entre eux d'acquérir une formation « hybride » alliant enseignement théâtral classique et formation *gwoka*. « Nous avons admis, fait remarquer Patrice Tacita[6], que l'univers *lewoz* que nous fréquentons en commun depuis de nombreuses années est également lieu d'apprentissage. En marge de l'enseignement académique existe cette autre école de formation par initiation, par imprégnation. » En recherchant une maîtrise de la technique instrumentale et chorégraphique, en se pliant au rite de la soirée *lewoz* du vendredi soir, ces acteurs contribuent par leurs va-et vient aux transferts réciproques s'opérant entre la scène lewozesque et la scène théâtrale ; de façon consciente ou insidieuse, ils favorisent le rapprochement des deux scènes. Ce transfert s'étend également à la scène carnavalesque[7].

Forts de ces va-et-vient et conscients d'enrichir leur pratique théâtrale, des praticiens suggèrent l'idée d'un bréviaire qui constituerait un répertoire des mimiques transcriptibles au théâtre, de certaines postures telles celle du vieillard courbé, démuni dont les trébuchements utilisés sur scène marquent la surprise. Les membres supérieurs revêtent un intérêt particulier, ils rappellent des situations de langage quand, dans le passé, les bras remplaçaient l'idiome afin de communiquer. D'ailleurs, au pouvoir de la parole, se substitue souvent celui du corps : *Décwoisé bwa-aw ou ké mawé mizik a moun-la y* (ne croise pas les bras, cela peut nuire à la production musicale) disent les performeurs au cours du *lewoz*. À titre de suggestion, non seulement les mimiques et les postures, mais aussi les éléments vestimentaires, les accessoires liés au *lewoz* trouveraient place dans un répertoire ouvert.

En fréquentant à la fois le théâtre *lewoz* et les écoles conventionnelles de *gwoka*, les acteurs dotés de formation académique occidentale concourent avec les praticiens à faire du dialecte *lewoz* une langue reconnue : « Quand je dirige les comédiens, indique José Jernidier[8], je puise dans l'univers *lewoz* des images connues et comprises par les acteurs afin de faire vivre le contexte théâtral. Cet univers, qui fait partie de notre vécu et auquel beaucoup ont accès, constitue une excellente source de références. Ainsi, cultiver l'hybridité aiderait à faire jaillir le "mouvement intérieur", à développer à travers le *lewoz* une technique corporelle sous-entendant la maîtrise de l'instrument-corps, l'enrichissement de la palette de jeux et de la gamme des émotions, à la fois au plan physique, scénique et spirituel. » S'adonnant au rituel du vendredi soir, au travail d'arpentage, de reconnaissance du lieu *lewoz*, certains acteurs cherchent à acquérir un potentiel, d'autres, à l'inverse, désirent le redéployer, ou encore l'activer avec plus d'intensité. « C'est le tambour qui nourrit ma pratique théâtrale, indique Philippe Calodat[9]. Quand le metteur en scène donne le rythme de la pièce, le langage *gwoka* me sert de grille de référence. Je vais puiser dans la gamme d'émotions et de sentiments contenus dans les sept rythmes : *Toumblak, mendé, kaladja, lewoz, gwaj, padjembel, woulé*, autant de façons d'exprimer la joie, l'amour, la révolte, le désespoir, l'effort, la tendresse. Quand j'incarne un personnage, je lui donne vie en lui donnant un rythme que je désigne consciemment. S'il s'agit d'un *toumblak*, ma parole en sera animée et avec elle mon corps, car le rythme guide mon jeu. » Virtuosité, vélocité et improvisation, qualités reconnues au *gwoka*, servent à exalter le travail corporel et le jeu de l'acteur.

Les acteur immergés dans l'univers *lewoz* se situent plus simplement dans ce jeu. « Je n'ai pas de retour à effectuer en direction du *lewoz*, confie Joël Jernidier[10], car j'y ai grandi. Quand je m'y retrouve, ma première impression est d'être au théâtre. Je partage l'insolence, l'audace des danseurs, leur maîtrise de leur instrument-corps. Les performances du *makè*, des *boulariens* font partie de ma nourriture théâtrale. J'ai intériorisé leur gestuelle et quand j'entre en scène, c'est elle qui vit en moi, sans exubérance apparente. Je peux interpréter un texte classique en me laissant guider par ce mouvement intérieur, par ces rythmes, ces sensations que j'ai emmagasinés, par cette démarche que j'ai intégrée. »

C'est au terme de son travail d'immersion qu'Eddy Arnell créa la pièce *Humour noir, rire jaune* (2000), comédie aux accents de parodie, réflexion identitaire articulée par la symbolique du *ka* : « Ma décision de m'initier au *gwoka*, fut à la fois naturelle et impérieuse. Il est vrai que je cherchais à résoudre un certain malaise identitaire qui se traduisait tantôt par le choix d'un style dramatique français, tantôt par celui du comique créole. Ce passage du comique au drame eut pour conséquence de désabuser un public pourtant fidèle. Ce malaise difficile à apaiser était exacerbé par le reproche d'être trop français. Je naviguais entre deux cultures sans entrevoir la possibilité de l'entre-deux, du mi-chemin jusqu'à cette fameuse soirée *lewoz* entre minuit et deux heures du matin, au moment où les énergies s'élèvent, j'ai reçu quelque chose en plein visage, ce reflet de mon peuple : alors je me suis tourné vers le *gwoka*. Aujourd'hui, après une formation dans une école de danse et de musique, je cherche une codification, un style, un bouger créole, une stylisation de la parole par la gestuelle. » Le texte d'*Humour noir, rire jaune* accompagne la gestuelle et non le contraire. La phrase suit le rythme de la danse. L'intention est de fusionner trois genres : danse, chant, texte, de les imbriquer dans un langage scénique métissé[11]. »

À l'instar du comédien précédent, la quête personnelle est au cœur de la démarche de Gilbert Laumord. Elle prend naissance dans une prise de conscience collective datant des années 1960-1970, concomitante à des mouvements estudiantins et à un militantisme identitaire et nationaliste : « Soit l'un est issu d'une région comme Cacao Sainte Rose, et dans ce cas on n'invente rien, on prend l'héritage à la source dans une démarche d'affirmation ; soit on se livre à un travail de réappropriation. Durant ma jeunesse, je n'ai pas vécu de façon continue sur le sol guadeloupéen. Ma formation d'acteur m'a confronté à des cultures différentes. Le fait d'avoir vécu au Danemark, en Afrique, en Angleterre, en Espagne a suscité une envie de découvrir, m'a mis dans une situation d'éveil. La recherche d'une marque distinctive de la Guadeloupe m'a tourné vers le lieu où bat son pouls : le lieu d'où s'élève le son du *lewoz*. Dès lors a débuté une quête personnelle alimentée au gré de rencontres et d'échanges informels et poursuivie par une formation plus académique en danse et musique traditionnelles. Ma formation à l'école d'État de Copenhague m'avait amené à des techniques de travail corporel intense, c'est pourquoi le contact fut naturel avec le *lewoz* qui sous-entend la maîtrise de l'instrument-corps, l'enrichissement de la gamme des émotions au plan physique et scénique et particulièrement spirituel[12]. »

Théâtre-médiation

Autrefois, dans les campagnes, des conques aux sonorités puissantes avertissaient de la mort d'un villageois. Au concert de ces instruments à vent, se mêlait la voix des proches annonçant de porte en porte la nouvelle funèbre. Au soir du décès débutait la veillée mortuaire[13]. Entre autres contributions affluaient les bougies, le café, les sièges et les paroles. Paroles de dévotion, d'intercession, jeux de mots, blagues, devinettes, proverbes lancés à la cantonade par les maîtres du Verbe. Des jeux de lutte ou d'adresse réunissaient des performeurs de tout âge dans des actes de médiation, et de confrontation à la mort. Selon la tradition, au membraphone se substituait le tambour intérieur, immatériel *banjogita/boulagel*. Ces performances bien connues de Lukubert Séjor sont au cœur de deux expériences théâtrales : *Chimin de ka* et *Article 2 du Code Noir*. La première est, dit Sejor[14], « la conclusion d'une démarche musicale issue d'une réflexion sur l'histoire. Il s'agit d'une forme théâtrale enracinée à la fois dans le rituel et dans le quotidien, car beaucoup de situations sont prétexte à la théâtralisation : une *véyé*, mais aussi un *konvwa* [coup-de-main collectif et organisé], une scène de famille dans un *lakou*, l'achat de *lanbi* sur le bord de la mer. » Le *Chimin de ka* fait allusion au Chemin de la Croix et, en hommage aux ancêtres et aux *neg mawon*, il retrace le parcours du *ka*, du continent africain jusqu'aux Antilles. Cette création allie chants traditionnels, litanies, *banjogita*, sons de tambours carnavalesques et procession théâtrale. Les quatorze tableaux retraçant les actes de la passion du Christ sont réduits à trois. Lors du Festival de Gwoka de Sainte-Anne en 1992[15] où le *Chimin de ka* fut présenté sous forme de spectacle de rue, la mise en scène misait sur les éléments symboliques du décor naturel : la mer, proche du lieu de départ de la procession sur le boulevard de Saint Anne et l'église, proche du lieu d'arrivée sur l'esplanade de la mairie. Le décor s'instaurait autour de sept drapeaux, symboles des sept rythmes. En réplique au chapelet, sur un collier s'enfilaient dix perles dont une en forme de *ka,* les trois suivantes en hommage aux composantes noire, blanche et hindoue de la société, les sept dernières disposées en cercle rappelaient les rythmes du *ka* et le mouvement rotatif de la terre. Aux textes dialogués, l'auteur substitua des airs carnavalesques entrecoupés de litanies récitées sous forme responsoriale : *ka toumblak — ka lewoz — ka mende — kaladja — ka gwaj — ka padjembel — ka woulé — ka toumblak.* Litanies syncrétiques *ka* et yoga pour l'émission d'un son pur, d'un mantra dénommé *banjogita-mantra.* Bien qu'assignée à son sens premier, la prière liturgique réinterprétée et théâtralisée devint métissée.

L'*Article 2 du Code Noir* sert de trame à la seconde création qui, à l'instar du *Chimin de ka,* est de forme composite : musicale en son principe, avec adjonction de chants et de danses intégrés à une trame historique. La pièce, articulée sur le thème du départ de l'Afrique et de la Guadeloupe et sur celui du voyage, traite de la déportation, de l'immigration et de la dispersion. Ces constantes se révèlent en trois actes, à travers trois lieux : lieu d'arrachement à la terre natale, lieu d'implantation aux Antilles, lieu d'imposition d'une nouvelle religion. La résistance culturelle sert de dénominateur commun à cette traversée qui s'achève sur une performance *lewoz.*

Ces pratiques spectaculaires, dérivées de la *véyé* et du *lewoz,* ainsi que les performances *mayolè, kannaval,* et que certains lieux propices à la théâtralisation tel le *lakou,* s'offrent aux praticiens du théâtre à la fois comme source d'inspiration et comme lieu de création. Une large gamme de possibilités existe, allant de la transposition de ces pratiques à l'espace scénique conventionnel jusqu'à l'utilisation des lieux naturels. Dans ces pratiques est consignée une gestuelle édifiée autour des rituels, de l'Histoire, du quotidien, des savoir-faire. D'ailleurs, l'intégration de cette gestuelle dans le jeu de l'acteur aurait valeur d'authentification[16] et de critère de distinction. L'utilisation de toutes ces pratiques, de tous ces outils de création n'est certes pas généralisée. Les exemples cités, sans être exhaustifs, sont représentatifs de la prise en compte du matériau composite *ka,* et de son utilisation multiple. Cependant, danse, musique, conte, poésie, carnaval, veillée, performances diverses livrées à la stylisation théâtrale laissent entrevoir des espaces de création plurielle pour un théâtre ouvert, basé sur un jeu de combinaisons prolixes sans cesse renouvelé par le souffle de la modernité.

Notes

[1] Les jeux de lutte font partie des pratiques spectaculaires lors des veillées mortuaires traditionnelles.

[2] Boulagèl ou banjogita : les rites de veillées mortuaires donnèrent naissance à cette tradition où les sons polyphoniques remplacent les tambours.

[3] Voir l'article de Garry Warner, où l'expression a sa forme hollandaise Voop Vap.

[4] Entretien avec P. Rilcy, Pointe-à-Pitre, janvier 2000.

[5] Grager : râper le manioc.

[6] Entretien accordé à Pointe-à-Pitre le 15 janvier 2000.

[7] La saison carnavalesque, particulièrement longue en Guadeloupe, s'étend du 1er janvier aux jours gras et se clôture à la Mi-Carême. Plusieurs de ces acteurs sont également des carnavaliers, membres du Mouvement AKIYO.

[8] Entretien accordé à Baie Mahault, 12 février 2000.

[9] Entretien accordé à Pointe-à-Pitre, janvier 2000.

[10] Entretien avec Joël Jernidier à Gosier, 26 février 2000.

[11] Entretiens accordés par Eddy Arnell à Pointe-à-Pitre en février 2000.

[12] Entretiens avec Gilbert Laumord à Baie Mahault en février 2000.

[13] La veillée mortuaire est suivie au lendemain de l'enterrement par le début des prières. Deux autres temps forts correspondent au neuvième jour et au quarantième jour.

[14] Entretiens avec Lukubert Sejor à Sainte-Anne en mars 2000.

[15] Ce Festival a aujourd'hui 15 ans d'existence.

[16] Par rapport au cas de la Martinique, par exemple, où les rythmes ruraux (bèlè-piké, grand bel-air, bélia, kalenda, kanigwé, damié…) diffèrent.

La littérature dramatisée

JEAN SMALL

Quand j'ai été nommée en 1978 présidente du Bureau des Langues Modernes du Conseil des Examens pour la Caraïbe (CXC), la responsabilité me revenait de répandre la culture francophone dans la Caraïbe anglophone. Les manuels dont nous nous servions étaient destinés aux étudiants vivant soit en Grande-Bretagne, soit en France. J'étais convaincue que l'apprentissage devait avoir lieu dans un environnement culturel auquel les jeunes pouvaient s'identifier, avant de passer à un contexte étranger. Toutefois, dans la Caraïbe, la formation en langues étrangères a recours, de manière générale, à des supports pédagogiques préparés pour un contexte non-caribéen. En 1978, le CXC a proposé des cours conçus à partir de la réalité caribéenne. Pour cette raison, je voulais contribuer à cette orientation en exposant nos étudiants à un français parlé par les Noirs de la Caraïbe. Dans ma thèse de Maîtrise en Pédagogie[1], j'avais montré que la langue française était conceptualisée par nos étudiants comme une langue des Blancs, alors qu'une bonne partie du continent africain est francophone et que, parmi nos voisins dans la Caraïbe, il y a des francophones qui vivent, travaillent, rêvent et meurent, c'est-à-dire des francophones qui ont eu une expérience historique semblable à la nôtre, et qui passent toute leur vie dans un contexte géographique et culturel pareil au nôtre. J'ai constaté que, puisque nos peuples sont orientés plutôt vers l'oralité, le moyen le plus rapide de faire connaître la langue et les littératures francophones, serait d'entrer en contact avec une littérature « dramatisée ».

Étant consciente qu'en Jamaïque la présence francophone est très réduite, il fallait réaliser des mises en scène où les acteurs et le public auraient des points de rencontre. Le metteur en scène devrait évoquer une série d'impressions sensorielles pour que le public puisse vivre le plaisir de l'œuvre. C'est par là qu'entrent en jeu tous les éléments de la pratique scénique : le jeu des éclairages, le bruitage et la musique, la fonction symbolique des couleurs. Mariés au texte, ces éléments scéniques produisent une expérience théâtrale totale à partir de laquelle nous pouvons entreprendre un travail pédagogique.

Une tempête[2]

La première œuvre que j'ai montée était *Une tempête* d'Aimé Césaire, car en 1983 peu d'étudiants aux niveaux secondaire et universitaire avaient entendu parler d'Aimé Césaire. Le thème de cette pièce est, à mon avis, le choc culturel éprouvé au moment de la rencontre entre les deux cultures représentées par Prospero (le colonisateur) et Caliban (le colonisé), vivant dans l'espace étroit d'une île (la Caraïbe). Le mariage des deux cultures a produit Ariel (le mulâtre). Il s'agit donc de trouver le moyen de survivre, tous les trois, dans un espace restreint.

J'ai présenté *Une tempête* dans un espace en rond. Le puits avait la forme d'un carré, mais directement au-dessus de l'espace de jeu se trouvait une structure circulaire où j'ai eu l'idée de représenter l'île par des branches de bougainvillées suspendues au plafond. Pendant le spectacle, les pétales de bougainvillée qui parfumaient toute la salle tombaient pour former un cercle de pétales en plein milieu de l'espace de jeu. Des lierres et des fleurs recouvraient les murs de la salle pour créer une ambiance tropicale. L'espace de Prospero fut fabriqué de fleurs mauves et délicates, tandis que la grotte de Caliban était recouverte d'une grosse toile. Prospero fut vêtu en maître de plantation avec casque, costume blanc, bottes de cuir, grande ceinture en cuir et fouet, symbole du pouvoir ; Caliban fut habillé en Rastafari, pieds nus, portant un vieux pantalon, coiffé de tresses et d'un béret rouge vert et jaune ; Ariel, joué par un comédien mulâtre, portait un boubou, vêtement que porte un homme ou une femme, et un masque moitié vert moitié noir, qui symbolisait la dualité du personnage. Dans la culture créole, le vert représente le camouflage, puisque les Marrons portaient le vert quand ils se tenaient en embuscade.

Le contraste entre les cultures a été représenté par les niveaux en gradins de l'espace de jeu. L'espace central en forme de carré était le premier niveau. L'espace au bord du carré était le deuxième niveau et l'escalier qui reliait le centre de la salle à une autre salle à l'étage constituait le troisième niveau. À ce troisième niveau se trouvait l'espace d'Eschu, le Dieu africain[3]. Au début du spectacle, Prospero était surélevé par rapport à Caliban. À la fin, Prospero, rampant par terre, fait appel à Caliban qui grimpe les escaliers vers son Dieu, autrement dit, son héritage africain. Caliban s'identifiait à son héritage d'origine alors que Prospero, qui n'appartenait plus à l'Europe, ne pouvait plus quitter l'île et était contraint de demander de l'aide à son ancien esclave. Cette libération de Caliban a été bien saisie par le dessin de Michel Dash, conçu pour le programme du spectacle.

D'autres significations étaient produites par la musique. Le grand bal et le dîner chez le colonisateur ont été menés sur un fond de valses, tandis que l'entrée dramatique d'Eshu a été accompagnée de tambours. La gestuelle et les mouvements du dieu africain s'opposaient au langage de la danse des colonisateurs. Les couleurs et les costumes fournissaient d'autres systèmes signifiants puisque Eshu, à moitié nu, ne portait qu'un cache-sexe rouge — couleur qui signifie la passion et la vitalité de la race noire — tandis que les Européens portaient des couleurs délicates et nuancées. D'ailleurs, pour illustrer comment la langue est devenue secondaire dans le processus de décodage, surtout dans cette scène, le comédien qui jouait le rôle d'Eshu ne savait pas parler français. Cependant, il a pu apprendre trois vers d'une chanson dont l'énonciation sur scène s'harmonisait parfaitement avec le battement des tambours et les mouvements du corps de l'acteur, rendant ainsi la maîtrise du texte parlé d'une importance secondaire pour comprendre la signification du personnage et de son irruption dans l'espace du bal.

Mémoires d'Isles[4]

Pour représenter l'œuvre d'Ina Césaire, nous avons utilisé des techniques permettant d'illustrer le lien entre l'homme et la terre, selon la croyance que la nature de la terre a un effet profond sur les habitants de la terre, non seulement sur ce qu'ils mangent, sur les lieux qu'ils habitent et sur la manière dont ils survivent, mais aussi sur la manière dont ils se conçoivent. Les deux personnages d'Hermance et d'Aure représentent deux conceptions opposées de la vie : Hermance vit près d'une mer fougueuse et Aure vit loin du bruit des vagues. Les deux femmes sont assises dans des fauteuils à bascule : Hermance, vêtue d'un costume créole, dans le fauteuil noir, et Aure, la femme mulâtre, vêtue d'une robe bleu clair dans le fauteuil blanc. Le mouvement du fauteuil d'Hermance est rapide pour correspondre au rythme de sa parole, alors que le fauteuil d'Aure bouge doucement pour s'accorder à la manière de parler d'une femme cultivée, celle qui a un père blanc en France.

La scénographie mettait en relief la mer, devenue le personnage principal, qui séparait, tout en unissant, ceux qui s'aiment, comme la mère et le fils, le mari et la femme. La véranda de la case se transformait en pont d'un bateau et le public pouvait alors imaginer ces deux femmes assises sur le pont du bateau dans deux chaises pliantes, face à la mer, plongées dans leurs souvenirs de la guerre, de De Gaule et de la mer qui avait emporté leurs fils et leur mari. La concrétisation scénique du sous-texte s'appuyait sur le rythme et sur des éléments visuels. Alors que les deux personnages parlaient, on entendait les bruits de la mer et de chevaux qui galopaient. Ces bruitages, qui accompagnaient le discours des deux femmes, indiquaient leur passion. Par ailleurs, alors que le présent se déroulait sur la scène, le public pouvait contempler sur un écran suspendu au plafond des images du passé présentées par des diapositives de la guerre en noir et blanc. Dans cet ensemble de stratégies scéniques, les sons, les mouvements et l'interaction des couleurs fonctionnaient comme des métaphores visuelles qui illustraient le thème profond et rendaient la représentation très dynamique, en dépit de la nature statique du jeu des deux femmes, toujours assises dans leur fauteuil.

Ton beau capitaine[5]

Notre troisième réalisation scénique dans le contexte de la recherche francophone a été l'œuvre de Simone Schwarz-Bart. Nous proposions deux innovations importantes dans la mise en scène. C'était la première fois qu'en Jamaïque on montait une pièce de théâtre en deux langues et représentait ces deux versions à tour de rôle. C'était aussi la première fois que nous avions recours à l'esthétique du théâtre Nô.

L'adaptation anglaise s'est faite à partir d'une chorégraphie conçue selon les principes du théâtre Nô. Wilnor, le personnage principal, était joué par un membre du Théâtre de la Danse nationale de la Jamaïque. Le week-end suivant, il s'agissait d'une lecture dramatique en français présentée par deux Haïtiens. Le symbolisme inspiré de la scène japonaise permettait une meilleure appréciation de l'espace étroit de la case et de l'état émotionnel de Wilnor, l'ouvrier vivant en Guadeloupe, loin de sa femme Marie-Ange qui se trouvait, elle, en Haïti. Les ponts représentaient les liens entre Haïti et la Guadeloupe, alors que les champs de canne à sucre et la case signifiaient les liens entre Wilnor et Marie-Ange. Deux pots de fleurs représentaient le jardin et le lecteur de cassettes remplaçait l'autel. Au fond de la scène, l'image d'un arbre, une des conventions du décor Nô, a été remplacée par la silhouette de Marie-Ange qui apparaissait chaque fois que Wilnor appuyait sur le bouton du lecteur de cassettes. L'importance de la technologie moderne était mise en évidence : on n'avait qu'à appuyer sur un bouton pour être transporté ailleurs et pour entrer en contact avec ceux qu'on aime. Dans la version anglaise où l'image de la femme apparaissait au fond, on sentait la présence de Marie-Ange dans la petite chambre de Wilnor, tandis que dans la version française, on avait plutôt l'impression que Wilnor était transporté en Haïti.

Cette pièce traite, entre autres, de la question de l'émigration et des conditions de vie qui en résultent. La migration est un problème particulier dans la Caraïbe. Dès le début de la pièce (version japonaise), les musiciens traversent les ponts et pénètrent l'espace de jeu, pour rester en scène pendant tout le spectacle. C'est leur musique, percussion, tambours, qui convoque Wilnor. Celui-ci arrive avec son audio-cassette qu'il venait de recevoir de sa femme en Haïti. Le lecteur de cassette devient un point de repère sur scène. L'autre point de repère est le miroir suspendu à un des poteaux de la case où Wilnor vit une expérience d'auto-révélation en subissant des changements de personnalité pour résoudre le problème de sa propre femme enceinte d'un autre homme. Le miroir appartient aux conventions de la scène Nô, pendant la période de formation des comédiens. Ici, le comédien principal exprime ses émotions en dansant. Puisqu'il crée de nouveaux mouvements à chaque séquence, les musiciens doivent créer de la musique pour suivre le déplacement de son corps. La version anglaise exigeait un jeu constant de création musicale, alors que la musique de la version française ne devait qu'évoquer une atmosphère dramatique.

Ces trois mises en scène ont été des formes d'expérimentation avec le son, la couleur, l'espace et le processus de symbolisation scénique, différentes les unes des autres. Le texte y occupait une place secondaire pour convenir aux publics anglophone et francophone de la Jamaïque.

Notes

[1] Jean Small, « The Cultural Conceptual Difficulties that the eleven year old in the Kingston Metropolitan area has in learning French », thèse de Maîtrise, texte inédit, University of the West Indies, 1976.

[2] Aimé Césaire, *Une tempête*, Paris, Éditions du Seuil, 1969.

[3] *Une tempête*, p. 70, scène 3 :
    Eshu est un joyeux luron
    de son pénis
    il frappe
    il frappe[...]

[4] Ina Césaire, *Mémoires d'Isles*, Paris, Éditions Caribéennes, 1985.

[5] Simone Schwarz-Bart, *Ton beau capitaine*, traduction du Ubu Repertory Théâtre, Éditions Ubu Repertory Theatre, 1988.

Du particulier, à l'universel?
La tragédie du roi Christophe au Festival d'Avignon 1996

CLARE TUFTS

«Le théâtre, s'il est du bon théâtre, naît dans le particulier, l'individuel, mais aboutit inévitablement à l'universel.» C'est ainsi que Aimé Césaire, à l'occasion d'un débat en 1967 réunissant autour de cet auteur son metteur en scène et collaborateur Jean-Marie Serreau et des étudiants de H.E.C., explique sa vision de l'art dramatique[1]. Pour Césaire, le théâtre doit remplir une fonction sociale: faire voir, faire comprendre, et faire prendre conscience. *La tragédie du roi Christophe*, première œuvre de Césaire directement conçue pour la représentation théâtrale[2], a marqué une nouvelle orientation de l'engagement politique de ce poète martiniquais à la fin du régime colonial dans les possessions françaises d'Afrique. Comme Césaire le précisait lors d'un entretien en 1961:

> Je prépare une nouvelle pièce, *Le roi Christophe*. Le cadre, à la fois mythique, historique et politique, me paraît favorable à l'introduction du problème qui se pose à l'Afrique de 1961, la décolonisation. Le roi Christophe a pris la charge du pays et ses échecs démontrent qu'il est plus facile d'arracher son indépendance que de bâtir un monde sur de nouvelles bases[3].

Trente-cinq ans plus tard, *La tragédie du roi Christophe* entre dans la Cour d'Honneur du Palais des Papes en Avignon à l'occasion du cinquantenaire du Festival du Théâtre. Et pour Jacques Nichet[4], metteur en scène de ce spectacle, le choix de la pièce représente une autre sorte de geste politique: «Quand Jean Vilar crée le Festival d'Avignon, l'empire colonial français existe; cinquante ans plus tard, une troupe d'acteurs noirs joue pour la première fois dans la Cour[5].» Ce geste politique prend en effet toute son ampleur quelques jours avant la première du spectacle au Festival, quand la mairie «Front National» d'Orange bannit l'œuvre de Césaire des rayons de la bibliothèque municipale. Au moment même où Nichet et sa troupe d'acteurs noirs s'apprêtent à honorer Césaire en Avignon, les Orangeois sont privés de le lire. Tout au contraire des idéologues du FN, Nichet était fier de commémorer ce pan d'histoire du théâtre français qu'est le cinquantenaire du festival de Vilar en privilégiant un auteur français: «Césaire est un auteur contemporain considérable; or il n'y a pas beaucoup d'auteurs contemporains de langue française qui sont joués dans la Cour aujourd'hui ou qui peuvent l'être[6].» Cet argument rappelle celui d'Antoine Vitez qui annonça en 1989 son intention d'assurer la pérennité de cette pièce en la montant au Théâtre Français, car «nous avons un Shakespeare et il est noir, il faut absolument le jouer, ses drames rejoignent les grands chefs-d'œuvre de l'humanité[7]».

Bien que Nichet propose à Césaire sa place d'honneur au Festival de 1996, celui-ci hésite longtemps avant de lui donner les droits de représentation. Là où Nichet voyait la possibilité d'une rencontre heureuse entre le public populaire et cette œuvre dramatique peu connue dans la Métropole française, l'auteur lui-même discernait un «afro-pessimisme» en Europe qui empêcherait le public français de comprendre sa pièce. Néanmoins, Césaire, qui avait été outragé en 1991 par la décision de la Comédie Française de la faire jouer par des acteurs blancs, bénit enfin le projet de Nichet parce que «cela donnait du travail à des acteurs noirs et que, pour eux, jouer dans la Cour d'Honneur, c'était important[8]».

Ce que Nichet avait d'abord considéré comme un simple manifeste politique s'est révélé pourtant bien plus complexe. À la recherche des membres de cette troupe noire, Nichet s'est rendu en Afrique, en Haïti, en Martinique et en Guadeloupe. Au total, il a auditionné à l'étranger et en France plus de deux cent cinquante comédiens avant d'en choisir vingt-et-un. Malgré tous ses voyages et toutes les auditions, la plupart des membres de cette troupe sont des acteurs formés en France, qui habitent et travaillent à Paris, distribution critiquée par une partie de ce public populaire que Nichet rêvait de toucher. Au cours d'un débat organisé au Verger du Palais des Papes pendant le Festival, la question est revenue plusieurs fois de l'origine et de la nationalité des membres de la troupe, aussi bien que sur la couleur de la peau de Jacques Nichet. On a même demandé à Nichet pourquoi il n'avait pas cherché à rectifier ce «défaut» d'être blanc en prenant un assistant noir. Un des comédiens a répondu que les membres de la troupe se considéraient tous d'abord comme des acteurs, et ensuite comme des Noirs. Émile Abossolo-M'Bo, l'acteur qui incarne Christophe, défend la présence du metteur en scène blanc dans la communauté de la troupe noire en soulignant l'absence totale de «discordance entre ce que Nichet dit et ce que les comédiens noirs disent[9]».

Tout ce débat sur l'importance de la couleur et de la nationalité souligne la tension suscitée par le jeu entre l'universel et le particulier que présente cette œuvre de Césaire. Il y a autant d'interprétations de ce jeu qu'il y a de versions de la pièce[10]. L'auteur lui-même le reconnaît en ces termes:

> Ma conception de l'universel est celle d'un universel riche de tout le particulier, riche de tous les particuliers, approfondissement et coexistence de tous les particuliers; c'est le voyage jusqu'au bout de soi qui nous fait découvrir l'ailleurs et le tout[11].

Jean-Marie Serreau, le premier metteur en scène de cette œuvre, est parti du principe qu'à la base du particulier il y a un jeu non-européen: «[…] j'ai commencé à le monter en réunissant un groupe d'Africains autour de mon vieux camarade Douta Seck qui avait déjà plusieurs fois joué avec moi. Nous avons ainsi constitué la Compagnie du Toucan[12].» Les membres de cette troupe n'avaient pas été formés en Europe et donc possédaient des techniques vocales et gestuelles très distinctes de celles des comédiens européens[13]. À l'autre extrême se situe Antoine Vitez, qui voulait montrer la vérité universelle de l'œuvre en la faisant jouer par des Blancs. Dans un article à la mémoire de Vitez, paru dans le programme lors de la représentation de la pièce à la Comédie Française en 1991, Jacqueline Leiner analyse le thème de l'œuvre de cette façon:

> Bien qu'enracinée, nous l'avons vu, dans une histoire, une géographie, une ethnie très particulières, *La tragédie du roi Christophe* atteint l'universel. L'histoire s'y élargit jusqu'au mythe, […] Christophe est sorti de l'histoire haïtienne pour s'inscrire dans l'histoire du monde, et le peuple haïtien (le peuple noir) lui aussi[14].

Jacques Nichet s'est situé entre ces deux extrêmes lorsqu'il a rassemblé une troupe constituée des meilleurs acteurs noirs qu'il a pu trouver, formés en Europe ou ailleurs, pour cette grande fête de théâtre dans un lieu qui accueillerait environ deux mille spectateurs chaque soir pendant six jours. C'est une décision artistique qui lui a attiré la plus sévère des critiques. René Solis, de *Libération*, conclut :

> La technique d'Émile Abossolo-M'Bo, qui interprète le roi, est pourtant irréprochable : pas un mot de travers, pas une hésitation, des gestes sûrs, une voix nerveuse, qui porte. Sauf qu'à travers elle, les mots de Césaire semblent désossés, bouillis, blanchis, décolorés. [...] Comme si le roi, mais c'est vrai à des degrés divers du reste de la distribution, craignait d'étreindre le texte, comme si Nichet avait «blanchi» ses acteurs. (*Libération*, 22 juillet 1996).

Mais est-ce qu'on peut blâmer un débit trop européen pour l'immense difficulté que ces comédiens choisis par Nichet ont eue à faire ressentir l'émotion dans leurs répliques ? Ne peut-on pas aussi bien conclure que cette difficulté, voire même cette impossibilité, vient des obstacles présentés par le texte même et par le lieu du jeu ? Denis Costaz écrit dans *Les Échos* que la pièce «a pris des cheveux blancs. L'écriture lyrique n'y surgit que par bouffées.» (21 juillet 1996). Thierry Gandillot, dans un article du *Nouvel Observateur*, décrit cette écriture à la fois lyrique, mystique, et politique de Césaire comme un défi immense :

> [...] les comédiens [sont] confrontés à une langue ébouriffante où la mystique vaudoue le dispute sans cesse à l'analyse des politiques révolutionnaires. [...] Le fleuve libéré par Césaire est fait de ruptures, d'ellipses, de syncopes[15].

Abossolo-M'Bo a eu recours à une métaphore sportive pour expliquer à Gandillot sa réaction à cette langue : «C'est comme si on me demandait de courir un marathon en faisant de temps en temps des pointes comme pour un 100-mètres.» Respecter le ton changeant du drame, le flux et le reflux de l'émotion dans ce lieu où «la fragilité du plein air donne tout son prix à l'aventure ; [où] il suffit que le vent se lève et les voix s'envolent ; [où] acteurs et spectateurs sont sans protection contre l'orage ou la fiévreuse canicule» n'est guère plus facile[16]. Même Vilar a décrit la Cour d'Honneur comme «un lieu informe, techniquement c'est un lieu théâtral impossible[17]». Afin d'assurer que les deux mille spectateurs attendus chaque soir entendent bien, même par un temps orageux, Nichet a opté pour des micros. C'était loin d'être la solution idéale, comme il l'a expliqué à une spectatrice qui regrettait qu'elle n'ait pas pu mieux apprécier la langue : les micros apportent un soutien aux comédiens en même temps qu'ils privent le public du contact direct de la voix[18].

R. Solis n'a pas été le seul à accuser Nichet d'avoir procédé à une sorte de blanchissage dans sa mise en scène. Mais pour le critique F. Ferney, cela résulte plutôt d'un éloignement inexcusable du particulier :

> Il me semble ici que [Nichet] ne fait pas tinter toutes les notes de cette œuvre attachante et complexe, si datée, si incantatoire, mais qu'il faut aimer si on l'ose avec tous ses défauts : il la rend comestible au risque d'en perdre toutes les saveurs ; il pasteurise le lait noir de l'humaine tendresse. Non, Christophe n'est pas n'importe quel dictateur. Non, Haïti n'est pas une île comme les autres.
>
> Nichet traduit bien l'exigence de la nudité tragique, la solitude, la noblesse désespérée d'un refus. Ce qui nous manque, c'est le subtil dosage de violence et de préciosité d'un peuple, les accents langoureux du créole, la sensualité des vocables, les philtres des sorcières vaudou, qui sont là-bas les mères des poètes. Un Bonbon-Royal, ce n'est pas un garde rouge ; Haïti, ce n'est pas l'Afrique : c'est la nostalgie de l'Afrique, la rage vitale rêvée par une âme caraïbe, plus quelque chose, un certain piment-fruit ou piment-sucre, qu'on ne trouve pas ailleurs. (*Le Figaro,* 23 juillet 1996)

Ce désir de spécificité ethnique n'est pas nouveau. Serreau a affronté les mêmes pressions de la part des producteurs étrangers qui, en 1964, voulaient rendre le spectacle plus rentable en y multipliant les éléments exotiques[19]. Ce n'est qu'en fondant une *Association des amis du roi Christophe* qui donnait droit à l'entrée au spectacle à ses membres seuls que Césaire et Serreau ont réussi en France à échapper au folklore exagéré. Or, comme nous l'avons vu plus haut, il est clair que le jeu des acteurs noirs réunis par Serreau a frappé le public européen par ses éléments « africains ».

C'est avant tout une question de degré. Jusqu'à quel point efface-t-on le particulier ? Avant le Festival, Nichet ne croyait pas l'avoir trop effacé, mais il a surtout voulu éviter les deux pièges de l'exotisme (« Pas de tam-tams, de boubous, ni de griots ») et de l'historicisme :

La reconstitution historique a un peu vieilli, alors qu'on est frappé par la modernité du texte. Le discours politique de Césaire est en résonance directe avec l'actualité — la Bosnie, le Rwanda, Cuba, la Somalie, le Liberia. [...] le libérateur se transforme en tyran. On prend son indépendance pour tuer l'autre. (*Le Nouvel Observateur*, 4-10 juillet 1996)

Néanmoins, confronté quelques semaines plus tard à cette presse négative à l'égard de sa propre conception de l'universel et du particulier, Nichet voit son optimisme initial s'évaporer : «Peut-être que la Cour aujourd'hui n'est pas le lieu de parler de politique. Ce n'est pas pour rien qu'on a recours à des classiques pour la Cour. La Cour demande une certaine sorte de pièce[20].» Par la suite, il a précisé : «Il y a quelque chose dans la Cour qui pèse. On essaie de faire comme les autres ; il y a une tradition à respecter, donc on ne va pas assez loin peut-être[21].»

La tragédie du roi Christophe est loin d'être une pièce classique qu'on peut facilement adapter à l'aire de jeu du Palais. Selon Césaire, c'est une œuvre complexe à trois dimensions : politique, humaine et métaphysique. Le personnage du roi et la fin du drame sont tous les deux ambigus. L'auteur voyait en «son» Christophe «du Prométhée, du Pierre le Grand, du Bourgeois Gentilhomme[22]», et l'histoire telle qu'il la présente avait pour but de tirer le spectateur de son état d'irréflexion politique : «Je n'ai pas voulu donner de leçon. Il ne s'agit pas de théâtre idéologique. Il ne s'agit pas de théâtre didactique, il s'agit d'une re-création[23].» Au thème complexe s'ajoute une construction complexe :

La construction de *La Tragédie du roi Christophe* [...] est d'un mode souple et archaïque, dont témoigne l'extrême diversité des moyens techniques employés. Formé à l'école de la poésie — et qui plus est, de la poésie surréaliste — Aimé Césaire se montre indifférent aux contraintes et aux règles de la dramaturgie classique. Il n'hésite pas à composer des scènes très brèves (quelques répliques, un monologue), à faire intervenir un très grand nombre de personnages (parfois même «la foule», «le peuple» ou «la Cour»), à évoquer un champ de bataille ou l'édification, sur scène, de la Citadelle du Cap [...]. Peu lui importe le nombre d'acteurs disponibles, chacun pouvant être distribué dans des rôles différents. Des scènes d'ensemble alternent avec des scènes intimistes qui révèlent un élan poétique isolé et dépourvues d'action dramatique[24].

Cette complexité et cette ambiguïté sont vues par les uns comme une richesse créatrice chez Césaire. On y trouve des influences du théâtre grec, élisabéthain, du théâtre de Molière, de Claudel, et même de Jarry[25]. D'autres, comme Jean-Luc Jeener, concluent que la même complexité et la même ambiguïté révèlent chez cet auteur bien moins de talent de dramaturge que de poète : « La pièce d'Aimé Césaire est malheureusement bien mauvaise et même un bon metteur en scène comme Nichet ne pourra pas faire grand-chose pour la sauver[26]. » Il y a même ceux qui finissent par se contredire : à l'occasion de la mise en scène de cette pièce à la Comédie Française en 1991, Michel Cournot a écrit dans *Le Monde* : « Oui, une grande pièce, et certes il n'est pas surprenant qu'Antoine Vitez ait tenu à ce qu'elle devienne l'un des soirs de la première scène nationale. Aimé Césaire, haute figure de la Martinique et du théâtre universel ! » (*Le Monde,* 13 juin 1991). Cinq ans plus tard, pour le spectacle de Nichet dans la Cour d'Honneur, le même critique constate dans le même journal :

> Il est d'usage de s'extasier devant *Le roi Christophe* parce que c'est d'Aimé Césaire, et qu'Aimé Césaire, grande figure de notre histoire et de nos lettres, ne peut pas échapper à l'estime absolue. Césaire poète est un astéroïde en feu, unique ; dramaturge, il s'accroche tant qu'il peut aux basques de Shakespeare et de Claudel, entre autres parrains de moindre dimension. (*Le Monde,* 23 juillet, 1996)

Jacques Nichet n'ignorait ni les problèmes du texte ni les problèmes du lieu quand il a accepté l'invitation de Bernard Faivre d'Arcier, directeur du Festival d'Avignon, de monter une pièce dans la Cour d'Honneur. Il avait déjà refusé plusieurs invitations de Faivre d'Arcier, mais l'été 1996 représentait le moment propice d'y faire son entrée. « Cette fois, parce que c'est le cinquantenaire du festival, il m'a semblé qu'il y avait une rencontre à faire entre cette date, le lieu et cette pièce[27]. » Hommages à Vilar et à Césaire, thème toujours actuel, manifeste politique avec sa troupe noire, rencontre et débat avec le grand public, et le tout dans la Citadelle du Palais des Papes, immense construction en pierre qui rappelle de manière frappante la Citadelle de la Ferrière à Haïti. « La pièce met en scène un roi qui veut construire une Citadelle à Haïti. Cela redonne sens à la Citadelle du Palais des Papes ; ce n'est plus simplement un lieu historique avec un palais devant lequel traditionnellement on joue[28]. » Or, un problème à résoudre dans sa mise en scène était la représentation de la construction de cette citadelle dans la cour d'une citadelle déjà construite. En outre, comment réaliser symboliquement sur la même scène (qui n'a ni rideau, ni coulisses proprement dites) l'époque de l'histoire, les années soixante (l'époque de la décolonisation), et aujourd'hui ? Il va sans dire que le dispositif scénique de Nichet et du scénographe Pierre Heydorff charmait les uns et choquait les autres par son jeu exagéré entre les signes du particulier et ceux de l'universel.

Devant le mur de fond du palais, on voyait un simple plateau de bois en pente — décrit alternativement dans la presse comme un immense radeau, un plateau de bois vallonné comme le monde, une scène en bois pentue, relevée de chaque côté comme un tremplin, un plateau incurvé comme une vague, un immense plan incliné, et une immense lame de bois courbe. L'image du radeau fait penser tout de suite à l'isolement de l'île même, et par extension, à l'isolement du roi face à son destin. L'inclinaison de ce plancher — plus haut au fond, plus bas à l'avant, — permettait à chacun des 2000 spectateurs de la Cour de voir sans difficulté tout l'espace de jeu. Cette pente légère mettait en relief le seul élément de décor fixe : un autobus. Élément polyvalent, central à tout le drame, puisqu'il se transformait de scène en scène : d'autobus en place publique, de palais du roi en champ de bataille, de salle des fêtes en tour de la Citadelle, tout en servant de coulisse pour toutes les entrées et sorties des comédiens. Pour Roger Fresneau, ce bus est « une trouvaille, un heureux coup de culot » (*Le Dauphiné Libéré*, 22 juillet 1996). Brigitte Hernandez du *Point* le décrit comme un « taxibrousse, dérisoire comme Haïti au XIXe siècle, déglingué comme l'Afrique d'aujourd'hui, mais résistant » (*Le Point*, 27 juillet 1996). Pour Solis (*Libération*), il s'agit d'un symbolisme plus complexe :

> Jacques Nichet, lui, n'a pas craint d'y installer un vrai décor. Ou plutôt, de placer au centre du vaste plancher légèrement incurvé, un élément-symbole d'Haïti où la pièce se déroule : un autobus. Pas un de ces petits tap-tap aux couleurs pimpantes et aux noms poétiques, figures obligées des peintures naïves et des boutiques de souvenirs, mais un « bousillage désassemblé », un véhicule couleur de terre. [...] Cet autobus, on y chante, on s'y serre, on s'y bat, on s'y cache ; on le prend d'assaut, on l'abandonne ; le peuple et la cour s'y succèdent ; des flammes en sortent, comme d'une bouche infernale. [...] Et [Nichet] n'a pas craint de pousser la métaphore jusqu'au bout. Lorsqu'il s'agit de bâtir la citadelle, c'est l'autobus que l'on dresse, à la force des bras, tel un gigantesque obélisque. Cette scène qui ne manque ni d'allure ni d'émotion achève de donner un caractère

dérisoire à toute l'entreprise du roi Christophe. Immobile, dévastée, la carcasse inutile n'est plus qu'un triste promontoire. (*Libération*, 22 juillet 1996)

Quoique ces propos semblent positifs et décrivent bien les images scéniques frappantes telles que Nichet les a envisagées, R. Solis conclut de façon moins élogieuse :

Il n'est pas sûr que l'épopée voyage bien en autobus. Sauf à la considérer d'un point de vue plus anecdotique qu'historique. S'il s'agit de voir *La tragédie du roi Christophe* comme une métaphore de l'échec et comme une description d'un pays sinistré, alors le dispositif imaginé par Nichet fonctionne : il permet de raconter une fable sur l'Haïti d'aujourd'hui. Mais ce parti-pris menace de réduire la portée de la pièce.

Cet autobus « ne [...] dit rien » à Cournot (*Le Monde*), tandis qu'il amène Danièle Carraz à publier une des critiques les plus acerbes : « dresser ce vieil autobus sur sa poupe pour qu'il évoque la forteresse construite par le roi Christophe [...] devant la forteresse des Papes, quelle erreur de perspective, quel grotesque ! » (*Méridional*, 22 juillet 1996).

Pour Nichet, l'autobus a une fonction symbolique et une fonction pratique : « Cet autobus est la métaphore du tiers-monde, du voyage, de la citadelle, mais aussi de l'État en train de se construire. » (*Le Nouvel Observateur*, 4-10 juillet 1996). L'image du roi qui construit, qui bâtit, est renforcée dès la première scène de l'Acte I quand Émile Abossolo-M'Bo fait sa première entrée sur scène en sortant de dessous le bus, en costume de mécanicien, outils à la main. En même temps, cet autobus sert tout au long de la pièce de magasin indispensable, étant donné les changements de lieu constants dans les vingt-quatre scènes, les deux intermèdes et le prologue. Comme Nichet l'explique : « Notre autobus nous permet de jouer à la vitesse cinématographique de notre temps, dans la rapidité des escamotages, sur un texte construit par collages et montages. » (*Midi Libre*, 24 juillet 1996). L'atmosphère de confusion engendrée par les multiples entrées et sorties des personnages renforce l'aspect moderne de la tragédie que Nichet voit dans l'œuvre : la cité désunie, le chœur en état de chaos. « C'est une tragédie grecque dont le chœur se défait[29]. »

Le mélange du passé et du présent cherché par Nichet apparaît dans tous les éléments scéniques : il y a costumes d'empire et camouflage militaire, musique de la Cour juxtaposée aux airs de danse antillais, perruque blanche et dreadlocks, machette et mitrailleuse, flûte africaine et sirène d'alerte aérienne. Deux autres éléments scéniques ont été conçus pour rendre hommage au père du Festival à l'occasion de son cinquantième anniversaire : une musique de fanfare et des drapeaux. Au temps de l'enfance du Festival, il y avait toujours un orchestre dans la Cour d'Honneur et une présence forte de drapeaux dans les mises en scène de Vilar. Dans la mise en scène de Nichet, une musique de fanfare joue le rôle de leitmotiv à travers le spectacle, et des drapeaux de toutes tailles et de toutes couleurs marquent des changements de scène : couleurs de la République de Pétion et couleurs de l'Empire de Christophe, ballets de grands drapeaux qui aident à transformer le bus en salle du Tribunal, et de petits drapeaux vers la fin qui fonctionnent comme signe de la perte de pouvoir de Christophe.

Le mélange du tragique et du comique, si évident dans le jeu constant entre Émile Abossolo-M'Bo dans le rôle du roi et son fou Hugonin (joué par Mouss), mais aussi dans le caractère complexe et ambigu du roi lui-même, a été un autre sujet de débat parmi les spectateurs et dans la presse au moment du Festival. Nichet voit *Le roi Christophe* comme une œuvre tragique qui a « un humour macabre, carnavalesque, qui n'est pas un humour de littérateur, mais un humour venant du peuple. » Le metteur en scène a la tâche difficile de « trouver le dosage juste entre l'humour et le tragique[30] ». Dans la presse, il y avait d'un côté les défenseurs du ton comique, comme Hernandez du *Point* (« le burlesque donne le ton juste ») et Didier Méreuze de *La Croix* (« Hugonin et le maître de cérémonies sont délicieusement drolatiques », *La Croix*, 23 juillet 1996). De l'autre côté, il y avait Solis (*Libération*) qui constatait que « le roi Christophe n'est pas un personnage ridicule, mais un véritable héros tragique. » Au cours de la rencontre avec le metteur en scène organisée par *Le Monde* le 23 juillet 1996, Nichet s'est trouvé accusé par une spectatrice d'obtenir des effets faciles par l'obscénité. Il a répondu que pour lui le personnage d'Hugonin est un Arlequin, archétype du Carnaval. Les spectateurs au Palais des Papes en 1996 qui ont critiqué l'humour dans la mise en scène de Nichet — surtout dans le jeu de Christophe et de Hugonin — auraient sans doute réagi de façon différente s'ils avaient su que ces traits contradictoires faisaient partie du dessein original de l'auteur lui-même. Selon Césaire, le roi Christophe était « à la fois grandiose, héroïque, émouvant, instable, tyrannique, non exempt de ridicule ou de bouffon-nerie[31] ».

Jusqu'ici nous avons examiné la réaction de la presse et du public à cette mise en scène du *Roi Christophe* au moment du Festival d'Avignon, précisément du 20 au 26 juillet 1996. On pourrait conclure que cet événement théâtral n'a pas été le « tabac » du cinquantenaire, quoiqu'on ait compté 12 500 entrées au spectacle cette semaine-là[32]. Seul parmi les critiques de la presse parisienne à ne pas offrir à ses lecteurs l'idée d'un échec total ou du moins d'une mise en scène problématique ou mal con-çue, Jean-Pierre Leonardini, de *L'Humanité,* a applaudi le travail de Nichet :

> Jacques Nichet [...] a su faire la part belle au verbe du griot magné-tiseur de Fort-de-France qui a gagné l'universel. Il en a réglé les hautes envolées sans vouloir lui damer le pion à l'aide d'images superfétatoires. Il redonne sens au beau mot de « régisseur » et son travail, qui respecte le poète sans plate dévotion, mérite à son tour respect. Et gratitude. (*L'Humanité,* 21 juillet 1996).

La presse locale s'est montrée pour la plupart plus généreuse dans son jugement, mais dans l'ensemble la réaction était parta-gée. Et pourtant, on ne peut pas dire que Nichet n'a pas réalisé deux aspects primordiaux de son projet : faire jouer dans la Cour d'Honneur un auteur contemporain considérable de langue fran-çaise, et raconter le pan d'histoire du théâtre qui va de l'empire colonial français à l'entrée dans la Cour d'une troupe d'acteurs noirs originaires de ces anciennes colonies. Ce qui était clair à la fin de cette semaine du Festival, c'est que la mise en scène de *La tragédie du roi Christophe* n'a pas laissé les gens indifférents par sa représentation de cet « universel particulier ». Comme Roger Fresneau l'annonce dans la manchette de son article : « Avignon avait la primeur d'un spectacle, *La tragédie du roi Christophe* d'Aimé Césaire, dont l'intérêt est le débat qu'il suscite. » (*Le Dauphiné libéré,* 22 juillet 1996). C'est par là que Nichet a pu rendre ce qui est peut-être le plus bel hommage au père du Festi-val. Comme il l'a fait remarquer trois mois avant la première : « La Cour d'Honneur n'est pas seulement un lieu de mémoire culturelle, elle reste ce qu'elle était du temps de Vilar : un lieu de débat[33]. »

Avant de conclure, il est intéressant de noter qu'après un arrêt de quatre mois, Nichet et sa troupe sont partis en tournée en

France, avec un total de soixante dix-huit représentations programmées. Avec une reprise en salle fermée, des coupures et une concentration plus marquée sur les rapports entre le roi et les autres personnages, cette mise en scène remaniée semble avoir gagné l'approbation des critiques.

> Que d'inventions et de réussites! Jusqu'aux anachronismes des micros ou du porte-voix, jusqu'aux costumes qui changent d'époque et passent des rutilants uniformes napoléoniens aux vestes Louis-Philippe ou aux casques des ouvriers des chantiers d'aujourd'hui, jusqu'à ces hommes déguisés en femmes, pour les mariages obligatoires, jusqu'à ces plages de chants et de rêves, qui coupent l'action, et touchent l'âme. Excellents acteurs aussi, avec un roi Christophe qui n'est pas une brute, mais un chef généreux, aveuglé par son idéal. (*Midi Libre,* 16 juillet 1997)

René Solis a même proposé à ses lecteurs de *Libération* une sortie au théâtre de la Colline à Paris pour assister au « spectacle estimable du dernier festival d'Avignon. [...] Le beau décor spectaculaire de Pierre Heydorff et la solide mise en scène de Jacques Nichet constituent au moins deux bons motifs d'aller écouter le souffle classique de Césaire. » (*Libération,* 13 mai 1997). De plus, RFO, qui avait filmé la pièce pendant le Festival en 1996, l'a diffusée dans son intégralité dans toutes les stations d'Outre-Mer en janvier 1997. Déjà dans un numéro de *Antilla,* sorti à la fin du Festival, on signalait que « Césaire [...] triomphait dans le "in"[34] ». En annonçant sa diffusion à la télévision, Marc Ginot, de *France-Antilles Magazine,* fait référence à la « superbe réalisation » en Avignon[35].

Comment expliquer alors ce qui paraît être une appréciation nouvelle « hors Avignon » de ce spectacle ? Est-elle due uniquement à ces remaniements mentionnés plus hauts ? Certes, la décision de raccourcir et de resserrer la scénographie n'était pas insignifiante. Au cours du Festival, Nichet a constaté qu'il y avait quelque chose qui « pèse » dans la Cour. Sept mois plus tard, il est revenu sur cette question de lourdeur :

> Mais je gardais le sentiment d'une certaine lourdeur, d'une certaine complexité à la création. [...] Je me suis libéré, j'ai osé. Ça ne se fait jamais à la légère, de pratiquer des coupures. Mais je suis convaincu de mieux servir ce texte ainsi, poétiquement, dramatiquement. (*Midi libre,* 27 février 1997)

De plus, la reprise en salle fermée a énormément facilité le jeu des acteurs. Plus de vent, plus besoin de micros, moins de distance entre la scène et la salle. Toutes ces différences physiques ont contribué à rendre à ce spectacle l'émotion qui se dissipait dans le « lieu théâtral impossible » du Palais des Papes. L'intimité offerte par une salle plus petite et un plateau rapproché des spectateurs n'est pas tellement différente de celle offerte par le zoom de la caméra aux téléspectateurs, ce qui explique peut-être l'accueil chaleureux des Antillais à la diffusion du spectacle par RFO.

Néanmoins, il est évident que ces modifications sont loin de résoudre tous les « problèmes » de la mise en scène cités par la presse pendant le Festival. Alors, doit-on conclure que cet espace théâtral vu par Vilar comme impossible pour le théâtre en 1947 est devenu, cinquante ans plus tard, impossible pour une raison bien différente ? Inviter un metteur en scène à monter un spectacle dans la Cour d'Honneur aujourd'hui, c'est lui lancer un défi. Jacques Nichet n'ignorait pas ce risque, mais il n'y a peut-être pas fait assez attention. Dans une lettre datée de mars 1996, ce metteur en scène m'avait confié : « J'espère que ce ne sera pas une "corrida" ; la mise à mort du metteur en scène est un rituel d'Avignon ! »

Notes

[1] Pierre Laville, « Aimé Césaire et Jean-Marie Serreau : un acte politique et poétique : *La tragédie du roi Christophe* et *Une saison au Congo* », dans *Les voies de la création théâtrale*, II, Paris, C.N.R.S., 1970, p. 240.

[2] Aimé Césaire rédige *La tragédie du roi Christophe* entre 1959 et 1961. Cette pièce est créée par Jean-Marie Serreau au festival de Salzburg le 4 août 1964.

[3] J. Sieger, « Entretien avec A. Césaire », 1967. Cité par Martin Mégevand, « Une tragédie du morcellement », dans « Aimé Césaire : *La tragédie du roi Christophe* », *Comédie française*, n° 192, 1991, p. 20.

[4] Jacques Nichet est né en 1942 à Albi. Il entre à l'École Normale Supérieure de la rue d'Ulm en 1964 et fonde alors le Théâtre de l'Aquarium, troupe universitaire. Agrégé en 1967, il anime la troupe tout en enseignant à l'Université de Paris VIII. C'est en 1970 que le Théâtre de l'Aquarium devient une troupe professionnelle. Elle s'installe à la Cartoucherie de Vincennes deux ans plus tard, sur l'invitation d'Ariane Mnouchkine. Jacques Nichet met en scène une douzaine de spectacles au Théâtre de l'Aquarium et réalise deux films. En janvier 1986, il quitte l'Aquarium et Paris pour s'installer à Montpellier, où il assure avec Jean Lebeau la direction du Centre dramatique national Languedoc-Roussillon-Montpellier, nommé Théâtre des Treize Vents. Il devient directeur du nouveau Théâtre de Toulouse le 1er juillet 1998.

[5] Jacques Nichet et Évelyne Ertel, « La déréliction du chœur », *Théâtre/Public*, n° 130-131, juillet-août 1996, p. 33.

[6] *Op. cit.*, p. 33.

[7] Jacqueline Leiner, « À la mémoire d'Antoine Vitez : Actualité et universalité de *La tragédie du roi Christophe* d'Aimé Césaire », *Comédie française*, n° 192, 1991, p. 14.

[8] *Théâtre/Public*, p. 35.

[9] Rencontre/débat au Verger du Palais des Papes, 13 juillet 1996.

[10] Laville, *op. cit.*, p. 255.

[11] Leiner, *op. cit.*, p. 16.

[12] « À bâtons rompus avec Jean-Marie Serreau, metteur en scène du *Roi Christophe* d'Aimé Césaire », *L'Unité africaine* [Dakar], 18 novembre 1965.

[13] Laville, *op. cit.*, p. 264.

[14] Leiner, *op. cit.*, p. 16.

[15] Thierry Gandillot, « Un Noir au Palais des Papes », *Le Nouvel Observateur*, 4-10 juillet 1996, p. 83.

[16] Christiane Duparc, « Nos plus belles nuits … », *L'Express*, 6 juin 1996, p. 117.

[17] Michel Cournot, « Jean Vilar, la patience du risque », *Le Monde* « festival », juillet 1996, p. 3.

[18] Rencontre au Verger du Palais.

[19] Laville, *op. cit.*, p. 241.

[20] Rencontre avec Jacques Nichet à l'Espace « Le Monde », Cloître Saint-Louis, Avignon, 22 juillet 1996.

[21] Entretien de l'auteur avec J. Nichet, 24 juillet 1996.

[22] « Entretien avec Aimé Césaire », *Le Monde*, 12 mai 1965. Cité par Laville, p. 249.

[23] Leiner, *Aimé Césaire, le terreau primordial*, Tübingen, Gunter Narr Verlag, 1993. Cité dans le programme de *La tragédie du roi Christophe*, Théâtre des Treize Vents, Montpellier, 5 juillet 1996.

[24] Laville, *op. cit.*, p. 248.

[25] Voir surtout Leiner, « À la mémoire d'Antoine Vitez », Alain Moreau, « La démesure d'un héros grec, le roi Christophe », *Œuvres et Critiques*, vol. XIX, n° 2, 1994, p. 281-293 ; Richard Marienstras, « Aimé Césaire : le destin et la volonté. Sur quelques aspects shakespeariens de *La tragédie du roi Christophe* », *Cahiers de la Comédie française*, n° 2, hiver 1992, p. 25-33.

[26] Jean-Luc Jeener, « Guide des festivals : Avignon », *Le spectacle du monde*, juillet 1996, p. 12-13.

[27] *Théâtre/Public*, *op. cit*, p. 33.

[28] *Op. cit.*, p. 33.

[29] *Op. cit.*, p. 34.

[30] *Op. cit.*, p. 35.

[31] Laville, p. 249.

[32] Martine Antle, « L'Année théâtrale 1996 », *The French Review*, vol. 70, n° 6, mai, 1997, p. 810.

[33] *Théâtre/Public*, *op. cit.*, p. 33.

[34] *Antilla*, n° 692, 31 juillet 1996, p. 5.

[35] Marc Ginot, « *La tragédie du roi Christophe* : depuis toujours un succès », *France-Antilles Magazine*, 4-10 janvier 1997.

Le théâtre comme marronnage culturel: de *Tanbou Mele* à la conscientisation populaire à Sainte-Lucie

GARY WARNER

La subordination qui menace les Antilles, au sein du système d'échange mondial, est non seulement de nature économique, mais aussi culturelle. Les pressions culturelles qu'exercent les médias, notamment la télévision, ont eu pour conséquence le déclin de la musique traditionnelle et de diverses formes d'art populaire. Cette tendance est renforcée par la vision dominante du développement devenu synonyme de modernisation[1]. Ces pressions assimilatrices ne sont cependant pas sans se heurter à des résistances. Yves Renard, directeur exécutif du Caribbean Natural Resources Institute (CANARI), préconise une vision autre de l'indépendance antillaise et une stratégie de développement fondée sur la communauté.

> Notre action trouve son inspiration dans la tradition de résistance qui caractérise cette zone. Notre action reconnaît les forces exogènes qui se conjuguent pour maintenir en place la dépendance et la fragmentation que connaît la région. Notre action extirpe de l'esprit le syndrome de dépendance, afin de purger aussi ce syndrome de la société et de l'activité économique. Notre acte crée l'estime de soi et la confiance en soi. [...] De toute évidence, notre stratégie de développement doit nécessairement comprendre la préservation de l'intégrité culturelle et la promotion de l'expression culturelle. Cela suppose également que la dimension culturelle doit être intrinsèque à toute action de développement afin de permettre l'épanouissement du pouvoir de création et la satisfaction des besoins spirituels et culturels[2].

Pour ce qui est de la formation de la conscience populaire et de la mobilisation des foules, la musique et l'art dramatique ont toujours

223

joué un rôle important dans l'histoire des Antilles[3]. De tout temps, les organismes antillais se sont servis de l'art, en particulier du théâtre, de la musique, de la danse et de la poésie d'inspiration traditionnelle, comme outils de mobilisation. Le Carnaval et le calypso sont deux exemples probants de cette mobilisation. Dans le même esprit, en mai 1993, la Caribbean Conservation Association (CCA) a invité des acteurs et des danseurs à partager leurs réflexions sur les façons dont le théâtre et la musique, mis au service de l'éducation publique, pourraient susciter une meilleure mobilisation sur les questions d'ordre environnemental[4]. Permettre ainsi aux gens du peuple de comprendre leur vécu ouvre d'infinies possibilités et amène la communauté à s'organiser. Dans le cas de Ste-Lucie, des groupes, tels le Folk Research Centre (FRC)[5], ont été créés afin de contrecarrer la tendance à l'assimilation culturelle et de mettre en valeur la culture populaire.

La troupe *Tanbou Mele* fait partie du mouvement de théâtre populaire institué par le Folk Research Centre à Ste-Lucie[6]. En même temps, *Tanbou Mele* fait aussi partie d'une tendance antillaise plus vaste, celle qui milite pour le changement social par la fonction transformatrice de la culture populaire, car la troupe se définit surtout par le rôle pédagogique qu'elle joue dans le cadre du théâtre populaire.

La notion d'une prise de conscience transformatrice[7] est une forme d'éducation populaire qui s'inspire principalement des travaux de Paulo Freire[8]. Telle que conçue par le pédagogue brésilien de la conscientisation politique, l'éducation populaire devrait permettre aux marginaux de devenir sujets et agents du changement social. Freire souligne la nécessité d'un dialogue, d'un processus d'échange réel entre ceux qui apprennent — en tant que sujets de leur propre histoire — et ceux qui enseignent ou servent d'animateurs. Un tel apprentissage mutuel signifie non seulement partager le pouvoir de déchiffrer les mots, mais encore communiquer la capacité de comprendre les réalités sociales qui sous-tendent les mots. Freire souhaitait que les groupes dominés soient en mesure de comprendre et de transformer leur réalité sociale pour pouvoir enfin créer des rapports socio-démocratiques basés sur la justice.

Cet article se propose donc d'examiner les circonstances entourant la création de *Tanbou Mele* et la vocation de marronnage culturel qu'a embrassée le groupe. À partir de ce théâtre, conçu comme véhicule de prise de conscience transformatrice, nous soulignerons le rôle que joue la troupe en aidant les communautés locales à résoudre elles-mêmes les problèmes qui les confrontent sur le plan quotidien.

La genèse de *Tanbou Mele*

Le concept d'une troupe de théâtre populaire dans les circonstances particulières de Ste-Lucie est né d'un événement culturel organisé en 1987 par le Syndicat des professeurs de la section de Vieux-Fort. Cette section était à l'époque la plus militante des divisions de l'ensemble du Syndicat. L'événement avait été organisé pour commémorer la Semaine des Professeurs. Le groupe organisateur avait l'habitude de faire intervenir le tambour et les représentations théâtrales, car certains parmi eux avaient déjà fait du théâtre et avaient mis en scène des pièces de Derek Walcott[9] qu'ils avaient jouées à l'étranger. Cette nuit avait été baptisée «Voop Vap». Le terme vient d'un pas de danse caractérisé par des variations dans le battement du tambour[10]. Le nom a été retenu parce qu'il symbolise, entre autres, les danses africaines, mais plus généralement les traditions africaines. La soirée se déroulait en battements de tambour, en jeux, en contes et en danses. L'événement de plein-air qui se tenait sur un terrain de basket-ball éclairé par des lampadaires avait débuté vers 19 h 30 devant un public d'environ 250 personnes. Celui-ci lui a réservé un accueil chaleureux pendant les quatre heures qu'a duré le spectacle. Forts de ce premier succès, quelques semaines plus tard, les organisateurs se sont à nouveau réunis pour voir comment ce genre d'activité pourrait se poursuivre de façon plus systématique. Ils s'interrogeaient aussi sur la façon dont ce spectacle pourrait être utile à la vie artistique de Vieux-Fort et au développement général de l'ensemble de la communauté locale.

Le nom de *Tanbou Mele* reflète l'identité et l'objectif que s'est fixé le groupe. Réunis quelques semaines après le *Voop Vap*, la troupe a pensé encore à d'autres appellations pour s'identifier, tels *Se Tanbou*, *Sa se Tanbou*, *Tanbou Djine* (tambour de Guinée), *Tanbou Mele*. Ce dernier nom, qui a été retenu, signifie «diversité de tambours». *Tanbou* figurait dans tous les noms envisagés, puisque les membres tenaient à ce que cet instrument soit au cœur de leur entreprise. Ils prévoyaient aussi la pratique d'autres arts de la scène, ainsi que des projets communautaires et des programmes éducatifs. C'est donc ici que le *Mele* prend tout son sens, car il s'agissait d'un mélange de plusieurs éléments artistiques ayant comme point focal les tambours.

Dans un premier temps, *Tanbou Mele* s'est inspiré de *Lapo Kwabit* (la peau de chèvre), autre troupe déjà bien établie à Ste-Lucie, connue pour ses tambouyé (tambourineurs), ses artistes du tambour et ses poésies récitées au son du tambour par George «Fish» Alphonse. De son côté, *Tanbou Mele* avait ses propres artistes, en l'occurrence Moses Jean-Baptiste, président du groupe, qui lit ses poèmes accompagné de cinq tambours. Étant donné que la troupe ne pouvait dépasser ni l'expérience ni la virtuosité de *Lapo Kwabit*, *Tanbou Mele* s'est vite aperçu qu'il lui était impératif de définir l'orientation spécifique du groupe, en l'occurrence le rôle d'éveilleur de la conscience sociale. Moses Jean-Baptiste a identifié trois mentors qui ont aidé le groupe à définir son style : Allan Weeks, metteur en scène, feu Eric Adley, violoniste et chef d'un orchestre de musique traditionnelle, et le professeur de lycée Kennedy Samuel, connaisseur de théâtre et du tambour, ancien directeur du Folk Research Centre, et lien officiel entre le FRC et la troupe.

Les représentations de *Tanbou Mele* comme marronnage culturel

Deux siècles avant la troupe *Tanbou Mele*, des groupes comme les *Brigands*[11] s'étaient engagés à lutter contre la domination extérieure. Cette forme de résistance peut s'appeler « marronnage culturel » : il s'agit en effet d'une lutte contre la domination de la culture populaire nord-américaine qui déferle sur l'île, en lui opposant l'héritage culturel de Ste-Lucie auquel cette lutte cherche à inspirer un souffle nouveau.

Très tôt, il est devenu évident que l'objectif principal de la troupe était de faire de l'acte créateur un medium d'information qui servirait à sensibiliser la population de Vieux-Fort aux questions sociales, tout en provoquant une revalorisation de la culture populaire. Le groupe a mis l'accent sur les sujets d'intérêt public, tels l'environnement ou la culture des arbres. Un autre volet du travail du groupe a été de mettre de l'avant le renouveau culturel par le biais des représentations du folklore traditionnel, des chants, des danses, des jeux, de la récitation des poèmes «dub» en kweyol, dont «La Vèyè se Bloko», et de redonner aux veillées le caractère de parties de plaisir ou de manifestations de solidarité sociale qu'elles avaient à l'origine[12]. Le groupe a organisé des ateliers pour les jeunes sur des aspects de l'héritage culturel, tels le rôle des sociétés Flower de Ste-Lucie[13].

Le noyau fondateur de *Tanbou Mele* était surtout composé de joueurs de tambour. Au fur et à mesure, l'orientation de la troupe s'est précisée, la vocation théâtrale s'est imposée grâce à un certain nombre de nouveaux venus qui apportaient leur talent et leur expérience des arts dramatiques. Le groupe est toujours composé surtout d'amateurs qui ne perçoivent pas de salaire pour leur prestation. Par conséquent, les revenus servent à défrayer les coûts de transport et l'excédent est déposé dans un fonds destiné à la réparation des tambours ou au financement d'autres projets. L'effectif de la troupe est resté sensiblement le même depuis sa création.

Depuis le retour du directeur de la troupe, qui a fait un séjour d'études à la Jamaïque, le groupe tente d'enregistrer des cassettes de ses compositions (représentations dramatiques de poèmes accompagnées au tambour) destinées aux stations radiophoniques locales, afin de rejoindre un plus grand public. La plupart des membres participent aussi à la rédaction des pièces pour la troupe. Un de leurs soucis majeurs est de préserver leur liberté d'action; pour cette raison ils évitent de s'engager dans le domaine politique et ne s'associent à aucun parti politique.

Le rôle important qu'ont joué les enseignants depuis la genèse du groupe est à noter. Puisque la plupart des membres sont enseignants, ou possèdent un diplôme d'enseignement, il s'agit d'un ensemble d'individus très avertis, au courant des questions d'intérêt public et aptes à les articuler. D'ailleurs, le nombre élevé d'enseignants parmi les militants sociaux est un phénomène répandu dans les Caraïbes. La création même de *Tanbou Mele* est intimement associée au mouvement syndical des enseignants de Ste-Lucie. Certains membres de la troupe ont été appelés par ce syndicat à mettre leur connaissance du théâtre populaire au service de l'animation des activités culturelles, des ateliers et des rassemblements syndicaux. Ce lien avec le syndicat prend toute son importance lorsqu'on sait qu'à Ste-Lucie les syndicats constituent l'une des principales forces qui militent en faveur d'un processus politique plus démocratique, plus ouvert à la participation populaire.

Un modèle d'animation culturelle

Parmi les questions sociales abordées par l'animation communautaire de *Tanbou Mele*, celle de la campagne anti-ordures a fait l'objet de la première création de la troupe. *Roots*[14] (Racines), organisme de développement communautaire qui existait alors à Vieux-Fort, avait proposé à la troupe de participer à la conscientisation populaire dans le cadre d'une campagne de nettoyage et d'information sur la pollution[14]. Le gouvernement avait en vain tenté de mettre en place des gardiens pour éliminer l'insalubrité dans les communautés. Appliquée d'abord à Castries, cette mesure se heurtait à l'hostilité de la population, réfractaire aux quolibets et à la présence des gardiens, baptisés *police-ordures* par le grand public. Ceci a, bien sûr, freiné le succès de l'entreprise. Le ministre de la Santé de l'époque, M. Lansicot, avait en vain fait appel à la population sur les ondes radiophoniques pour lui enjoindre de respecter et de coopérer avec les gardiens pour mener à bien la tâche.

Tanbou Mele avait accepté ce défi comme une gageure, car la troupe comprenait bien les effets nocifs de l'accumulation des déchets dans la ville ; elle espérait obtenir plus de succès que le ministère n'en avait eu, en cherchant l'appui de la population. Recherches à l'appui, la troupe s'est attelée à la rédaction collective d'un scénario de théâtre. Le défi était de taille. Il s'agissait de traduire des idées sur le problème des ordures dans un langage théâtral efficace qui saurait susciter une réaction positive dans le public.

La représentation a eu lieu dans la ville même, sur les lieux concernés. Le premier acte s'est déroulé dans un marché public, un samedi matin vers 7 h. Un marchand de noix de coco qui ignore tout des mesures sur la santé publique s'apprête à commencer sa journée de travail. Tandis que ses clients finissent de consommer leurs noix de coco, le marchand se débarrasse des coques de noix en les lançant au sol. Lorsqu'un passant l'interpelle et l'invite à ramasser les déchets, il refuse. Peu après, un gardien arrive, le coupable est arrêté et conduit au poste de police. À ce moment-là, l'agent apprend au marchand qu'à force de polluer, non seulement on embarrasse la voie publique, mais aussi on entraîne des risques sanitaires incalculables — surtout parce que les coques de noix de coco favorisent la prolifération des moustiques. Le marchand, s'étant rendu compte de son erreur, se fait lui-même défenseur de cette cause et il incite les gens à se débarrasser adéquatement de leurs déchets.

Il est intéressant de noter que, pour cette pièce, la troupe a fait appel non pas aux acteurs mais à de véritables marchands. Abordés par les acteurs de *Tanbou Mele* qui leur ont expliqué le projet, les marchands ont même consenti à ce que des membres de la troupe les rejoignent à leur étalage. Dès les premiers moments, lorsqu'il a entendu les roulements de tambour qui annonçaient le spectacle, le grand public a commencé à s'attrouper, certains ont même abandonné leurs achats pour venir voir la représentation en pleine rue. Le public a même donné la réplique là où les acteurs avaient prévu une réponse des spectateurs. Après l'arrestation du marchand, la foule a accompagné les acteurs du marché jusqu'au poste de police. L'inspecteur de police, qui était de connivence dans l'affaire, les attendait. Il a apostrophé le vendeur, lui a fait payer une amende et a expliqué pourquoi ce dernier devait changer ses habitudes. La représentation s'est terminée au son du tambour. Toute la ville était intégrée dans le jeu, devenu ainsi un événement où on distinguait mal les comédiens des simples spectateurs, signe de l'efficacité évidente du spectacle[15]. Par la suite, on a fait construire des récipients aux endroits où le problème de salubrité était endémique. La représentation a été le lieu d'un échange utile entre le public et les autorités au sujet des sites les plus propices à l'installation de récipients utilisés dorénavant par la population devenue plus avisée. Selon les indications officielles, depuis ce jour, les marchands, surtout les vendeurs de noix de coco, disposent convenablement de tous leurs déchets. Dans cette entreprise de formation publique, les enfants ont aussi contribué à propager le message en rappelant souvent à leurs camarades l'événement où « le marchand a été arrêté pour avoir jeté ses ordures sur le sol ».

En guise d'autoévaluation de cette première expérience théâtrale, la troupe a interrogé les gens pour voir ce qu'ils en avaient retenu, et les réactions ont toutes confirmé la pertinence de cette forme d'éducation publique. Aux dires de certaines sources, la ville de Vieux-Fort peut maintenant se vanter d'être beaucoup plus propre qu'elle ne l'était auparavant.

En 1991, *Tanbou Mele* a entrepris un deuxième projet sur la question des « sans domiciles » de Vieux-Fort, question brûlante à l'époque où le droit d'occupation des terrains vagues, abandonnés par l'armée américaine, a provoqué un débat au sein de la population locale. Des troupes américaines avaient été déployées à Vieux-Fort dans les années 1940, lorsque la plupart des terres relevant de l'autorité de ces troupes étaient utilisées par les bases navales et aériennes. La base américaine a été démantelée en 1950. Ces terres, redevenues propriété du gouvernement de Ste-Lucie, étaient administrées par la National Development Corporation (NDC), une corporation imposée par la loi. Étant donné la lenteur des procédés administratifs et les conditions économiques difficiles dans cette région, les terrains ont été peu à peu occupés illégalement. *Tanbou mele* s'est engagé à intervenir dans le débat, car on avait décidé de raser ce quartier, considéré à tort comme un bidonville, afin de déloger les résidents. S'appuyant sur ce qui avait eu lieu dans d'autres régions de Ste-Lucie, les artistes craignaient que les gens ne soient pas immédiatement et adéquatement réinstallés. Pour préparer leur intervention, les membres du groupe théâtral (quatre hommes et deux femmes, dont des enseignants, un policier et un ancien douanier devenu policier) ont examiné les plans du gouvernement et ceux du NDC sur l'avenir de la zone. Ils se sont ensuite rendus dans la communauté, ont passé plusieurs soirées à jouer avec les enfants et à discuter avec les adultes du problème auquel ils étaient confrontés. Lors de ces discussions, le groupe a appris que ce quartier s'était formé à la suite du passage d'un ouragan qui avait ravagé la région en 1980, laissant les habitants sans abri. En recherchant les conditions de la vente du terrain, les artistes ont remarqué, entre autres choses, que le prix de vente changeait selon le type de projet envisagé (par ex. projet industriel, visant les investisseurs étrangers, ou projet résidentiel :, visant des gens à faible revenu). À la lumière de ces informations, il est devenu évident que les habitations pour les gens à faible revenu seraient à peine prises en considération.

Fort de ces renseignements, le groupe pouvait enfin construire un scénario apte à conscientiser le public visé. La troupe voulait exposer le problème avec autant de clarté possible, examiner les réactions des gens et envisager, avec leur concours, les solutions possibles. Bien évidemment, la sympathie de la troupe allait vers la population menacée d'expulsion, expulsion qui aurait été à l'avantage des promoteurs financiers. La troupe visait une forme de sensibilisation active pour permettre aux défavorisés de prendre en main leur vie et trouver les solutions les plus appropriées.

Une fois les recherches terminées, *Tanbou Mele* organisa une soirée et invita la communauté à assister à la représentation. À la fin du spectacle qui avait attiré quelques 200 personnes, elle a mené une enquête, secondée par le *Téyat Pèp-la*, l'organisation qui regroupe les troupes de Théâtre Populaire à Ste-Lucie. Par la suite, la troupe proposait une tournée de plusieurs régions à l'intérieur et à l'extérieur de Vieux-Fort pour représenter le spectacle. Bien que le projet ait été accueilli avec beaucoup d'enthousiasme, il n'y a eu qu'une seule représentation. Pourtant, le spectacle a retenu l'attention de la presse écrite, de la presse parlée et même du Parlement. D'ailleurs, la pièce a eu pour conséquence l'annulation immédiate des plans d'installation d'un site de cargo qui allait provoquer l'expulsion des squatters.

La réaction de la NDC était à prévoir. Au départ, ses critiques étaient cinglantes, car elle croyait que *Tanbou Mele* s'acharnait contre elle, en dépit du fait que la troupe faisait le travail de la NDC, en faisant circuler des renseignements d'intérêt public qui n'avaient pas été vulgarisés. En effet, cette prestation a amené *Tanbou Mele* aux limites de l'espace politique, limites qu'il ne pouvait franchir impunément, car l'une des difficultés de ce type d'action culturelle est de définir un espace politique adéquat au sein duquel il faut évoluer. En tant que troupe, *Tanbou Mele* a tenté de se tenir indépendant des partis politiques. Dans le cas du projet des «sans domicile», la question était politiquement litigieuse, puisqu'il s'agissait de réclamer l'usage des terrains qui, par leur nature même, étaient sources de conflits. Par exemple, la troupe a décidé d'abandonner un projet de forum avec les représentants de la communauté quand elle a su que ces personnes avaient des intérêts politiques et que le parti de l'opposition y était très impliqué. *Tanbou Mele* a également fait preuve de prudence lorsqu'un membre du gouvernement a sollicité ses recommandations au nom de la communauté. Soulignons cependant que les membres sont libres de participer à ces réunions en tant que particuliers, sans brandir le nom de *Tanbou Mele*. La règle est que la troupe peut se produire devant des groupes communautaires sans répondre aux invitations des partis politiques. Elle établit d'ailleurs une nette distinction entre les politiciens et les fonctionnaires, car plusieurs de ses membres ont d'excellents rapports avec les fonctionnaires qui œuvrent au sein de différents ministères.

Une autre initiative du groupe était l'animation culturelle qui traitait du sida et de la régulation des naissances, patronnée par les ministères de la Santé et de l'Agriculture pour faire circuler l'information et améliorer la qualité de la vie. Un des membres du groupe œuvre actuellement dans la mobilisation populaire avec les pêcheurs d'oursins et les charbonniers, un autre membre travaille avec le Syndicat des enseignants.

Il faut noter également le projet sur l'exploitation des mines de sable, entrepris lorsque cette exploitation a commencé à alarmer la population de l'île. *Tanbou Mele* avait créé des scénarios, à la demande des départements gouvernementaux ou d'autres organismes, en recourant toujours aux techniques du théâtre populaire. La gravité du problème des mines de sable a été mise en évidence par un taux d'érosion estimé à 7 pour cent par année sur les plages de l'île. Le Parlement est intervenu en légiférant sur le nombre de sacs de sable qui pouvaient être emportés. L'une des plages les plus populaires de la côte sud de Ste-Lucie ayant été exploitée à outrance, l'érosion est vite devenue un problème insurmontable. Un restaurateur a dû paver sa propriété de pierres pour freiner l'érosion qui menaçait ses terres, la route et l'aéroport de l'endroit. À la demande de la Société nationale pour la conservation des sites et des monuments et du ministère des Forêts, *Tanbou Mele* a créé une pièce traitant des effets de la surexploitation du sable. Les acteurs ont personnifié les animaux, la tortue, etc, ils ont sollicité la participation des écoles et ont pu intégrer le reboisement dans leur projet, grâce au ministère de l'Agriculture qui leur a fourni des arbres et la main-d'œuvre.

Malheureusement, faute d'entente entre les instances bureaucratiques, un autre ministère a finalement décidé de remettre en valeur des terrains, le port étant un marécage asséché qui sert d'habitat aux oiseaux et aux poissons. Ces fonctionnaires déblayèrent le terrain, détruisant ainsi les arbres qui avaient été plantés par la troupe. Toutefois le projet a réussi à protéger une autre plage qui était encombrée d'ordures car, à la suite de la représentation de *Tanbou Mele*, les autorités ont décidé de consacrer périodiquement une journée au nettoyage des lieux. Les efforts du groupe avaient abouti à une prise de conscience sociale.

L'originalité de ce spectacle *Tanbou Mele* réside dans l'intégration des tambours dans toutes les formes d'expression dramatiques constituées sur un fond de production kweyolisante, avec l'engagement social qui sous-tend cette production créatrice. Ces représentations, qui demeurent fidèles aux méthodes du théâtre populaire issues des recherches de Freire, reposent sur des enquêtes effectuées auprès de la collectivité et sur des analyses approfondies. Les renseignements ainsi obtenus constituent la matière des représentations dramatiques dont l'intention est de favoriser la compréhension des problèmes sociaux et d'engager le public à participer à la résolution de ces problèmes. Les discussions entre artistes et public qui suivent les représentations assurent que le message a été bien compris. Force est de constater donc, que les arts populaires[16] peuvent avoir diverses fonctions : communiquer des renseignements importants à la communauté, lancer des activités connexes qui mènent les collectivités à une compréhension critique de leur vécu, atteindre un niveau de compréhension qui donne aux individus les moyens de se défendre contre les abus de pouvoir, et de créer un milieu social plus sain. Dorénavant, les responsables de *Tanbou Mele* sont en mesure de confirmer que la préoccupation sociale et la réflexion esthétique ne s'excluent pas, car l'importance de *Tanbou Mele* repose justement sur le fait que son activité créatrice embrasse toutes ces dimensions. De manière générale, il n'y a plus de doute que cette troupe soit devenue une des grandes forces de changement qui milite pour la démocratie sociale à Ste-Lucie. Dans ce sens, les paroles de celui qui en a été le premier président étaient bien prophétiques :

> Mon souhait est que la troupe soit une force qui, dans la communauté, prépare le peuple socialement, une force par laquelle le changement survient, changement dans notre vie personnelle en tant que membres du groupe, et changement au niveau de la communauté[17].

Notes

[1] La notion du développement comme synonyme de « modernisation » puise ses sources dans l'idéologie et les pratiques coloniales. Le système colonial était fondé non seulement sur l'appropriation des ressources du peuple colonisé, mais aussi sur le mépris de son histoire et de sa culture. Les biens fabriqués et les valeurs soi-disant civilisatrices de la métropole affluaient vers les colonies, tandis que les ressources premières et la main-d'œuvre à bon marché étaient

extraites des colonies. La vision colonialiste était imprégnée de la marche linéaire du progrès, vision par laquelle les peuples colonisés étaient relégués au rang de lambins de l'histoire. Le développement correspondant à la modernisation se fonde sur les présomptions sociales propres au darwinisme.

[2] Yves Renard, «Rethinking the Development Process: The Cultural, Social and Institutional Agendas», in John Cox and C. (Sid) Embreed (eds), *Sustainable Development in the Caribbean*, Halifax, Institute for Research on Public Polity, 1990.

[3] «Indiens et Africains sont arrivés aux Antilles dans des conditions de servitude, les Africains comme esclaves, les Indiens comme travailleurs engagés. Les populations antillaises ont rapporté de leurs terres d'origine d'Afrique et d'Asie une grande diversité de traditions culturelles. Afin de s'acclimater aux conditions de vie du Nouveau Monde, elles ont préservé et transformé leurs formes d'organisation sociale, de religion et d'expression artistique. Ces populations ont créé un répertoire riche et varié de rituels, de jeux, de chansons et de contes, pour exprimer et soulager le désarroi causé par la perte de la patrie et par la situation d'oppression. Ces formes d'art rythmaient leurs labeurs, cimentaient la solidarité de la collectivité et marquaient les transitions et les joies de la vie.» Kathy McAfee, *Storm Signals: Structural Adjustment and Development Alternatives in the Caribbean*, London, Zed Books, 1991, p. 201.

[4] Lawrence James, «Fish calls for annual cultural festival», *Independance Supplement, Weekend Voice*, samedi 18 février 1995, p. 35.

[5] Le Folk Research Centre (FRC) a vu le jour en 1973, comme un programme du Study Action Group (SAG), fondé un an auparavant par un groupe de jeunes qui avaient pour but de sensibiliser la conscience sociale et culturelle à Ste-Lucie. En 1979, le FRC a pris les commandes, en consolidant toutes les activités du groupe. Il se propose d'effectuer, de promouvoir et de surveiller des recherches portant sur la culture ste-lucienne, d'examiner et de préciser le rôle de la culture dans l'évolution de la population de Ste-Lucie, et de contribuer au développement culturel de son peuple. Parmi ses activités, le FRC compte un centre de documentation et une salle de lecture, il publie des livrets et produit des cassettes audio-visuelles, il effectue des recherches sur les arts locaux, l'artisanat et le savoir, notamment sur les plantes médicinales. Le groupe fait aussi la promotion du créole en menant des travaux d'alphabétisation dans les régions rurales et en coordonnant le mouvement national du théâtre populaire «Téyat Pèp-la». Voir Patrick A. B. Anthony, «Folk Research and Development: The Institutional Background to the Folk Research Centre, St. Lucia (FRC)», *Research in Ethnology of Ste-Lucie, a Preliminary Report*, (sous la direction de Manfred Kremser et Karl R. Wernhart), Vienna Contributions to Ethnology and Anthropology, Vienna, Ferdinand Berger & Sohne Verlag, 1986.

[6] Le premier atelier national sur le théâtre populaire portant sur «le Théâtre au service du développement» a été commandité par le FRC en 1983. *Téyat Pèp-la* (Le théâtre du peuple) a été fondé en 1986 par la Folk Research Centre en tant qu'organisme-parapluie pour les groupes de théâtre populaire à Ste-Lucie, pour dispenser des cours de formation en théorie et en procédés techniques. Les groupes membres du *Téyat-Pèp-la* sont: *Chimanho Theatre Company, Micoud, Gros Islet Theatre Groupe, Monchy, Monier Sports* and *Cultural Organization, Rainbow Lighters, Soufrière Action Theatre, Unity Theatre, Tanbou Mele, Victoria Youth Mouvement*. Le rapport d'activités de janvier-mai 1989 de *Tanbou Mele* note que le 3e festival annuel du théâtre populaire a eu

lieu à Monier, avec la participation de 7 groupes. Les thèmes ont porté sur la situation des jeunes vivant dans les zones rurales, sur la spéculation sur les terrains des Pitons pour le développement hôtelier, sur la rareté des centres sportifs et culturels à Monchy, sur la confusion dans les symboles nationaux, et sur les nouvelles tendances dans les veillées. En mai 1989, *Téyat Pèp-la* a facilité le passage à Ste-Lucie d'une tournée du groupe des femmes jamaïcaines, *Sistern Theatre*, l'un des pionniers du théâtre populaire aux Antilles.

[7] Cette recherche s'inspire des travaux portant sur la conceptualisation et l'organisation du projet intitulé « La prise de conscience transformatrice par le biais de l'action environnementale », conçu par le noyau auquel appartenaient Bud Hall, Darlene Clover et Ed O'Sullivan, membres du Transformational Learning Centre de l'Ontario Institute for Studies in Education (OISE), Leesa Fawcett de la faculté des Études environnementales de l'Université York, et de Moema Viezzer de CEMINA, une organisation non-gouvernementale brésilienne sur la Femme et l'Environnement.

[8] P. Freire, *Pedagogy of the Oppressed*, New York, Seabury, 1970, et *Pedagogy: the Practice of Freedom*, London, Writers and Readers Publishing Cooperative, 1976. Les travaux de Freire ont influencé son compatriote brésilien, Augusto Boal, fondateur du *Théâtre de l'opprimé*, qui a exercé une influence notable sur la pratique du théâtre populaire.

[9] Le groupe était composé de trois enseignants: Julius Erysthée, Moses Jean-Baptiste et Alphonse Joseph ainsi que d'un percussionniste, Charles « Charlot » Joseph. Julius Erysthée, professeur d'art et de dramaturgie, a fait une tournée à la Martinique avec une troupe ste-lucienne. Matthias Burt, un des premiers membres de *Tanbou Mele* comme acteur, a reçu une formation en art dramatique au Teacher's College de Ste-Lucie. Il a joué également à la Martinique avec une troupe ste-lucienne ainsi qu'au Commonwealth Institute à Londres. Il a assisté aussi à des ateliers d'art dramatique à Trinidad.

[10] Le « Voop Vap » désigne un pas de danse où un cercle se forme autour du joueur de tambour. Au battement sec du tambour, on touche le partenaire de gauche, puis de droite. Le *voop* renvoie au partenaire de gauche et le *vap* à celui de droite. (Interview avec Vigil Burke). Il signale ce mouvement de rétablissement culturel mené en grande partie par le FRC qui tentait de contrecarrer l'invasion de la culture étrangère au profit de la culture locale. Des activités, telles la soirée divertissante organisée par le syndicat des Professeurs de Vieux-Fort, étaient empreintes du même esprit de résistance à l'égard de la culture moderne de consommation répandue par les mass médias.

[11] Le terme *Brigands* fait référence à une période familière (et récemment rétablie) de l'histoire de Ste-Lucie et rappelle la résistance et le marronnage. On appelait « *Brigands* » les esclaves en fuite. Voir l'article de Darnley LeBourne, « St. Lucia National Trust », *SLNT Conservation News*, vol. 3, n° 6, novembre-décembre 1994 : « Ces esclaves en fuite qui se terraient dans diverses régions de l'île, avaient mis en place un réseau complexe de campements, de cavernes, etc., à travers l'île ». En Kwéyol, on parle de « Neg Mawon », terme à ne pas confondre avec « maraudeur ». L'année 1995 a été le bicentenaire de la « première indépendance de Ste-Lucie », période où les Marrons ont pris le contrôle de l'île, avant de se rendre aux Anglais en 1796. Voir aussi Robert J. Devaux, *They Called Us Brigands: The Saga of Saint Lucia's Freedom Fighters*, St. Lucia, Optimum Printers Ltd, 1997 ; Gregor Williams, « Free at Last and Liberté, Egalité, Fraternité, Bicentennial Year of Freedom, juin 1795, may 1796 », *The*

Weekend Voice of Saint Lucia, samedi 17 juin 1995, et G. Warner, *Reviving the memory of the Brigands and the First Emancipation of Saint Lucia*, (manuscrit inédit).

[12] La pièce a été produite dans le marché à Vieux-Fort et comprenait un défilé au poste de police avoisinant.

[13] Il existe deux « Flower Societies » à Ste-Lucie, La Rose et La Marguerite, dont l'origine remonte à la période de l'esclavage. Les deux groupes sont organisés selon la structure de la société coloniale et sont dirigés par un roi et une reine. Il existe un élément de travestissement, de carnaval, dans les fêtes populaires organisées par ces sociétés. Voir Patrick A. B. Anthony, *The Flower Festivals of St Lucia*, St. Lucia Folk Research Centre 1985, réimpression 1990.

[14] Il y a eu jumelage entre *Roots* et *Gems*, groupe de St-Vincent. Il est possible que le recours au théâtre populaire comme moyen de formation collective à Ste-Lucie ait vu le jour à St-Vincent, puisqu'on sait que *Gems* avait auparavant visité Vieux-Fort et amené avec lui une troupe de théâtre populaire qui intégrait le tambour dans ses représentations.

[15] Dans un manuscrit sans date qui se trouve à la bibliothèque du FRC, *Environmental Education : Moving Towards Popular Theatre*, Embert Charles note qu'il y a eu trois cas où la méthodologie du théâtre populaire a été utile à la mobilisation des communautés pour ce qui a trait aux questions environnementales. Trois troupes de théâtre populaire, *Soufrière Action Theatre*, *Tanbou Mele*, *Monier Sports* et *Cultural Organisation* sont au répertoire du *Téyat Pèpla* du FRC à Ste-Lucie. La pièce de *Tanbou Mele* sur les déchets fait partie du répertoire. Charles arrive à la conclusion qu'en ce qui a trait à l'articulation de l'opinion publique sur les questions environnementales, les cas où le théâtre populaire est intervenu souligne aussi le besoin de passer à côté des médias pour recourir à d'autres formes de communication, celles qui trouvent leurs racines profondes dans les expériences personnelles du public. Le théâtre populaire n'est que l'une de ces formes.

[16] Pour une critique de l'emploi des arts de la scène comme instruments de changement social, voir l'essai dans Ross Kidd, *The Popular Performing Arts, Non-Formal Education and Social Change in the Third World : A Bibliography and Review Essay*, The Hague, Centre for the Study of Education in Developing Countries (CESO), février 1982.

[17] Je tiens à témoigner ma vive reconnaissance au Caribbean Natural Resources Institute (CANARI) qui m'a encouragé à entreprendre cette étude. Je remercie aussi le Folk Research Centre qui a mis son centre de documentation à ma disposition. J'exprime ma vive reconnaissance à Matthias Burt, Virgil Burke et Moses Jean-Baptiste de *Tanbou Mele* qui m'ont abondamment renseigné sur leurs origines, leurs activités et les plans d'avenir de la troupe. Je remercie également la direction des recherches artistiques de l'Université McMaster pour son soutien financier qui a grandement facilité mes recherches à Ste-Lucie.

Bibliographie[1]

ADELL, Sandra (1990/91), « Word/song and Nommo Force in two Black Francophone Plays : Simone Schwarz-Bart's *Ton beau capitaine* and Ina Césaire's *Mémoires d'Isles* », *Journal of Caribbean Studies*, vol. 8, n° 1-2, p. 61-69.

L'*Annuaire théâtral*, « Théâtres antillais et guyanais : perspectives actuelles », publication de la Société québécoise d'études théâtrales, vol. 28, automne 2000.

BAILEY, Marianne Wichmann, « La renaissance de la tragédie, de l'esprit de la musique et de la danse », *Œuvres et Critiques*, t. XXVI, n° 1, Théâtre noir francophone, 2001, p. 80-100.

BANHAM, Martin, Errol HILL et George William WOODYARD, *The Cambridge Guide to African and Caribbean Theatre*, Cambridge, Cambridge University Press, 1994.

BÉRARD, Stéphanie, « Dessalines ou la passion de l'indépendance : quand le théâtre rencontre l'histoire », *Vincent Placoly. Un créole américain* », dir. Jean-George Chali), Fort-de-France, Ibis Rouge, à paraître 2003.

BERNABÉ, Marie-Ange, « Le théâtre de Saint-Pierre avant la catastrophe de 1902 », *Parallèle 14*, n. 1 (novembre 1999), p. 6-9 ; « Dossier sur Henri Melon, un pionnier du théâtre antillais », *op. cit.*, p. 20-27 ; « Interview avec José Alpha », *Parallèle 14*, n. 2 (juin 2001), p. 6-11.

BERROUËT-ORIOL, Robert et Robert FOURNIER, « Poétique, langage et schizophonie : Frankétienne », *Poétiques et imaginaires. Francopolyphonie littéraire des Amériques*, (sous la direction de Pierre Laurette et Hans-George Ruprecht), Paris, L'Harmattan, 1995, p. 83-102.

---

[1] Nous n'avons pas tenu compte des publications sur le théâtre d'Aimé Césaire puisque les bibliographies sont déjà volumineuses.

BLERALD-IDAGANO, Monique, *Musiques et danses créoles au tambour de la Guyane française*, Cayenne, Ibis Rouge, 1996.

C.A.C.G., Magazine d'information du Centre d'action culturelle de la Guadeloupe, Quatrièmes rencontres caribéennes du théâtre, numéro spécial sur le théâtre guadeloupéen, n° 2, avril-juin 1988.

Les Cahiers de Prospero, revue du Centre national des écritures du spectacle, La Chartreuse, (sous la direction de Gerty Dambury), n° 12, 2002.

C.A.R.É. (Centre antillais de recherches et d'études), « Regards sur le théâtre », numéro spécial, n° 6, mai 1980.

Cassandre, Revue culturelle, « La Caraïbe en devenir. Paradoxes de proximité », n° 37, 2000.

CAVÉ, Syto, « Entretien », *Callaloo*, vol. 15, n° 2, 1992, p. 538-539.

——, « In the footsteps of Paulémon », *Callaloo*, vol. 15, n° 2, 1992, p. 533-537.

——, « Le corps du pauvre. Haïti et le théâtre », dans Fanny AUGUIAC (dir.), *Livre Blanc*, CMAC-scène nationale, IXᵉ Rencontre caribéenne de théâtre, 1ᵉʳ avril-5 mai 1990, Fort-de-France, Centre martiniquais d'action culturelle, 1990, p. 23-24

CÉSAIRE, Ina, « George Mauvois : un homme, un auteur », *Parallèle 14*, n. 1 (novembre 1999), p. 16-19 ; « Ateliers d'écriture théâtrale autour de l'imaginaire caribéen », *op. cit.*, p. 30-32 ; « Journal de bord de stage de construction d'écriture dramatique proposée par le CORM », *op. cit.*, p. 33 ; « Gestuelle, les passantes du Fort-de-France populaire 1915 », *Parallèle 14*, n. 2 (juin 2001), p. 42-45.

CÉSAIRE, Michèle, « Un théâtre en marche », *Parallèle 14*, n. 1 (novembre 1999), p. 10-11 ; « Interview avec Georges Mauvois. 2 mo 4 pawol », *op. cit.*, p. 20-21.

CHALAYE, Sylvie, édit., « Théâtres en Avignon : textes sur Greg Germain » ; Aimé Césaire, « Cahiers d'un retour au pays natal » ; Élie Stephenson, « D'Chimbo, la dernière surprise de l'amour » ; D'après Patrick Chamoiseau, « L'Esclave et le molosse » ; Julius Amadée Laou, « Mme Huguette et les Français de souche » ; D'après Léopold Sédar Senghor, « Orphée noir » ; Marianne Matheus, « Pawol ti-moun » ; Patrick Chamoiseau, « Inventaire d'une mélancolie », *Africultures*, n° 10, septembre 1998, p. 60-80.

——, « Premier héros noir du petit écran : Greg Germain », Autour du collectif égalité : Entretien avec Jacques Martial, *Africultures*, n° 27, avril 2000, p. 38-48.

CLARKE, Vèvè, « *When Womb Waters Break*, the Emergence of Haitian New Theater (1953-1987) », *Callaloo*, vol. 15, n° 3, 1992, p. 778-786.

——, « Forword », *Theatre Research International*, vol. 5, n° 3, automne 1990, p. 209-211.

CONFIANT, Raphaël, « Les conflits dramatiques dans l'histoire de nos cultures », dans Fanny AUGUIAC (dir.), *Livre blanc*, CMAC-scène nationale, XIVᵉ Rencontre théâtrale, 24 octobre-10 novembre 1995, Fort-de-France, Centre martiniquais d'action culturelle, 1995 p. 9-18.

CHAMOISEAU, Patrick, et Raphaël CONFIANT, « Saynettes oubliées, théâtre impossible », *Lettres créoles. Tracées antillaises et continentales de la littérature. Haïti, Guadeloupe, Guyane, Martinique, 1635-1975*, Paris, Gallimard, 1999. (Coll. Folio/Essais).

Conjonction, la revue franco-haïtienne de l'Institut français d'Haïti, numéro sur le théâtre haïtien, nᵒ 207, 2001.

CORNEVIN, Robert, *Le théâtre haïtien des origines à nos jours*, Montréal, Leméac, 1973.

DALEMBERT, Louis-Philippe, « Profil du théâtre haïtien contemporain », *Notre libraire*, nᵒ 102, 1990, p. 74-76.

DAVIS, Christina, « Interview avec Annick Justin Joseph : Une question d'identité – à l'occasion de la mise en scène de *La métamorphose du frère Jéro* de Wole Soyinka en Martinique », *Afrique-Asie*, nᵒ 386, 1986, p. 46-47.

DENIS, Hervé, « Introduction à un manifeste pour un théâtre haïtien », *Nouvelle optique*, vol. 1, nᵒ 1, 1971, p. 132-141.

Dérives, numéro spécial sur le théatre de Frankétienne, nᵒˢ 53-54, 1987, p. 127-209.

DE SOUZA, Pascale, « Discours carnavalesque chez Ina Césaire : déferlez les *Mémoires d'Isles*, *Œuvres et Critiques*, t. XXVI, nᵒ 1, Théâtre noir francophone, 2001, p. 122-133.

DOMINIQUE, Max, « Jeux intertextuels dans *Bobomasouri* de Frankétienne », *Notre libraire*, nᵒ 133, 1998, p. 118-123.

Echo Jeunesse, Magazine des associations d'éducation populaire, numéro spécial, « Instantanés sur le théâtre de La Guadeloupe », nᵒ 27.

ENTIOPE, Gabriel, *Nègres, danse et résistance. La Caraïbe du XVIIIᵉ au XIXᵉ siècle*, Paris, L'Harmattan, 1996.

Entracte, revue théâtrale de l'Atelier de recherche et de pratiques théâtrales de l'Université Cheikh Anta Diop, Dakar.

FOUCHÉ, Franck, *Vaudou et théâtre*, Montréal, Nouvelles Optiques, 1976.

FRANKÉTIENNE, « *Entretien* », traduction Mohamed B. Taleb-Khyar, *Callalou*, vol. 15, nᵒ 2, 1992, p. 385-392.

FRÉDÉRIC, Guy, *Des lieux scéniques en Guyane*, Cayenne, Éditions du Conseil Régional, 1997.

GIBBONS, Rawle, « Theatre and Caribbean Self-Definition », *Modern Drama*, vol. 28, nᵒ 1, 1995, p. 52-59.

GUILLAUME, Ewlyne, « La problématique multilingue et la création théâtrale dans la Caraïbe », dans Fanny AUGUIAC (dir.), *Livre blanc*, CMAC-scène nationale, XIVᵉ Rencontre théâtrale, 24 octobre-10 novembre 1995, Fort-de-France, Centre martiniquais d'action culturelle, 1995, p. 36-43.

HAZAEL-MASSIEUX, Marie-Christine, «Un regard sur le théâtre en créole de 1994 à 1998 (Guadeloupe, Martinique et Guyane)», *Notre libraire*, n° 135, 1998, p. 118-123.

——, «Le théâtre créolophone dans les départements d'outre-mer. Traduction, adaptation, contacts de langues», *L'Annuaire théâtral*, vol. 28, automne 2000, p. 21-34.

HOUYOUX, Susanne, «Entretien avec Gerty Dambury», dans Suzanne RINNE et Joelle VITIELLO (dir.), *Elles écrivent les Antilles,* Paris, L'Harmattan, 1997, p. 267-276.

JEANNE, Max, «Sociologie du théâtre antillais», *C.A.R.É.*, Regards sur le théâtre, n° 6, mai 1980, p. 7-43.

JEFFERSON, Louise, «Le théâtre noir francophone — présentation», *Œuvres et Critiques*, t. XXVI, n° 1, 2001, p. 5-14.

JONES, Bridget, «Quelques choix de langues dans le théâtre antillais (1970-1995)», *Black Accents : Writing in French from Africa, Mauritius and the Caribbean*, Actes du colloque de l'ASCALF, Dublin, 8-10 avril 1995, sous la direction de J. P. LITTLE et Roger LITTLE, London, Grant & Cutler, 1997, p. 17-29.

——, «Two plays by Ina Césaire: *Mémoires d'Isles* et *L'enfant des passages*», *Theatre Research International*, vol. 15, n° 3, automne 1990, p. 223-233.

——, «Theatre in the French West Indies», *Carib*, n° 4, 1986, numéro spécial sur le théâtre caribéen, Kingston Jamaica : Association for Commonwealth Literature and Language Studies, p. 35-54.

——, «French Caribbean, an overview», dans Don Rubin (dir.), *The World Encyclopedia of Contemporary Theatre*, vol. 2, Americas, Toronto, Routledge, 1996, p. 276-284.

——, «Approaches to political theatre in the French Caribbean», *International Journal of Francophone Studies*, vol. 2, n° 1, 1999, p. 36-44.

——, «Theatre and Resistance? An Introduction to some French Caribbean Plays», dans Sam Haigh (dir.), *An Introduction to Caribbean Francophone Writing, Guadeloupe and Martinique*, Oxford/New York, Berg, 1999, p. 83-100

——, «We were Going to Found a Nation... : Dramatic Representations of Haitian History by Three Martinican Writers», dans Bridget Brereton & Kevin A. Yelvington (dir.), *The Colonial Caribbean in Transition. Essays on Postemancipation Social and Cultural History*, Kingston/ Gainesville, The Press of University of the West Indies & The University Press of Florida, 1999, p. 247-260.

JONES, Bridget, & Dickson LITTLEWOOD, *Paradoxes of French Caribbean Theatre. An Annotated Checklist of Dramatic Works : Guadeloupe, Guyane, Martinique from 1900*, London, Department of Modern Languages, Roehampton Institute, 1997.

JULES-ROSETTE, Benjamin, *Itinéraire du théâtre noir: mémoires mêlés*, Paris, L'Harmattan, 1999.

JUSTIN JOSEPH, Annick, «*Massacre au bord de mer de Tartane*, une pièce de Vincent Placoly mise en scène par A. Justin Joseph», *Parallèle 14*, n. 2 (juin 2001), p. 32-37.

JUSTIN-JOSEPH, Annick, *Le théâtre: lieu d'investigation pédagogique*, Fort-de-France, Publications du SERMAC, 1981.

LABÉJOF, Yvan, «Vincent Placoly – l'art de la narration», *Parallèle 14*, n. 2 (juin 2001), p. 30-31.

LAFLÈ, Klernita, «Alex Nabis, on nonm a téyat», Entretien avec Arthur Lérus (Siklon); «L'arbre aux masques ou *Pawol a nèg soubawou*», création Ari Kansèl é Janmichel Palen; «*Dé zyé on chyen é Zilma*», *Moun*, n° 1, supplément au n° 14/15 de *Magwa*, août-octobre 1985, p. 12-16.

LAROCHE, Maximilien, «Don Juan aux Antilles: une expression dramatique américaine», *Vincent Placoly, un créole américain*, dir. Jean-Georges Chali, Fort-de-France, Ibis Rouge, à paraître, 2003.

LAZARINI, Anne-Marie, «Frères Volcans: du roman à la scène. Sur l'adaptation d'un livre journal: notes de mise en scène», *Parallèle 14*, n. 2 (juin 2001), p. 38-39.

LEMOINE, Lucien, *Douta Seck ou la tragédie du roi Christophe*, Dakar, Présence africaine, 1993.

LE QUETZAL, Dolores, «Notes de lecture: théâtre», *Présence africaine*, n° 68, 1968, p. 210-217.

LÉRUS, Arthur, «Le dit, le non dit et l'angoisse de parler de soi», dans Fanny Auguiac (dir.), *Livre blanc*, CMAC-scène nationale, IXᵉ Rencontre caribéenne de théâtre, Fort-de-France, Centre martiniquais d'Action culturelle, 1990, p. 31-34.

LIVINGSTON, Robert Eric, *La maison des auteurs; écrivians en résidence depuis 1988.* Rendez-vous des théâtres francophones au Festival international des francophonies en Limousin, Limoges, 1999.

LOUIS-JEAN, A., *La Crise de possession et la possession dramatique*, Montréal, Leméac, 1970.

MAKWARD, Christiane, «Reading Maryse Condé's Theatre», *Callaloo*, vol. 18, n° 3, 1995, p. 681-689.

——, et Judith G. MILLER, *Plays by French and Francophone Women: A Critical Anthology*, Ann Arbor, Michigan University Press, 1995.

——, «Filles du soleil noir: sur deux pièces d'Ina Césaire et Michèle Césaire», dans Suzanne RINNE et Joëlle VITIELLO (dir.), *Elles écrivent les Antilles (Haïti, Guadeloupe, Martinique)*, Paris, L'Harmattan, 1997, p. 335-347.

——, «De bouche à oreille à bouche: Ethno-dramaturgie d'Ina Césaire», dans Maryse CONDÉ (dir.), *L'Héritage de Caliban*, Pointe-à-Pitre, Éditions Jasor, 1996, p. 133-146.

———, «Haïti on stage : Franco-Caribbean Women Remind (on Three Plays by Ina Césaire, Maryse Condé and Simone Schwarz-Bart) », *Sites, the Journal of 20th-century contemporary French Studies/Revue d'études françaises*, vol. 4, n° 1, printemps 2000, p. 129-139.

———, «Pressentir l'autre : Gerty Dambury, dramaturge poétique guadeloupéenne », *L'Annuaire théâtral,* vol. 28, automne 2000, p. 73-87.

MAKWARD, Christiane, et John ADAM, «Faire son théâtre en Martinique : Ina Césaire et Michèle Césaire », *Œuvres et Critiques*, t. XXVI, n° 1, 2001, p. 110-121.

MCKAY, Melissa Lynn, «Maryse Condé et le théâtre antillais », *Dissertation Abstracts International*, Ann Arbor, Michigan University Press, 1998.

MCKINNEY, Kitzie, «Vers une poétique de l'exil : les sortilèges de l'absence dans *Ton beau capitaine* », *The French Review*, vol. 65, n° 3, 1992, p. 449-459.

MÉTELLUS, Jean, «Théâtre et poésie », dans P. Laurette et H.-G. Ruprecht (dir.), *Poétiques et imaginaires. Francopolyphonie littéraire des Amériques*, Paris, L'Harmattan, 1995, p. 69-82.

MOKWENYE, Cyril, «L'image de l'Afrique dans le théâtre antillais francophone », *Matatu : Journal for African Culture and Society*, vol. 12, 1994, p. 139-146.

MONTANTIN, Michèle, *Vie et mort de Vaval*, Pointe-à-Pitre, Éditions du Conseil Régional de la Guadeloupe, 1991.

———, *Guide répertoire des artistes en Guadeloupe 1992-1993*, Basse-Terre, Éditions de la Direction régionale des affaires culturelles de la Guadeloupe (DRAC), 1992.

MURDOCH, H., Adlai, «Giving Women Voice : Alienation and Communication in *Ton beau capitaine* », *Œuvres et Critiques*, t. XXVI, n° 1, 2001, p. 134-143.

NDAGANO, Biringanine, *La Guyane entre mots et maux. Une lecture de l'œuvre d'Élie Stephenson*, Paris, L'Harmattan/GERAC/Presses universitaires créoles, 1994.

NICOLAS, Maurice, *Les grandes heures du théâtre de Saint-Pierre*, Fort-de-France, 1974.

ORIOL, Robert, «À propos de Kouidor, réalisme merveilleux et tract politique », *Nouvelle optique,* vol. 1, n° 1, 1971, p. 128-130.

PALLISTER, James, «Daniel Boukman : Literary and Political Revolutionary or a New Orpheus Oils the Squeeky Wheels of Justice », *Dalhousie French Studies*, n° 26, printemps 1994, p. 121-129.

PEDRO LEAL, Odile, *De la société guyanaise au Théâtre*, Mémoire de maîtrise, Paris, Université de la Sorbonne nouvelle — Paris III, 1994.

———, *Le théâtre en Guyane, quelles écritures ?*, Mémoire de DEA, Paris, Université de la Sorbonne nouvelle – Paris III, 1995.

———, «La geste de Fem'Touloulou dans le carnaval créole de la Guyane française: un théâtre caché-montré», *L'Annuaire théâtral*, vol. 28, automne 2000, p. 35-43.

———, *Théâtre et écritures ethniques,* thèse de Doctorat, Paris, Université de la Sorbonne nouvelle-Paris III, soutenue le 14 novembre 2001.

PFAFF, Françoise, *Entretiens avec Maryse Condé*, Paris, Karthala, 1993.

PLACOLY, Vincent, «La représentation dramatique», dans Fanny AUGUIAC (dir.), *Livre blanc*, CMAC-scène nationale. IXᵉ Rencontre caribéenne de théâtre, Fort-de-France, Centre martiniquais d'Action culturelle, 1990, p. 6-15.

ROSEMAIN, Jacqueline, *La musique dans la société antillaise (1635-1902), Martinique, Guadeloupe*, Paris, L'Harmattan, 1986.

ROWELL, Charles, Taleb, Kyar, «Syto Cavé», *Callaloo*, vol. 15, n° 2, 1992, p. 638-639.

RUPRECHT, Alvina, «Ton beau capitaine: Simone Schwarz-Bart et la performance interthéâtrale», *Espace Caraïbe, Revue internationale de Sciences humaines et sociales*, n° 2, 1994, p. 77-88.

———, «Performance transculturelle: une poétique de l'interthéâtralité chez Simone Schwarz-Bart», dans Pierre LAURETTE et Hans-George RUPRECHT (dir.), *Poétiques et imaginaires. Francopolyphonie littéraire des Amériques*, Paris, L'Harmattan, 1995, p. 313-326.

———, «Staging Aimé Césaire's *Une Tempête*: Anti-Colonial Theatre in the Counter-culture Continuum», *Essays in Theatre/Études théâtrales*, vol. 15, n° 1, 1996, p. 59-68.

———, «Entretien avec Maryse Condé», *International Journal of Francophone Studies*, numéro spécial sur les théâtres francophones, vol. 2, n° 1, 1999, p. 51-61.

———, «Devenons flamboyants! Le 28ᵉ Festival culturel de Fort de France», *Cahiers de théâtre Jeu*, n° 93, 1999, p. 124-128.

———, «Stratégies d'une dramaturgie politique: le théâtre anticolonial de Daniel Boukman», *L'Annuaire théâtral*, vol. 28, automne 2000, p. 59-72.

———, «Les théâtres francophones/créolophones de la Caraïbe: la question de la réceptivité», *Œuvres et Critiques*, t. XXVI, n° 1, 2001, p. 101-109.

———, «La formation de l'acteur dans les départements français des Amériques», *Étudier le théâtre/Studying Theatre/Estudiar el teatro*, Actes des congrès mondiaux de l'Association internationale du théâtre à l'université (AITU/IUTA), Valleyfield (Québec) 1997, Dakar, Sénégal 1999, (sous la direction de Maria S. Horne, Jean-Marc Larue et Claude Schumacher), 2001, p. 116-121.

SALVODON, Marjorie (1996), «In between borders: writing exile in *Ton beau capitaine* by Simone Schwarz-Bart», *Romance Language Annual*, n° 8, p. 130-133.

SEGUIN-CADICHE, Daniel, *Commémoration du cinquantième anniversaire de Vincent Placoly*, Discours et communications, Association Vincent Placoly, Martinique, 1997.

——, « Vincent Placoly, les mots en scène ou la société en miroir », *Parallèle 14*, n. 2 (juin 2001), p. 22-28 ; « Théâtre », *Le système des écritures dans l'œuvre de Vincent Placoly*, Thèse soutenue au GRELCA, Université des Antilles et de la Guyane, Martinique, décembre 2000.

SENTEUR, Bruno, « Quelle scénographie pour quelle théâtre ? », *Parallèle 14*, n. 1 (novembre 1999), p. 12-15.

SILENIEKS, Juris « Marronage and the Canon : Theater to the Negritude Era » and « Towards créolité : Postnégritude Developments », dans James ARNOLD (dir.), *A History of Literature in the Caribbean*, vol. 1, Hispanic and Francophone regions, Amsterdam/Philadelphia, Benjamins, 1994, p. 507-515.

STEPHENSON, Élie, « Y-a-t'il un théâtre en Guyane ? », *Notre libraire*, n° 102, 1990, p. 77-79.

——, « L'écriture et la production théâtrale en Guyane », dans Fanny Auguiac (dir.), *Livre blanc*, CMAC-scène nationale, IXᵉ Rencontre caribéenne de théâtre, Fort-de-France, Centre martiniquais d'Action culturelle, 1990, p. 19-22.

THOSS, Michael M., « La révolution haïtienne dans le théâtre antillais », dans Roger TOUMSON (dir.), *La Période révolutionnaire aux Antilles dans la littérature française et dans les littératures caribéennes francophone, anglophone et hispanophone*, Actes du colloque, novembre 1986. Groupe de recherche et d'étude des littératures et civilisations de la Caraïbe et des Amériques noires (GRELC), 1986.

Tranchées, Revue politique et culturelle du Groupe révolution socialiste, section antillaise de la IVᵉ Internationale, numéro spécial sur Vincent Placoly, janvier 1993.

UPTON, Carole-Anne, « The French-Speaking Caribbean : journeying from the native land », *Theatre Matters, Performance and Culture on the World Stage*, sous la direction de Richard BOON et Jane PLASTOW, Cambridge Studies in Modern Theatre, Cambridge, Cambridge University Press, 1998, p. 97-125.

——, « Words in Space : Filling the Empty Space in Francophone Theatre », Black Accents : writing in French from Africa, Mauritius and the Caribbean, *Actes du colloque de l'ASCALF*, Dublin, 8-10 avril 1995, sous la direction de J. P. LITTLE et Roger LITTLE, London, Grant & Cutler, 1997, p. 235-251.

VERLEYE, Stéphanie, *Une esthétique théâtrale guadeloupéenne : Gerty Dambury*, Mémoire de maîtrise, Cergy-Pontoise, Université de Cergy-Pontoise, 1998.

VICTOR, Gary, « Haïti, an overview », *The World Encyclopedia of Contemporary Theatre*, vol. 2, Americas, (ed. Don Rubin), Toronto, Routledge, 1996, p. 297-302.

VITEZ, Antoine, «*Anacaona* de Jean Métellus», *Antoine Vitez. Le théâtre des idées*, Georges BANU, et Danièle SALLENAVE (eds), Anthologie, Paris, Gallimard, 1991, p. 565-567.

WARNER, Gary, «Thématique de la libération dans *Ventres pleins, ventres creux*», *Tradition et modernité dans les littératures francophones d'Afrique et d'Amérique*, Ste-Foy (Qc), GRELCA, n° 5, 1988, p. 11-29. Coll. Essais.

TROUPES DE THÉÂTRE

Guadeloupe

Anbajouk: directeur Robert Dieupart.

Compagnie Moun San Mélé.

Pawol a neg soubarou: directeurs Harry Kancel et Jean-Michel Palin.

Théâtre du Cyclone: directeur Arthur Lérus.

Théâtre Moov'art: (théâtre de marionnettes) directeur Patrick Dubois.

Théâtre du Volcan: directeur Alex Nabis.

Troupe Guadeloupéenne de théâtre, réunit trois troupes spécialisées dans le sketch comique: *Les frères Poltikitac, Réalité, Jak and Pat*; Membres: Mario Jalceé, Jean-Louis Sibert, Paul Surdin, Patrice Kancel.

Troupe Poetika: directeurs Joël Gernidier, Philippe Calodat, Patrick Rilcy et Patrice Tacita.

Troupe Thalia: directrice Ketty Céleste.

TTC+Bakanal: directeurs José Jernidier et José Egouy.

Guyane

Foyer théâtre de Kouru: directrice, Anne Sentier.

Groupe folklorique Wapa: directrice, Monique Blérald-Ndagano.

Jiq'jou Louvri: directeur Lucien Alexander.

La Compagnie théâtrale: directrice, Marie-Annie Alexander.

Lateulye artistik: directeur, Ednard Pauillac.

Mouvement des jeunes de Mirza: créée par Élie Stephenson. Directeur actuel, Albert Boicel.

Théâtre du Maroni associé à *La Troupe de Léon Gontran Damas*: directrice, Eugénie Rézaire.

La Troupe Angela Davis: créée par Jules Nago, Joël Joly, Élie Stephenson.

Martinique

Kimafoutésa : directeur Joby Bernabé.

Les Ateliers du théâtre SERMAC.

Lomstron : directeur Serge Lof.

Poutyi pa teat : directeur Bérard Bourdon.

Teat gran Moun : directeur Marie-Jeanne Marcel.

Teat lari : directeur José Alpha.

Théâtre existence : directeur Roger Robinel.

Théâtre du Flamboyant : (anciennement, *Now teat*) directrice Lucette Salibur.

Théâtre populaire martiniquais : directeur Henri Melon.

Théatre racines : directrice Michèle Césaire.

Théâtre de la Soif nouvelle : directeur Élie Pennont.

Théâtre Les enfants de la rue : directeur José Exélis et Ruddy Silaire.

France hexagonale

Axe Sud : directeurs Greg Germain, Marie-Pierre Bousquet.

Compagnie l'Autre souffle : directeur Jean-Michel Martial.

Compagnie du 21ème siècle : directeur Julius Amédée Laou.

Compagnie Erzuli : directeur Jean-René Lemoine.

Guyane Art Théâtre : directrice Odile Pedro-Leal.

Théâtre de l'Air nouveau : directeur Luc Saint-Éloy.

Théâtre du Rond Point : directeur Jean-Michel Ribes.

Théâtre international de langue française : directeur Gabriel Garran.

TOMA-Théâtres d'outre-mer en Avignon : directeurs Marie-Pierre Bousquet et Greg Germain.

New York

Ubu Repertory Theater : directrice Françoise Kourilsky.

LIEUX DE REPRÉSENTATION

Guadeloupe

Amphithéâtre du Campus universitaire de Fouillole
L'Artchipel, scène nationale : Basse-Terre
    Salle Anacaona ; Salle Sonny Rupaire
Auditorium de la ville de Basse-Terre
Centre culturel du Raizet, Abymes
Le Centre des Arts et de la culture de Pointe-à-Pitre
    Petite salle : Salle Salvador Allende
    Grande salle : Salle Toussaint Louverture
Domaine de Birmingham : Baie Mahault
Fort Fleur d'Epée : Gosier
Fort Saint Charles : Basse-terre.
Jardin de la Croix : Abymes
Salle Labrousse : Gosier
Salle Polyvalent de Boisripeaux : Abymes
Salle René Élie de Chazeau-Doubs : Abymes

Guyane

En haut de la *bibliothèque Alexandre Franconi* : Cayenne
Centre socio-culturel : Régina, St-Georges, Sinnamary et Mane
Salle de conférence de la *Chambre de commerce* : Cayenne
Cinéma le Toucan : Saint-Laurent de Maroni
Salle polyvalente : Kourou
Salle Zéphir : Cayenne

Martinique

L'Atrium : Fort-de-France
    Petite salle (Frantz Fanon) ; Grande salle.
Petit théâtre du Centre dramatique régionale : (Ex hôpital civil), Fort-de-France
Petit théâtre de la Croix mission — locaux du Théâtre de la soif nouvelle : Fort-de-France[2].

  [2] Depuis la fermeture du *Théâtre de la soif nouvelle*, en décembre 2000, la Ville a repris les locaux du théâtre de la Croix mission.

Salles sous la dépendance du SERMAC:
> *Théâtre du grand Carbet:* Parc Floral, Fort-de-France
> Centre culturel André Aliker: Ste-Thérèse
> *Salle de spectacle du Centre culturel:* Le Redoute
> *Salle de spectacle du Centre culturel:* Lamentin

Le théâtre municipal: Fort-de-France.

Avignon

La Chapelle du Verbe incarné

New York

Ubu Repertory Theatre[3]

FESTIVALS DE THÉATRE

Guadeloupe

Festival de théâtre de la ville des Abymes (Festival Téyat zabim): Abymes.

Rencontres caribéennes de théâtre: organisé par le Centre d'action culturelle de la Guadeloupe (1985-88) sous la direction de Michèle Montantin.

Théâtre d'ici et d'ailleurs: organisé par le Centre des Arts et de la Culture, Pointe-à-Pitre.

Guyane

La semaine du théâtre: rencontres de théâtres francophones organisées par Odile Pedro-Leal.

Limoges

Festival international des francophonies en Limousin: sous la direction de Monique Blin et de Robert Abachirad.

---

[3] Au mois de novembre 2001, peu après l'attentat du 11 septembre, la compagnie Ubu Repertory Theatre qui avait ses locaux dans le quartier de la Bourse, a fermé ses portes.

Martinique

Biennale de danse contemporaine en Caraïbe: CMAC-scène nationale; danse, théâtre, danse contemporaine associée aux arts de la scène.

Dialogues et visions en Caraïbe: mai, sous la direction de Michèle Césaire, Théâtre municipal.

Festival d'été de Fort-de-France: juillet, sous la direction de Lydie Betis, SERMAC. Festival de théâtre, danse, musique, arts visuels.

Festival du Marin: août, Centre culturel de Vincent Placoly; directeur, André Pierre-Louis. À Rivière-Pilote.

Les nuits culturelles de Rivière Pilote: juillet-août, Office municipal pour l'action culturelle de Rivière Pilote. Festival de théâtre, danse, musique et parole.

Pawol bô kay — Festival de théâtre créole: mars, sous la direction de Michèle Césaire, Théâtre municipal, Centre dramatique régional (CDR-Martinique).

Rencontres théâtrales: octobre, sous la direction de Fanny Auguiac, CMAC-Scène nationale.

New York

Festival d'automne du théâtre antillais: (1991, 1993).

Festival de printemps du théâtre antillais: (1995) tous deux organisés par le *Ubu Repertory Theater,* sous la direction de Françoise Kourilsky.

ORGANISMES D'ÉTAT ASSOCIÉS AU THEATRE

L'ARTCHIPEL-SCÈNE NATIONALE DE LA GUADELOUPE, direction: Claire-Nita Lafleur.

ARDEC-GUYANE (Association Régionale de Développement Culturel), direction: Élie Stephenson.

L'ATRIUM, direction: Jean Paul Césaire.

CMAC-SCÈNE NATIONALE (Centre Martiniquais d'Action Culturelle-scène nationale), direction: Fanny Auguiac.

CDR (Centre Dramatique Régional à la Martinique), direction: Michèle Césaire.

DRAC-GUADELOUPE (Direction Régionale des Affaires Culturelles de la Guadeloupe)

DRAC-GUYANE (Direction Régionale des Affaires Culturelles de la Guyane)

DRAC-MARTINIQUE (Direction Régionale des Affaires Culturelles de la Martinique).

SERMAC (Service Municipal d'Action Culturelle), direction: Lydie Betis.

Notes biographiques

SUZANNE CROSTA est professeure de lettres françaises, Université McMaster, Hamilton (Ontario).

ANNIE DOMINIQUE CURTIUS est professeure de lettres francophones, Université de Delaware, Newark, É.-U.

BRIDGET JONES était professeure de français et chercheure au Roehampton Institute, Londres. Elle a assuré des cours à l'Université des West Indies, Mona, Jamaïque, 1964-1992.

MAXIMILIEN LAROCHE est professeur de lettres françaises et francophones à l'Université Laval, (Québec).

MICHÈLE MONTANTIN est dramaturge et metteur en scène. Ancienne directrice du Centre d'Action culturelle (CAC Guadeloupe — 1982 à 1988), elle a organisé les «Rencontres caribéennes de théâtre» qui connaîtront quatre éditions. Elle est l'auteur de *Vie et mort de Vaval* (1991), et *Le chemin des petites abymes*, créée en 1999 par Michèle Césaire.

CHRISTIANE NDIAYE est professeure de lettres francophones caribéenne et africaine à l'Université de Montréal (Québec).

MARIE-JOSÉ N'ZENGOU-TAYO enseigne au Département de langues vivantes étrangères à l'Université des West Indies, Mona, Jamaïque.

Serge Ouaknine est metteur en scène et scénariste. Né au Maroc, formé au Théâtre laboratoire de Jerzy Grotowski, il enseigne le théâtre à l'Université du Québec à Montréal et depuis 1998 il collabore avec Élie Pennont au *Théâtre de la soif nouvelle.*

Lucie Pradel est maître de conférences à l'Université des Antilles et de la Guyane et membre du Centre d'Études et de Recherches Caraïbéennes.

Alvina Ruprecht est professeure de lettres françaises à l'Université Carleton, Ottawa, et critique de théâtre à la Société Radio-Canada (C.B.C.).

Hans-George Ruprecht est professeur de lettres françaises et de linguistique à l'Université Carleton, Ottawa.

Freda Scott Giles est metteur en scène et professeure au Département de théâtre à l'Université de Georgie, Athens (Géorgie), É.-U.

Jean Small est comédienne et metteur en scène, associée au Philip Sherlock Creative Arts Centre à l'Université des West Indies, Mona, Kingston, Jamaïque. Elle est présidente du Bureau des langues modernes du conseil des examens de la Caraïbe.

Marie-Agnès Sourieau est professeure au Département de lettres et de langues modernes, Université Fairfield (Conn.), É.-U.

Clare Tufts est professeure d'études françaises à l'Université Duke, Durham, E.-U.

Gary Warner est professeur de lettres françaises et directeur de McMaster international, Université McMaster, Hamilton (Ontario).

Table des matières

Achevé d'imprimer sur rotative numérique par Book It !
dans les ateliers de l'Imprimerie Nouvelle Firmin Didot
Le Mesnil sur l'Estrée

Dépôt légal : Janvier 2003
N° d'impression : 1.1.5097